南部メキシコの内発的発展とNGO 補訂版

北野 収

勁草書房

はじめに

　ダグ・ハマーショルド財団が国連経済特別総会への報告のなかで内発的発展（endogenous development）という言葉を用いたのは1975年，時を同じくして70年代半ば以降，故鶴見和子が内発的発展論を展開し始めて40余年が経つ．約半世紀の間，冷戦の終結，自由貿易と市場原理主義の蔓延，中国・ブラジル・インド等の台頭，国の南北を問わない貧困の蔓延，「テロとの戦い」と呼ばれる新しい戦争，地球環境破壊が継続する一方での持続可能な開発概念の主流化，ラテンアメリカにおける「反米政権」の台頭，農民運動や社会運動の越境・連帯，等々，世界は大きく様変わりした．北米自由貿易協定（NFATA）に代わる新NFATA（USMCA）の批准手続きも進みつつある（2019年夏時点）．行き過ぎたグローバリゼーションへの疑義が高まるなか，今日，内発的発展論はその重要性を増しつつあるように思われる．

　鶴見の議論は社会運動という文脈と不可分であったが，その後，「内発的発展」という用語は運動論よりもむしろ政策用語へと転化していった．英語のdevelopmentという単語は，日本語では「開発」とも「発展」とも訳すことができる．前者が政府・ドナー等による客体としての被援助者への政策的働きかけというニュアンスをもつ一方で，後者は主体としての人々の更生の維持・増大を求める自律的な活動というニュアンスをもつ．一見対極にみえるこの2つの世界観は二律背反ではなく，両者の併存・協働という状況も想定できる．本書の第3章でとりあげたフランツ・ヴァンデルホフの著書『貧しい人々のマニフェスト：フェアトレードの思想』（北野訳，創成社，2016年）の解説のなかで，私は次のようなことを書いた．

　「私の立場は，開発は価値選択的な人間的営為であるというものである．開発にかかわる特定の個人の経験や価値観はその人の仕事や実践にかならず影響するし，そのことは，人間社会を改良する原動力の一つに成りえる（改悪することもある

だろう).ヴァンデルホフは言う.「経済のために人間が存在するのではない,人間のために経済が存在するのだ」と.(略)「人間」とは,近代の産物ともいえる個人(インディビジュアル)あるいは合理的経済人(ホモエコノミクス)という意味ではない.あるいは,これまた近代の産物ともいえる自立した政治的意思を持たない「大衆(マス)」という意味でもない.地域社会や歴史文化に根をおろしつつ,人格と尊厳を備えた真の市民(シチズン)たる人々(ピープル)のことである.(略)貧しい人々の剥奪された自己決定権を取り戻すことを説いているのである.(略)私[達]は無意識に「天動説」的世界観を前提にしがちである.「天動説」とは受益者たる途上国の現場の人々からみて他律的な働きかけという意味である.だが本来,開発は「地動説」であるべきではないか.すなわち,受益者の潜在力(ケイパビリティ)に働きかけ,自律的な変化を引出す環境づくりを支援すべきだということになる」.

　元々は,この引用文に先立つ2000年代の研究成果であった本書に通底する世界観もこの地動説としての開発,すなわち「社会改良を求める人々による内発的な活動」である.それは同時に,外部からの一方的な価値観の押し付け(グローバリゼーションによる市場原理主義)への対抗運動である.
　本書が事例としてとりあげたのは,2000年代のメキシコ南部オアハカ州における様々な活動 —— 活動家,ローカルNGO,実践内容 —— である.NFATA発効後約10年(当時)を経て,メキシコの農山村部の社会経済は激しく揺さぶられた.そこには,かつての水俣の漁民同様に,自らの生活・文化を守るために動き始めた人々がいた.私が注目したのは内発的発展を具体的な活動として,組織化する原動力あるいは触媒としての動機付けされた諸個人である.鶴見の内発的発展論はこのような人々をキーパーソンと定義したが,私は彼／彼女らをある種の政治的意味合いを込めて知識人として理解した.アメリカや日本において,政治や国民一般に蔓延する反知性化・衆愚化・脱政治化に辟易していた私は,メキシコで出会った彼／彼女らに魅了された.そこに知識人のあるべき姿をみたからである.社会を変えること,あるいはそのための活動の根底には,諸個人の経験と思考と学びがある.そこに,私達が市民社会や公共性を考える手がかりがある.
　こうしたことについて,甚だ不十分かつ荒削りな議論ではあるが,当時の私の力量が許す範囲内でとりまとめたのが本書の初版であった.補訂版は,学

生・院生の手許に届き易くすることを目的に，初版の一部を削除・圧縮しソフトカバー化するとともに，結論部（第9章と終章）に加筆をした．

　現地調査では，CEDI／大地の大学のグスタボ・エステバ先生，オリバー・フレーリンク氏，セルヒオ・ベルトラン氏に大変お世話になった．オルギータさんと息子のフランシスコ神父，娘のグロリア・エレーナ医師は，私にとってオアハカでのホストファミリーだった．編集面では，初版を担当して下さった古田理史さん，補訂版を担当して下さった竹田康夫さんに大変お世話になった．初版刊行後，本書がきっかけとなり，様々な方々と素晴らしいご縁を得た．なかでも，山本純一先生（慶應義塾大学名誉教授）の呼びかけで，2018年に日本版の大地の大学（Universidad de la Tierra en Japón）が発足したことは嬉しい限りである．私もエステバ先生から薫陶を受けた一人として微力を尽くしていきたい．

　本研究を行なうにあたり，日本学術振興会科学研究費補助金「北米自由貿易協定下のメキシコ農村社会経済空間の変容とコミュニティに関する研究」（基盤研究（B）14402040）を活用させていただいた．

2019年9月

北野　収

目　次

はじめに ……………………………………………………………………… i

序　章　本書の射程と南部メキシコという文脈 ……………………… 1
　　　1　内発的発展とポスト開発論に関する概念整理　1
　　　2　本書の射程と構成　5
　　　3　いくつかのキーワードと分析的視点　8
　　　4　メキシコおよびオアハカという文脈　15
　　　5　用語表記に関する補足　19

第1章　脱プロ知識人とポスト開発思想 ……………………………… 21
　　　1　はじめに　21
　　　2　ポスト開発思想の歴史的背景　23
　　　3　エステバの遍歴：
　　　　　開発のエリートからポスト開発活動家への道のり　23
　　　4　ポスト開発思想の世界観　33
　　　5　南と北の人々に求められるもの　42
　　　6　考察と議論　48
　　　7　むすび　51

第2章　女性活動家の遍歴と政治空間 ………………………………… 52
　　　1　はじめに　52
　　　2　テワンテペック地峡の政治地理　53
　　　3　ある女性活動家の遍歴と証言　55

4　むすび　79

第3章　フェアトレードの父の思想と哲学　………………………………81
　　　1　はじめに　81
　　　2　方法論と目的　82
　　　3　イスモ地域先住民族共同体組合（UCIRI）の概要　83
　　　4　ヴァンデルホフの個人史と思想・哲学　86
　　　5　考　察　102
　　　6　むすび　105

第4章　農民・女性・青年の「学び」から　………………………………107
　　　1　はじめに　107
　　　2　教育と学びに関する2つのテーゼ　108
　　　3　非・不定型の「学び」の展開：
　　　　　農民・女性・若者へのインタビューから　109
　　　4　考　察　119
　　　5　むすび　120

第5章　『女の町フチタン』のその後　……………………………………122
　　　1　はじめに　122
　　　2　フチタンをみる視座　122
　　　3　『女の町フチタン』について　124
　　　4　フチタンにおける4つの性　125
　　　5　ムシェ市民活動家へのインタビューから　131
　　　6　むすび　133

第6章　知識人の対話から実践へ　…………………………………………134
　　　1　はじめに　134
　　　2　イヴァン・イリイチについて　135

3　エステバの「語り」におけるイリイチとオアハカでの実践　141
　　4　むすび　157

第7章　ローカルNGOと市民社会，そして政府 …………………160
　　1　はじめに　160
　　2　教会系NGOの発達と社会運動　162
　　3　農村ラジオ局によるアイデンティティ戦略　179
　　4　カタリストとしての農村青年NGO　194
　　5　政府とNGOの関係の二面性　212
　　6　むすび　223

第8章　グローバル化への反応と矛盾 ………………………………226
　　1　はじめに　226
　　2　構造調整とコーヒー生産者組合　227
　　3　PPP反対運動とローカルNGO　242
　　4　むすび　272

第9章　内発的発展・知識人・NGO ………………………………273
　　1　はじめに　273
　　2　新しい社会運動の遺産と新たな展開　274
　　3　ローカルNGOの評価　277
　　4　社会変革における人的資源としての知識人達　281
　　5　むすび：運動としての内発的発展論と対抗的政策論　287

終　章　複眼的なリアリティの捉え方に関する試論 ………………290
　　1　はじめに　290
　　2　本書が提示した主体形成論と権力関係論　290
　　3　社会構造と行為主体の関係という命題　293
　　4　実証主義と解釈主義の関係という命題　296

　　　　　　　　　　目　次

　　5　リアリティ理解のための様々な社会科学的営為　299
　　6　むすび　301
　　7　おわりに　301

文献一覧 ……………………………………………………304
初出一覧 ……………………………………………………322

序　章　本書の射程と南部メキシコという文脈

1　内発的発展とポスト開発論に関する概念整理

1.1　政策と社会運動のあいだ

　内発的発展論[1]という概念が提唱されてから30余年が経過した今日，この言葉は，地域開発や開発協力の分野では，ほぼ定着した概念のように考えられている．しかし，生みの親である鶴見が念頭においた社会運動の側面（鶴見，1989: 55)[2]はあまり語られることはなく，もっぱら，政策用語として流布されている．そもそも，発展・開発と社会運動という概念は対立的であり，それが同一・親和的なものとはイメージしにくい．一方，現実論として，現地における実践レベルでは，本来政策の一部である援助活動と社会運動の区別は曖昧で，意味をなさない場合もあり，時として，トリッキーなものとなり得ることが指摘されている（定松，2002; 小松・北野，2007）．しかし，政策論と運動論の溝は依然として大きく，筆者はそこに認識論的断絶（epistemological rupture）さえ感じるのである．

　政策的ニーズという次元以外に，政策⊇内発的発展論という言説が研究者や実務者のプラクティスにおいて広まった理由の1つは，単語そのものだと考えられる．本質的・普遍的な価値（思想，理論）とは，本来，その価値や意味そ

---

(1) 内発的発展の定義として頻繁に引用されるのは，鶴見（1989: 49）の「内発的発展とは，目標において人類共通であり，目標達成への経路と，その目標を実現するであろう社会のモデルについては，多様性に富む社会変化の過程である」という説明である．内発的発展論を含む一連の非主流派発展論に関する体系的な整理は，佐竹（1998）の第Ⅰ章が詳しい．

(2) 鶴見は政策としての内発的発展とともに，社会運動としての内発的発展として，「（政府等が）近代化政策を推進する場合に，特定の地域の住民が異議申し立ての運動をおこす場合」をあげており，前者についても，「たとえ政策として取り入れられた場合でも，それが内発的発展でありつづけるには，社会運動の側面がたえず存続することが要件」としている（鶴見，1989: 55，送り仮名は原文どおり）．

のものとして存在していたとしても，それは，日本語や英語など言語（記号）にあてはめて，訳出されることにより，初めて利用可能な価値として流通できる．たとえば，内発的発展論に相当する英語は，endogenous development のみならず，alternative development（オルタナティヴな発展），another development（もう1つの発展），alternatives to development（開発へのオルタナティヴ）など，一様でない．実際，英語圏では，endogenous development という用語はあまり使われておらず，alternative development（よりラディカルな論者はalternatives to development を好む）が一般的である．要は，「内発的発展」という政治的に中立な響きを持つ日本語に訳出されたからこそ，政策用語として流通しえたのではないかということである．別のいい方をすれば，社会学でいう「内発的発展」という単語に埋め込まれた「発展（development）」という（言語記号としての）用語による言語論的転回（linguistic turn）のような状況がみられるのではないかということである．

理由の2つは，研究者のアプローチ，実務者の姿勢である．よくみられる分析の構図（フレーム）は，中央vs地方，行政vs住民，援助実施側vs援助対象者，さらには，先進国vs途上国といった「構造」であり，フレーミングの空間的範囲は違うものの，そこでの前提は，論理実証主義に基づくリアリズム[3]である．一方，鶴見の内発的発展論[4]の基礎の1つは，フィールドワークにおける水俣病患者との対話とそれに基づく解釈であるが，そこで彼女が向き合ったのは，運動の「主体」としての患者・漁民であり，活動家であった（鶴見，1998）．

1.2 運動概念の再定義

ラテンアメリカの地域開発や社会運動からオルタナティヴな開発論を展開したジョン・フリードマン（Friedmann, 1992=1995）は海外における内発的発展論者といえる．フリードマンは，ダグ・ハマショールド財団の『もう1つの開

---

(3) ここでいうリアリズムとは，社会学，政治学，国際関係学等における現実主義のこと．運動体，行為主体，それらを規定する状況が現実にそのものとして存在していることを前提とする．政策研究や社会科学の多くがとる立場．対置概念として構築主義がある．終章を参照のこと．
(4) 内発的発展論の主要論者の対立軸，フレームの比較検討は北野（2007a）を参照せよ．

発』報告書など一連の内発的発展論(彼自身はこの用語を用いていない)を踏まえ，固有文化からの内発性の重要性を担保した上で，貧しい人々が剥奪されている力や権利を取り戻す政治闘争的な側面を重視する(政治的エンパワーメント)．フリードマンの場合，国家が開発の主たるアクターであり続けることを前提した上で，国家に対する市民社会の相対的自律性，コミュニティの自立的意思決定や社会学習をサポートするため，国家とコミュニティとNGO(当該国のローカルNGOおよび国内外のネットワーク)の関係性を論じた．

新しい社会運動[5]論で知られるトゥレーヌの社会運動の定義を解釈すれば，①紛争的で社会における対立に関係するが，(ある価値に基づき)文化的な方向を目指している行動，②市民社会に対立する何かへの対抗ではあるが，国家権力の奪取を目指すものではないこと，③近代化を目指すものではなく，所与の文化・歴史的文脈のなかでのオルタナティヴを提示するもの，となる (Touraine, 1978=1983: 117; 杉山, 2000: 50-51)．重要な点は，抗議，デモ，その他の行動そのものが狭義の運動だとすれば，本来の運動は，歴史行為システムのなかでの国家やテクノクラートとの対話・コミュニケーション，すなわち社会変革あるいは歴史形成の過程そのものだということである．この意味において，それ自体が既存の仕組みにとって代わることはないにせよ，途上国・第三世界における(21世紀版の)新しい社会運動のオルタナティヴなビジョンの提示やそれに基づく草の根レベルでの実践には，単なるイデオロギー，ユートピア以上の意味を見出せる可能性がある．

1.3 内発的発展論とポスト開発論

以上のことから，あらためて，社会運動と内発的発展との共通性，親和性が確認できる．鶴見や西川ら(西川編, 2001)の内発的発展論者が文化・宗教，地域固有性と内発性に重きを置いたのに対し，フリードマンは国家・市民社会・NGOの関係性やパワー獲得のための政治的闘争を重視した．いずれも，

---

(5) (ポスト工業会社会における)エコロジー，人権，女性，地域主義など，従来の労働運動や階級運動とは異なる次元で，草の根レベルからオルタナティヴな社会を追求しようとする働きかけや実践．1980年代に普及した用語だが，近年では，反グローバリズム運動，「もう1つの世界」論など途上国の文脈で語られることも多い．トゥレーヌの理論には，自身のラテンアメリカの社会運動研究が反映されている(Touraine, 1976=1989)．

制度・政策の一部としての開発（発展）ではなく，メタ〜抽象レベルでの社会変革およびそのための対話・コミュニケーションであり，社会運動としての性格を帯びた概念であると理解できる．

本書は，南部メキシコを舞台に，実践と学習を重視したポスト開発志向の社会運動を「社会運動としての内発的発展」の事例として捉え，含意を探ろうとするものである．では，内発的な発展論と脱（ポスト）開発論は，どういう関係にあるのだろうか．少なくとも，本書が取り上げたポスト開発志向の運動に関する筆者の見解は，本質的な価値・思想面には両者は共通する部分が多く，最大の違いは「開発（development）」というラベリングあるいは言語表象に対するスタンスということになる．これに関し，たとえば，モハンとヒッキィは，前出のフリードマン（Friedmann, 1992）と本書の第1章で取り上げるエステバ（Esteva and Prakash, 1992）の双方に言及しつつ，フリードマン流のオルタナティヴな開発論者とエステバ流のポスト開発論者とを区別して分類している（Mohan and Hickey, 2004=2008: 77-79）．しかし，後段の各章でみるように，本書が対象としたポスト開発論においても，内発性，地域固有性，自律性，参加と協働などは普遍的な価値である．そのポスト開発論者らが何に対するオルタナティヴを追求するのかといえば，欧米（あるいは先進工業国）を唯一のモデルとした近代化論や資本蓄積論であり，決して，国家や近代文明のすべてを否定するような共同体原理主義者ではない．したがって，本書においては，それぞれの論者の書いたテクストに基づく差異ではなく，実践における共通性に重きを置き，内発的発展運動にポスト（脱）開発運動やオルタナティヴな開発を含めた（重複させた）理解を前提としている．

とはいうものの，本書で取り上げる諸事例（人物，組織）に，このことに関する明示的なコンセンサスを見出すことはできない．しかしあえていうならば，やはり，大きく分けて2つの世界観に分類することができる．第1は，貧困や低開発といった概念自体が構築物であり，認識論的問題にすぎないとして，それを追求しようとするいわゆる「開発」そのものに異議を唱える立場である（ポスト開発論的な立場）．第2は，貧困や低開発は実存的な問題として存在することを前提とした上で，貧困者・被抑圧者の側からその「構造」に主体的にアプローチすることが必要だとする立場である（オルタナティヴな開発論的な立

場）．両者に共通するのは草の根の現場における具体的実践を重視するということである．開発の構築性を意識するための活動も，当事者の主体性を促すための活動も，具体的・可視的な実践活動としては類似あるいは同一的なものであり，そこに明確な線引きをすることは容易ではない．一部を除き，実践者の多くも，両者を明確に区別して意識しているとはいい難い．むしろ，実際にはこの 2 つの立場が混然一体となりつつ，地域における対抗的ヘゲモニーの基盤をなしていると考えられるのである．両者に共通するのは，「内発的」なイニシアチブの重視という点であり，この共通点に鑑みつつ，本書ではあえて両者を「社会運動としての内発的発展（論）」として捉えようとするのである．

なお，筆者は，本書が社会運動としての内発的発展論についての考察であることを意識しつつも，分析・考察の本編である第 1～8 章において，開発（発展）という言葉は若干の文脈上の例外を除き，意識的に避けている箇所がある．現地で出会ったインフォーマントの多くが，グローバリゼーション（globalización）と開発（desarrollo）をほぼ同意語として語り，欧米的な近代化の象徴的概念として捉え，嫌悪の対象として語っていた．筆者の立場は，彼らに共感を持ちつつも，その見解を完全に共有するものではないが，本書における用語上の使い分けは，筆者の友人を含むインフォーマントの感情への配慮によるものである．

2　本書の射程と構成

本書は，運動としての内発的発展論（ポスト開発論）の見地から，メキシコ南部のオアハカ州における市民社会および社会運動について，人と組織という視点でアプローチする．筆者は，過去 6 か年の間，オアハカ州（一部プエブラ州）での調査や関連する文献サーベイを行なってきた（**図序—1，図序—2**）．本書は，そこで収集した情報を各章・節ごとに事例としてまとめ上げ，それぞれから得られた教訓を統合し，そこから，より一般的，普遍的なインプリケーションを導こうとするものである．ここでいう事例には，団体やプロジェクトに関する情報とともに，個人を事例として捉えその経験を記述したものの両方が含まれる．

序　章　本書の射程と南部メキシコという文脈

図序—1　メキシコの主要都市とオアハカ州の位置

（注）網かけおよび斜線はプエブラ・パナマ開発計画（PPP）の対象地域．

図序—2　オアハカ州内の地域区分と本書で言及される地名等

また，筆者は，本書で取り上げなかった団体も含め，25のローカルNGOや市民団体について，ヒアリングや資料収集を行なってきた．並行して，NGOの設立代表者を中心に，何人かのキーパーソンに対し，個人生活史（personal life history）収集のためのインタビュー調査も実施してきた．実態論と個人史という全く次元が違う異質な情報群のなかに，構造と主体，リアリズムと解釈という命題が見出された．しかし，事例情報を活用しながら，この命題に正面から取り組み，この二項対立的な概念を有機的につむぎ上げることは，本書の範疇および現時点での筆者の力量をはるかに超えることであった．そこで，本書では，「個人編」（第1〜6章）と「実態編」（第7〜8章）ともいえる構成をとり，最後に両者を横断的に考察することにした．したがって，コミュニティそのものは分析対象ではなく，地域住民も一部を除き同様である．本書は，マクロの政治経済と末端のコミュニティを仲介する運動体としての人・組織に関する分析を行なうものである．

「個々人と時代との対話・交渉」を念頭におく第1〜6章では，今日のオアハカの社会運動のキーパーソンともいえる人物の個人史を中心に，人物および彼らの「学び」に焦点を当てる．これらは，結論部に相当する第9章で議論する知識人論に関する事例でもある．「ローカルNGOと市民社会の諸相」を念頭におく第7〜8章では，基本的にリアリズムの立場にのっとって，問題提起と事例検証を行なう．第9章では，各章でみた事例を横断的に俯瞰しながら，社会運動論，知識人論，NGO論を展開する．分析の客体である内発的発展を志向するメキシコの社会運動（先住民＋市民社会）を，リアリズム的な立場から，グローバル化へのあるいは歴史的経緯から来る必然的な対抗運動としてだけ捉えるのではなく，背後にある思想・哲学・言説といった人文的なものによって後押しされて生成された現象としても理解し，二面性を保持した相対化された運動（＝現象）としてのラディカルな内発的発展論・ポスト開発運動論を提示する．終章では，第9章で確認した結論からさらに一歩踏み出し，上記の検討を通じて見出されたリアリティの捉え方に関する試論を提示した．

上述のフリードマンの指摘にもあるように，途上国の社会運動，オルタナティヴな政治においてローカルNGOは重要なアクターである．1990年代以降のNGO研究の成果としては，NGOの機能，役割に基づいた分類や発展段階，政

府,北のNGO,ドナーとの関係などについて,一定の整理がなされてきたことがあげられる[6].それらの多くは,機能上の分類であり,当該地域の歴史的・地政学的文脈との関係を問うものは少なく,社会運動の文脈の視点は希薄であった.一方,近年,地球市民社会論[7]の概念に関する議論が,環境・人権等の社会運動やNGOネットワークのトランスナショナル化,グローバル資本主義反対運動,オルタナティヴなグローバリゼーション論など,様々な文脈で活発化している.そこでのアクターには南の市民社会も想定されているわけだが,この議論の深化には,途上国の市民社会とNGOに関するさらに掘り下げた分析が必要である.本書が得ようとする含意からは,こうした既存の知見や議論の隙間を埋めることが期待されよう.

3 いくつかのキーワードと分析的視点

3.1 分析の横糸としてのキーワード[8]
(1) 公共性概念

第1のキーワードとして,公共性概念の整理を簡単にしておきたい.齋藤(2000)によれば,公共性概念には大きく3つの解釈がある.第1の公共性は,政府を中心にした捉え方である.伝統的に,日本では「公＝政府(官)」という理解が支配的である(宮本,1998).「公共事業」(≒政府が実施する事業)という言葉のニュアンスに象徴されるように,インフラ(ハード)先行の地域開発の方法ともあいまって,開発とは公共事業でありそれは政府の仕事である,といった暗黙の認識が広く浸透していったのである.第2の公共性は,市場経済機能の発揮を重視した捉え方である.「公共」の空間とは,すべての人に開かれている(openness),自由なアクセスが保障されている場でなければならないという考え方である(齋藤,2000: ix).この立場は,新自由主義的な開発

---

(6) 第7章「2 教会系NGOの発達と社会運動」を参照せよ.
(7) 地球市民社会論については,近年,政治思想や国際関係の分野を中心におびただしい数の書物が出ているが,包括的なレビューとしての性格を持つ研究成果として,中央大学政策文化総合研究所「地球市民社会の研究」プロジェクト編(2006)をあげておく.
(8) 「(1) 公共性概念」と「(3) 政府との関係:NGO研究における2つの世界観」部分のみ初出は,北野(2006a)である.

政策に親和的であり，国家間，地域間，企業間，個人間のすべてにおいて，市場競争への参入条件・機会の平等を重視する立場を擁護する．第3の公共性は，市民社会の存在も考慮した捉え方である（Habermas 1990=1994）．元来,「公共性」とは，国家・政府の意向や企業活動の自由の保障に奉仕するためだけの概念ではない．「公」とは，すべての人々，すなわち，万人のことであり，そこには生活者・生産者である地域住民や一般市民が含まれる．地域の内部の住民と外部の市民（社会）との間に利害の対立構造が生じるケースも想定できるが，本書では地域社会内部のイシューは取り扱わないので，このことには立ち入らない．公共性とは万人に共通（common）なもので，公共空間とは，「官」（国家・政府），「私」（市場経済・企業），「共」（市民社会）を横断した，経済社会の便益と福祉の増大のための対話と交渉の「場」でなくてはならない（北野，2002b; 山本, 2005）．

今日, "think globally, act locally" というスローガンは，語られ方によっては，ある種のイデオロギーと化した感もあるが，その是非はともかく，一般に広く普及し，頻繁に耳に（目に）するようになったことは事実である．これを表す造語として「グローカル」という言葉があるが，山脇（2002: 13）は，「グローカルな公共哲学」においては，多文化の共存的発展とコスモポリタニズムが相互補完的に追求されなくてはならないとする．それは，観念論的なユートピア主義でも，シニシズム的な現実主義のいずれでもなく，現実社会のあるべき理想像と現実の実践の両方を兼ね備えた態度によってのみ実現される（山脇, 2002: 19）．はたして，南部メキシコ・オアハカの文脈における公共空間において，ユートピア主義ともシニシズムとも一線を画した「理想主義的現実主義」を見出すことができるのであろうか．

(2) 個人の学び，地域における学習

第2のキーワードは，「学び」「学習」である．これには2つの側面がある．

1つは，人生における様々な試行錯誤を通じた，個人レベルにおける「学び」「学習」である．地域における実践には，キーパーソンともいうべき個人を中心に，地域内外との有機的な連携が生み出されることが多い．NGOなどの立ち上げ，組織化，ネットワーク化といった文脈においても，これは同様である．本書の関心の1つは，こうしたキーパーソン個人がその時々の決断を下

した背景・動機を各人の経験における試行錯誤を通じた「学習」に見出すことである．

2つは，実践面における社会学習という側面である．地域づくり，社会運動など社会の変革を目指す諸活動は，個人，集団としての試行錯誤の繰り返しのプロセスであり，組織・制度づくりのための社会学習・組織学習という側面を持つ．この組織・制度の及ぶ範囲は，最狭義のプロジェクト内部やコミュニティの範囲からマイクロリージョナルな範囲まで想定できる．ここでいう組織・制度とは，公的に明文化された手続きや決まりごとのみを指すのではなく，「むしろ，地域の歴史・文化・風土によって育まれた価値観，あるいは，外部専門家のファシリテーションによる働きかけやパートナーシップを経て地域住民が経験した意識化の過程から生まれた「インフォーマルな仕組み」」（北野，2004b）も含んだ概念として理解しておきたい．様々な関心とアイデアを1つの制度・組織としてまとめ上げるための集団的行動が組織・制度化であり，それによって生み出される「便益とその分配の仕組み（delivery system）も組織・制度化され，やがて地域の公共財（public goods）となる」（北野，2004b）のである．この考えを念頭に置くとすれば，地域の発展とは，「一定の物的空間を共有する地域社会において，地域の発展（環境，福祉，経済等さまざまな文脈における発展を想定することができる）に対して，地域ぐるみの活動および議論（community mobilization）の成果を，地域内で有機的に組織・制度化するプロセス」（北野，2004b）と定義することができる．コミュニティに最も近い領域を仕事の場とするローカル NGO の役割は，このことに非常に重要な意味を持つ．ここに，上記でいう第1の公共性概念とは別の次元での第3の公共性概念を見出すことができる．そして，公共空間の形成に寄与するよう動機付けされた人材に，新しい知識人の姿を見出せる可能性がある．

(3) 政府との関係：NGO 研究における2つの世界観

NGO の役割と意義に関する議論には，2つの異なる立場がある．

1つは，政府との垂直的分業を前提とした世界観である．NGO は ODA よりも小回りがきくので住民ニーズに手が届きやすいといった説明や，政府の財政縮小に伴う公的サービスの NPO（NGO）への委譲といった現実について語るとき，私達は，その是非は別としても，NGO に政府の補完機能を暗黙のう

ちに求めている．開発プロジェクトの実施面における ODA と NGO の連携に関する議論においても，効率性と効果の持続性を念頭においた議論であれば，そこでの前提は「開発の手段」としての NGO の役割であり，開発協力分野における政策論の多くはこの範疇に属するものである．

2つは，NGO（NPO）を政府，市場経済と並ぶ第3の経済社会システムとしての市民社会の代理人として捉えるものである．この範疇に属する組織は，いわゆる非営利・協同セクターの構成員であり，NGO・NPO はもとより，協同組合，EU にみられる社会的企業体，途上国における草の根組織（GROs）など，多種多様であり，国や論者によってその範囲はまちまちである．この議論において注意しなくてはならないのは，NGO（NPO）の多様性である．欧米のNGO 研究者により，1990年代に様々な分類と定義がなされたが，その成果の1つは，草の根組織，民衆組織，仲介型 NGO，アドボカシー団体，政府系 NGO など多種多様な団体の存在が明らかになったことであり，そこに市民社会の代理人としての明確かつ統一的な実像を見出すことは不可能である．いずれにせよ，NGO や協同組合など「法人格」に基づく分類が重要なのではなく，市民社会の代理人としての活動の実態の分析が重要となる．

協同組合論の分野での永遠の命題の1つに「運動と経営のジレンマ」があるが，今日の NGO 実務者と研究者が避けて通れない問題としても，政府と草の根の狭間におけるジレンマという命題がある．高柳（2001）は，NGO と「政府との創造的緊張」と表現したが，特に，財政的には政府・国際機関に依存せざるを得ない日本の NGO や途上国のローカル NGO が，持続的な緊張関係を保つことができるのか，今後も引き続き注視していく必要がある．本書においても，彼らの財政的・組織的な脆弱性とコミュニティとの協働という「理想」とのジレンマの存在が浮き彫りになった．

(4) 単なる対抗運動か，社会変革のための実践か

上で述べたとおり，本書は，内発的発展≒ポスト開発運動というフレームで，ローカル NGO の活動実態を考察している．ここでいう「運動」には，グローバル化，新自由主義，およびそれらのプロモーターでもある国家・政府に対する対抗という側面がある．一般に，対抗運動というと，「自分達の権利を要求し，抗議する」活動が想起されるが，本書で取り上げる事例の多くは，環境保

全，有機農業，人権擁護などのプロジェクトを実施している．本書に登場するインフォーマントの多くが開発という概念を拒否するが，仮に，開発≒近代化とは別次元の「開発・発展」があるとすれば，現場でこれらプロジェクトにかかわる当事者（主としてNGOスタッフ）の実践における対抗運動と開発実践の境界は，限りなく曖昧でアンビバレントなものである．

新自由主義，市場原理主義の蔓延の一方で，「ボランタリー経済」（金子ほか，1998），「アソシエーション革命」（田畑編，2003）といった言葉に象徴されるように，近年，非営利団体，非政府組織，協同組合的組織，社会的企業，市民組織，自主管理団体などの経済事業体によるオルタナティヴな経済社会に向けた社会変革への展望が語られるようになった．アソシエーション原理とは，諸個人の自由意志に基づく共同目的のための自発的な結び付きであり（田畑編，2003: 40），市場原理，ヒエラルヒー原理，地縁集団的身内原理のいずれとも異なる社会原理である（松尾，2005: 200）．仮に，グスタボ・エステバがいう南の文脈における市民社会論（第1章参照）を前提として，ローカルNGO，市民団体，協同組合的組織などがアクターとなって，アソシエーション原理に基づくオルタナティヴな社会変革，対抗的アソシエーションが進行しているとすれば，途上国のローカルNGOのネットワーク化という現象をこの文脈で評価することは可能であろうか．

もっとも，市民社会論をとりまく潮流は，「9・11同時多発テロ」以降，大きく変わったのかもしれない．経済面では「小さな政府」が既成事実となり，国家は「退場」したかにみえたが，反グローバリズム・反米感情の高まり，その他の事象によって，イデオロギー面での国家主義の復活というカウンター・リアクションが引き起こされつつある．しかし，アジア・中東などと，メキシコを含むラテンアメリカとではこのカウンター・リアクションは，極めて異なった様相をみせている．すなわち，前者の一部では，ネオナショナリズムが活発化したのに対し，たとえば，メキシコでは，サパティスタ民族解放軍（EZLN）に象徴されるように，反米主義・民族主義路線にありながら，脱国家的なローカリズム（立場によってはローカリゼーション）の方向性が強化された面がある．

3.2 全体を鳥瞰する分析的視点

　本書は，以上のことを前提として，オアハカ州において，社会開発，環境保護，人権擁護，有機農業，伝統文化の再発見などに取り組み，グローバル化や新自由主義，あるいは，それらに奉仕する国家のあり方に対して，「オルタナティヴ」を追求しようとする人々やNGOの有様を考察するものである．当然，そこに見出されるであろう「公共空間」「脱開発空間」なるものは，以下に述べるように，1～2次元的なものではなく，3～4次元性を持ったものになる．

　抽象レベルでの本書のリサーチ・クエッションは次の2つの問いに集約される．人は「どうして」目的実現のための実践に走るのか．「何が」人を実践という行動に向かわせるのか．両方とも行動に対する「動機付け」に関する問いかけであるが，前者は個々人という実践の「主体」に焦点を当てたものであり，後者は個々人から成る組織・集団，およびその実践をとりまく外的要素，たとえば，政治経済情勢，歴史や文化，地理的空間といった「構造」の主体へのかかわりに関するものである．このような抽象的な課題を厳密に実証することは，当然，不可能である．しかし，現実社会で発現する出来事を立体的・多次元的に捉え，解釈しようとすることは無意味ではない．ここでいう，立体性・多次元性とは，4つの次元の異なる「ものさし」を念頭に置いている．少し単純化した説明をする．

　①「ミクロ事象×リアリズム」：特定の地域における個々のプロジェクトというミクロレベルの範囲内での事実関係の客観的把握，社会経済指標に関する定量的分析を行なうことは，リアリティ把握に対する第1のアプローチ（1次元のものさし）である．ここでは，原因と結果が比較的単純な形で想定されており，そのフレームのなかで，「主体」だけ，または，「構造」だけを分析する．

　②「マクロ構造×リアリズム」：しかし，実際には，「主体」が引き起こす現象にかかわる原因と結果には，政治経済，国の政策，国際情勢などが影響を及ぼしているのが常であり，逆に，国の政策や経済・社会指標のパフォーマンスは，幾多の「主体」の活動の総和としての結果であると考えることもできる．そこで，個々の主体と全体としての構造の関係を念頭に置いた捉え方が必要となる．これを第2のアプローチ（2次元のものさし）としておく．ただし，実際には，主たる分析対象が主体か構造のどちらかに特化される．ここまでが，通

常の社会科学における「実証科学」と呼ばれる世界だと理解できる．要は，ものさしの尺度は，「ミクロorマクロ」という物理的空間のスケールの違いであり，具体的には，コミュニティ，地域，国家，グローバル経済などの異なるスケールが存在する．

③「メタ構造×解釈主義」：第3のアプローチ（3次元のものさし）は，「主体」と「構造」を鳥瞰的に，メタ視点から捉え，その因果関係を理解しようとするものである．ここからは，「実証科学」としての分析ではなく，「解釈の科学」としての分析という性格を帯びてくる．

④「ミクロ・マクロ・メタ×時間概念」：①〜③は，空間スケールの次元（1〜3次元）の差異に基づく整理であるが，第4のアプローチ（4次元のものさし）は，時間概念を取り入れることである．実際にはミクロ／マクロ／メタのいずれのリアリティ把握においても，時間概念は不可欠であるが，概念的理解の便宜のために，ここでは「第4」として分離しておく．ここでの時間概念には，国家や社会の「歴史[9]」，政策・制度の変遷，プロジェクトや活動の取り組みの展開過程など，上記の空間スケールに対応したそれぞれの時間概念が並存する．これらの時間概念は，実際には検証不可能だが，一般に，客観的事実（史実）として，理解・認識されているものである．ここにおける前提は，時間の経過による「構造」や「主体」の変化も論理実証モードで分析が可能であるということになる．しかし，時間概念には，「主体」としての個々人が生きた時間的空間という次元での捉え方も存在する．ここでいう時間的空間は，史実としての事実関係だけでなく，個々人の経験，認識，記憶，学習した事柄の上に存在するそれぞれの意味世界といった概念も包含するものである．

本来，こうした概念的枠組みは先行文献サーベイに基づいて提示するものであるが，本書では，それは終章に譲り，ここでは，あくまでも，第1〜8章で記述，分析される内容が「複（多）眼的」な考察に供されるべきだという方法論としての本書の構成を確認するにとどめる．

（9） 歴史を括弧付きとするのは，歴史家による「翻訳」や為政者による「構築」を排した抽象概念としての「真の歴史」を指すからである．

4 メキシコおよびオアハカという文脈

　最後に，メキシコ全体の政治経済の概況とオアハカの地域概要について説明しておく．
　本書で取り上げる事例は，一部を除き，メキシコ南部のオアハカ州のものである．とりわけ州北部のシエラ・フアレスと東部のテワンテペック地峡（Istmo de Tehuantepec）地域の事例を重点的に調査した．調査期間，情報収集方法等については，各章の本文または脚注を参照されたい．

4.1　2つの南北問題とオアハカ州

　筆者がメキシコに注目するのは，同国が抱える2つの南北問題とそれへの反応としての活発な社会運動への関心によるものである．南北問題の1つは，北米自由貿易協定（NAFTA，1994年1月1日発効）に象徴される北米大陸内でのアメリカ，カナダとの経済格差という意味の南北問題であり，もう1つは，メキシコ国内における南部諸州と北部を中心としたそれ以外の地域との格差という国内の「南北問題」である．メキシコには56の先住民族が存在するが，先住民族は人口の1割前後を占めるにすぎない．ただし，この人口規模はラテンアメリカでは最も多く（国本，2002: 9），しかも南部諸州に集中している．
　本書が対象とするオアハカ州はメキシコ南部の太平洋側に位置し，人口300万人，先住民人口110万人，比率が37％（2000年）と31州および特別連邦地区（メキシコシティ）のなかで最も高く（榊原，2007: 2），非識字者の割合も22％（1999年）で第2位となっている（国本，2002: 10）．同州には16の先住民族が存在し，文化的にも多様性に富んだ地域である．オアハカ州の土地の80％はエヒード（*ejido*）と呼ばれる共同体共有地[10]で，この比率はメキシコ全州のなかで最も高い．また，1995年の州選挙法の改正により，自治体（municipio）の長を政党選挙ではなく，伝統的なやり方で選出することが合法化され，

---

(10)　エヒード（*ejido*）は，1917年の農地改革に創設されたメキシコ独自の農地所有形態で，農地改革によって，解体された大土地所有（*latifundio*）に代わり，農民集団やコミュニティが土地の利用権を与えられた共同体共有地である（石井，2000：5）．

7割強の自治体が後者の方法を採用した（Esteva, 2007a: 15-16）。産業は自給的な伝統的農業や小規模な農産加工業が中心であり，経済的には国内で最も遅れた地域に属する。州都オアハカ市が州のほぼ中央に位置し，南北を山脈に囲まれている。オアハカ市の人口は，40万人とも，70万人以上ともいわれている。またチアパス州に隣接する州の東端の細い部分は，低地であり，熱帯林が残っている。この地域はメキシコ国内で最も細い地峡となっており，太平洋と大西洋を陸路の最短距離で結べるため，イクステペックなど沿岸部の中都市は，かつては交易の要衝として発展した。具体的な説明は各章に譲りたい。このテワンテペック地峡地域は，先住民族のエスニシティを背景とした独自の政治風土（第2章参照）を持ち，このことは，今日のローカルNGOの隆盛と無関係ではないと考えられる。

4.2 メキシコと新自由主義

メキシコは，世界有数の大国（人口約1億人，GDP世界10位前後，面積は日本の5倍（狐崎，2005: 58））であり，すでに中所得国でありながら，「複数形のメキシコ」（岸川，1999）と形容されるように，文化面，社会構造面では依然として，途上国・第三世界的な性格を強く保持している。世界経済・文化のグローバル化が進展するなか，メキシコでは1980年代以降，民営化・自由化を基調としたネオリベラリズム（新自由主義）路線のドラスティックな構造調整が展開されてきた。他のラテンアメリカ諸国と同様にメキシコにとっても，1980年代は「失われた10年」であった。1982年に800億ドルもの対外債務を抱えデフォルトを宣言した後，ワシントン・コンセンサスに基づいた改革支援が行なわれ，1980年代末からは，ネオリベラリズム路線にのっとった自由化・民営化が広範に進められた（狐崎，2000）。改革の結果，メキシコ社会開発庁によれば，1984年に収入階層の上位20％，下位20％がそれぞれ総所得の49.5％，4.8％を得ていたのが，1994年にはそれぞれ54.5％，4.4％になるなど，僅か10年間でも貧富の差は拡大し（小倉，1999: 122），貧困層および下層中間層の受けたダメージが顕著となった（岸川，1999）。サリーナス革命[11]といわれた

---

(11) NAFTA締結，憲法第27条改正によるエヒード（共同体耕作地）の売買転用の規制緩和，貧困対策としての全国連帯計画（PRONASOL）などを指す。基幹作物のトウモロコシ価格は10

同政権の最末期には，テキーラ危機と呼ばれる通貨危機が発生し，退陣直後の1994年12月にペソ切下げが行なわれた（田島，2006: 157-181）．当時のこうした空気のなかで，NAFTA発効（1994年）による，交易条件の改善，メキシコ製品の市場拡大，資本蓄積の促進を通じた「先進国の仲間入り」が政府関係者らによって語られたのであった（吾郷，2003；田島，2006: 158）．

4.3 北部中間層と南部先住民双方からの異議申立て

政治面では，デラマドリ～サリーナス～セディージョ政権へと続いた構造調整・改革路線は，ポピュリスト的といわれた政権与党PRI（制度的革命党）の支持基盤を大きく揺るがした．1980年代には北部で民主化運動が起こり，中道右派政党PAN（国民行動党）への支持は，工業化と経済成長の牽引役である北部の中間層から拡大し（岸川，1999），2000年PANのフォックス政権が誕生し，71年に及んだPRI支配体制に終止符が打たれた．しかし，フォックス政権は，南部メキシコから中米に至るメガ開発プロジェクトであるプエブラ・パナマ開発計画（PPP）を強力に推進するなど自由経済路線を継承した．依然として，2004年の時点で，若者や女性を中心に都市部で1997年以降最悪の失業率を記録している（所，2005）．

一方，「もう1つのメキシコ」，すなわち，先住民族人口比率が高いオアハカやチアパスなど南部の貧困州からは，北部の中間層とは全く別の次元での異議申立てがなされた．1994年1月1日，NAFTAが発効したその日に，チアパス州では，先住民らによる左派勢力サパティスタが武装蜂起し，インターネットを駆使し，先住民の立場からのメッセージを世界に送り続けるというユニークな戦術を展開している（山本，2002）．植民地時代から続く先住民の搾取と抑圧が，先住民族への死亡宣告としてのNAFTAや新自由主義によって貫徹されようとしているという「物語」[12]は，国内のメスティーソや海外の市民団体等の一定の共感を得ることに成功した．その後の政府との和平交渉には大きな

年間で70%下落し，農村生活者はNAFTA締結から10〜20年以内に半減すると予想され，農村部からの米国移民が急増している（狐崎，2005: 96, 107）．

(12) 当然のことながら，政府側の専門家や高官からは，左派政党による煽動，10年以上にわたる周到な準備だとする反論や，所詮1968年の左翼闘争の残存物だとする見解などが出されている（高山，1999）．

成果はみられない[13]．社会階層の最底辺に位置する先住民と都市中間層の格差は拡大するなか，2006年の大統領選では，再びPANが勝利し，カルデロン政権が発足した．しかし，左派政党PRD（民主革命党）[14]候補との差は僅かであった．他のラテンアメリカへ目を移せば，親米路線を歩むメキシコとは対照的に，ベネズエラ，エクアドル，ニカラグア，ボリビアなどで次々に反米左派政権が誕生している．

4.4 市民運動，先住民運動の高まり

　長年にわたるPRI支配体制への不満，1985年のメキシコ大地震の復興，新自由主義経済政策による貧富の差の拡大，EZLNの登場などを経て，1980年代以降，メキシコにおいて市民社会意識は急速に高まった．人権擁護運動，先住民運動，平和運動，反グローバリズム・反新自由主義運動と多様な分野での運動が活発化するとともに，各分野における国内外のNGOや市民団体のネットワーク化が進んだ（小倉，1999）．オアハカ州においても，正確な統計は存在しないが，1980年代末から1990年代にかけて，ローカルNGOの数は急増し，その数は少なくとも300団体近くに上ると思われる（Moore, et al., 2007）．

　市民社会の組織化は，1970年代の形成期から今日の発展期に至るまで，カトリック教会，新左派系活動家，知識人，先進国NGOなどによって支援されてきた（畑，2004, 2005）．今日の市民社会の顕在化を，社会の様々な段階における自立的な社会的アクター[15]らによる「対抗的公共空間」の創出として受け止める論者もいる（松下，2001: 47）．この流れを，1980年代に西欧を中心に隆盛をみた新しい社会運動の流れを汲むものと[16]して捉えることもできるし，このことが，グローバル化時代における「もう1つのグローバル化」論の土壌

---

(13) サパティスタ自治地域においては，コミュニティとローカルNGOのアソシエーション的連携に基づく連帯経済が展開されているという（山本，2005）．
(14) PRIから分離した一派（民主派）と左派野党（元共産党系を含む）の合流により1989年に発足．PAN，PRIとともに3大政党の1つとなっている．
(15) 第7〜8章の分析対象であるローカルNGO，市民団体，農民組織，それらのネットワークを想定できる．
(16) 大串（1995）は，ラテンアメリカの社会運動における新しい特徴として，共同体志向，底辺民主主義，運動主体の相対的な自律性，女性の役割の高まりをあげている．大串の研究は，チリ，ブラジル，ペルーといった南米に関するものだが，この傾向はメキシコの運動も共有している．

を提供していると考えることもできる．メキシコの先住民運動と市民社会に関する邦語文献は，EZLN およびそれとの関係を論じたものが圧倒的に多い．独自の社会・政治風土を有し，最大の先住民人口を抱えるオアハカ州においても，ローカル NGO 等のアクターによる新しい社会運動が活発化しており，本書において取り上げる意義は少なからぬものがあると考える．

5　用語表記に関する補足

　本書の内容はメキシコ・オアハカ州という特定地域を扱ったものであるが，研究の性格と分析の視点は，上記でみたとおりであり，いわゆる地域研究とは異なるものである．各章での用語の表記についても，地域研究（とりわけ文化人類学）における表記法とは異なる部分がある．各章で横断的に用いたいくつかの概念の表記について，補足説明をしておく．

　メキシコにおいては，非営利組織，市民団体法人（A.C.），非政府組織（ONG または NGO）ともに，定義があいまいで，重複して使用されている場合も多い（畑，2006）．本書で取り上げる多くの団体の法人格は A.C. であるが，当事者達が NGO（ONG）と自称すること，本書の内容に鑑みてその「非政府性」に着目すべきこと，から原則として（ローカル）NGO として取り扱うこととした．

　インデヘナ（indigena）と呼ばれる先住民族の表記には，近年は「民族」を用いるのを正式とする見解があるのは承知しているが（「サポテコ民族」など），本書においては，文脈上の例外を除き，原則として，「人」を用いて民族名を表記した（「ミヘ人」など）．「族」は使用していない．

　コムニダ（comunidad）と呼ばれる村落共同体は，基本的に「コミュニティ」と英語読みで記したほか，文脈上の理由から，「共同体」「村落」「村落共同体」と記した箇所がある．したがって，本書でいうコミュニティとは，「インターネット・コミュニティ」などの一般的な語法とは異なり，限定的な意味である．ムニシピオ（municipio）と呼ばれる行政単位としての自治体は，日本語で「自治体」と記した．

　テワンテペック地峡地域の呼称には，「テワンテペック地峡（地域）」の他に，

現地の人がよく使う「イスモ（地峡）」地域という呼称がある．本書においては，基本的には前者で統一し，文脈上の要請がある場合のみ，例外的に後者を用いた．当該地域は，自然地理学的には太平洋と大西洋に挟まれた地形上のくびれ（地峡）部分を意味するが，行政的にはオアハカ州の東部の2つの地方区（フチタン，テワンテペック）の地域に相当する．

　このほかにも，各章で若干の表記法の違いがあるが，最低限の統一を行ない，章内・事例内での混在は排除している．

第1章　脱プロ知識人とポスト開発思想

「あなたに質問があります．外国の人達はここに来て，写真を撮ったり，いろいろと質問をして，情報だけ持ち帰ってしまう．持ち帰った写真や情報で金儲けをしたり名を売ったりしているが私達には何のフィードバックもない．それどころか，私達は大変な迷惑を被ることもある．一体，あなたは何のためにここに来たのですか．」(ソケ人24歳女性，オアハカ州ラス・コンチャス村での聞き取り調査にて，2002年9月12日)

1　はじめに

「相手の立場になって考えることが大切です」と親や教師は子供を諭すが，実際これは大人にとっても容易なことではない．同じ物体がみる角度よって異なってみえるように，似たような体験が個々人により全く異なって感じられるのもある意味当然といえる．そして，北と南の人々の間にも，南の国民国家の内部にも，大きな認識論的断絶 (epistemological rupture) が存在している (Esteva and Prakash, 1998: 11)．南の国々のマージナルな状況下にある人々の世界観を理解することは，非常に大切だが実際には容易なことではない．

ラテンアメリカにおける著名な知識人の1人であるグスタボ・エステバ（写真1-1）は，ビジネスマン，大学教員，政府高官を経て，過去25年来，メキシコ・オアハカ州をベースに，オルタナティヴな社会変革，先住民運動の支援のためのNGO活動にかかわり，メキシコにおける著名な草の根活動家の1人となっている．その一方で，その経験から生まれたポスト開発論を自らの調査研究・著述活動を通じ，メキシコ国内外で発表している．日本では，ザックス編の『脱「開発」の時代』の邦訳書 (Sachs, ed., 1992=1996) の中で論文が紹介されたことで，知られることになった．

本章の目的は，筆者との対話におけるエステバの「語り」を手がかりに，メ

写真1—1　エステバ近影

（出所）　https://pulitzercenter.org/reporting/gustavo-esteva-and-long-road-zapatistas（2019年10月7日）

キシコにおけるポスト開発思想の世界観を検討し，グローバル化時代における地域固有の発展という命題について，南の人々の世界観を踏まえれば，いかなる問題が提起され得るかを考察することである．用いられた情報は，インタビューでの「語り」と補足的な文献調査によるものである[1]．これまでも，この種のポスト開発思想は，外国語文献において時折紹介がなされてきたが，本章は地域研究の枠を超えて，「開発」に関心を有する者が広く共有すべき情報の提供と問題の提起を念頭に置くものである．エステバという1人の著名な思想家・運動家が自らの言葉で語った（思想的）背景としての「半生・個人史」とポスト開発思想を関連付けて検討することにより，単なる翻訳的な情報の提供にとどまらない検討と解釈の可能性を示したい[2]．

（1）　インタビューは，2002年1月，同年9月，2006年1月にオアハカ市内で行なった．言語は英語で，open-ended interviewとして行なった．本章で使用したエステバの発言は，筆者の責任において翻訳したものである．
（2）　ユニークかつ波乱万丈な自身の遍歴に関するエステバの語りを記述した情報は，本章以外にもいくつか散見される（Terán, 2002; Esteva, 2005）．執筆時点では，筆者はそれらの情報の所在は

以下，ポスト開発思想の歴史的背景，思想的背景としてのエステバの個人史，思想の主要概念について述べ，最後にその批判・解釈・教訓・課題について考察を行なう．

2　ポスト開発思想の歴史的背景

メキシコ農村の歴史は，支配と暴力，およびそれへの抵抗の歴史であった(Esteva, 1983)．過去500年間，先住民は常に開発との戦いを余儀無くされてきた．植民地化時代の最初の100年で，先住民は人口の90%を失った．独立運動に先住民も協力したが，独立した国民国家は彼らの文化や権利に敬意を払ってきた訳でなかった．社会的には，永年，二流市民として差別され，経済的には現在北米自由貿易協定（NAFTA）等のネオリベラリズムの流れのなかで，生存基盤である自給的小規模家族農業が重大な変化を迫られつつある（北野, 2003a）．メキシコにおいては，このような文脈のなか，自らの土地と文化を守り，生存（existence）と自主決定権（self-determination）と統治権（autonomy）を求めるポスト開発思想が生まれてきたのである．

独立当時，メキシコの人口の3分の2以上は先住民であったという．約180年後の今日，56もの言語別集団に分類される先住民は人口の約10%となったが（国本, 2002: 9），その文化的影響は先住民以外の人々も含めて今なお大きい．本章で紹介する思想と主張を，単純に，少数民族＝先住民の立場からの特殊なものとして理解することは正しくない．むしろ，開発と地域の固有性の相克という文脈において考えれば，途上国開発における普遍的な命題なのである．

3　エステバの遍歴：
開発のエリートからポスト開発活動家への道のり

エステバのポスト開発思想を理解するには，その背景を知る必要がある．彼

知らず，参照はしてない．第1章，第6章の内容はすべて筆者によるインタビュー，文献サーベイに基づくオリジナルな成果である．ただし，最終的に本書を取りまとめる編集段階では，Terán (2002), Esteva (2005) に目を通し，年代，人名等事実関係の確認の材料とした．

の友人であり，メキシコを代表する開発経済学者であるバーキンが親愛を込めて「ドンキホーテ的」(Barkin, 1990=1992: iv) と比喩した彼の遍歴を，本人の語りを中心に紹介することとしたい．

3.1 幼少期における開発との遭遇と憧れ

エステバが初めて開発に遭遇したのは，幼少の頃，オアハカ州選出の国会議員であった父の義母(エステバにとっては母方の祖母)に対する接し方だったという．

> 「父方はスペイン系で厳格な家庭だった．母はオアハカの先住民の血を引いていて，母方の祖母はサポテコ人だった．子供の頃のことでよく覚えているのは，祖母がいつも家の前で立っていたことだ．彼女は，(自分に決して会おうとしない父(義理の息子)が在宅の時は，遠慮して)家の中に入ることができなかったのだ．当時，インディオは，馬鹿で原始的な人々だと考えられていたからだ[3]．(中略)時は，社会はモダンなメキシコに合わせざるを得ない時代だった．トルーマン宣言のころだ．(中略)その宣言のなかで，アメリカンパワーが開発であり，科学的で合理的な進んだ開発を世界に対して施すことにより開発が達成されるといわれていた．開発というたった1つの言葉がユニバーサルに許容されることに疑問を抱かなかった時代だったのだ．1940年代，ハリウッド，アメリカのミュージカル，アメリカ的生活スタイル，これらが我々にとっての開発であり，夢であった．そして地球上の20億人の人々は低開発だとされた．自分達の将来は開発であり，メキシコでも自分達の文化の持つ尊厳を無視するような風潮があった．9～10歳の頃，シアーズの店舗が家の近くにできた．そこに行くことが喜びであり，憧れだった．自分達の生活を卑下していた．(中略)自分は開発の一部になりたいと望んでいた．」(エステバ，インタビュー，2002年9月2日)

3.2 カトリックへの没入と決別

エステバの母親は敬虔なカトリック信者であった．父親はそれ程信じてはいなかった．エステバにとっては，4歳の時の記憶が宗教に対する没入と決別の原点だった．

---

(3) 別のインタビューで，彼の母親は先住民(実母)との血縁関係を隠すことで，社会的な差別から子供を守ろうとしていたと述べている (Esteva, 2005).

「まだ4歳位の小さな子供だった頃，私の2人の兄が最初の聖餐をした．母は敬虔なカトリックだった．父はそうでもなかった．宗教とは別の理由もあったが，母は私達をカトリックの学校に入れ，私達は宗教のなかで教育された．私が4歳の時，兄達はカトリックの伝統にのっとって，聖体拝領をした．あの日，教会には花が沢山置かれ，素敵なパーティのようだった．家に帰ると本当のパーティが待っていた．私はまだ4歳で宗教的なことは理解していなかったが，自分にもそれをやってほしいと思った．パーティとお花のためだ．私は両親に聖餐をやってくれとせがんだ．私が最初の初聖体を迎えたのは6歳の時だ．世話をしてくれた女性は，私に「最初の聖餐の時には，神様がおうちにやってくるのよ．宣誓をする時，神様が体の中に入ってくださる」といった．私は神様を迎える用意を一生懸命した．本当に真剣に信じた．私は宣誓をした．そして何も起こらなかった．私はめまいがした．朝食を食べていなかったからだ．聖餐の前には断食をしなくてはならない．でも，実際は（空腹でめまいがしたのではなく）神様が来ないことでめまいがしたんだ．」（エステバ，インタビュー，2006年1月10日）

その後もカトリックへの没頭は続き，学校のなかでも狂信的な部類に属するほどののめりこみ方だった．毎週日曜に聖餐をし，ミサに行き，ありとあらゆることをし，8歳になるころは神父になることを決意し，そのためのセミナーにも参加した．神父になることについての両親の同意は得られなかったものの，宗教に忠誠を誓っていたという．学校で11年生になった頃，大学進学についても考え始めた．当時のアカデミアのなかでカトリック教会のあり方についての批判的な議論があることを承知の上で，さらに宗教に関する研鑽を積み，自分が心から信じるカトリックの擁護者になることを考えていたという．そのための準備作業として何をすればよいか，と学校に尋ねると，学校はホセ・サンチェス・ビリャセニョール神父のところに行かせた．2年間の知の鍛錬の後，彼は宗教と決別する．

「彼は期待に応えてくれた．私が16歳の時だ．そこで哲学を学んだ．（中略）「神の存在の合理性を証明することは可能ですか」と私は尋ねた．「可能だ」彼は答えた．聖アンゼルム，聖トマス，聖オーガスチンや他の何冊の本を私に与え，2年間，隔週で彼の許に通った．（毎回）「この本は面白かったが，証拠はあるのでしょうか」と彼に尋ねた．私は質問を繰り返し，彼はそれに答え続けた．すると

彼は，別の本を私に与え，読むようにいった．私は本を読みまくった．カトリックに関するあらゆる哲学，カトリック教会の偉大な教義に関する本を．彼の説得と私の合理性の追求が2年間続いた後，私は彼に同じ質問をした．彼は「今，君は神の存在の合理的な証拠を示すことは不可能だと分かっただろう．でも，私達はこのことを皆に話すことはできない．人々が信仰を失ってしまう．だから，私は可能だと君にいったのだよ」と答えた．」（エステバ，インタビュー，2006年1月10日）

この会話の直後，エステバは神を信じることと決別した．そして，父の死に伴う経済的な理由もあり，一旦は通常の大学進学を諦め，企業に就職する．

3.3 開発に憧れ，ビジネス・エリートへ

父の祖母への態度には疑問を持ちつつ，青年時代のエステバは何の疑問も持たずに開発のエリートとしての道を歩んだ．銀行員，夜間大学での経営学の勉強，自らの会社の経営，20歳代前半にして，IBMとP&Gというアメリカ系大企業の人事部勤務と彼は階段を上っていった．1960年代のことである．これらの経験，特に人事部勤務を通じて知ったことは開発への最初の失望であったという．

「16歳の時に父が亡くなり，働くことになった．高校を卒業し，銀行に勤めるようなった．卒業する少し前に，高校の先生が経営学（business administration）という素晴らしい学問があるという話をしてくれて，夜間大学で経営学の勉強を始めた．私は昇進が早く，19歳で最年少のマネージャーになった．その後銀行からアメリカ系大企業の人事マネージャーに移り，22歳になるとその傍ら自分の会社も経営するようになった．もちろん収入はとても良かった．しかし自分の仕事にだんだんと疑問を持つようになった．人事の仕事をしていて，メキシコ人社員の扱いのひどさに耐えられなかった．会社はコミュニティを欺き，可能なだけ搾取して利益をむさぼる．自分のポストにいることに居心地が悪くなった．そして会社を首になった．そのころ深刻なモラル・クライシスに陥った．自分の経営していた会社も辞めて，会社は社員に譲渡してしまった．」（エステバ，インタビュー，2002年9月2日）

3.4 独学による学問と宗教としてのマルクス主義

　宗教を捨て，アイデンティティ・クライシスに陥った若者を救ったのは，学問とマルクス主義であった．企業に勤務しながらの独学の学問であった．ビリャセニョール神父の下での勉強からは解放されたが，その反動でなかば自暴自棄的に読書に没入したという．当時，流行していたフランス実存主義に始まり，やがて，18歳の時に古書店で偶然手に取った『ドイツ・イデオロギー』をきっかけにマルクス主義に傾倒するようになる．「私は，マルクスを宗教にして，カトリック教会における信条よりも，もっと強固な信条を築いていた．マルクス思想は，私に世界に土台をくれる，知りたいと思うことすべてを教えてくれる．自然とは何か，何が問題なのか，自分は何者か，人間とは何か，について」(2006年1月12日) と当時を回想するエステバは，1960〜70年代は，仕事を終えた後，徹夜で読書をする日々を送る．マルクス理論のみならず，哲学，経済学，政治学，人類学，数学などを盲目的かつ精力的に独学で修めるのであるが，その根底には，宗教を捨てた空白を埋め合わすこと以外に，2つの理由があったと告白する．1つは当時開発を推進する立場（企業，後に官僚）にいたことであり，もう1つは正規の大学教育[4]を受けられなかったコンプレックスであった．ただし，1980年代に，マルクス主義と決別することになる．1960年代後半の独学による学問の成果として，1970年には，900ページに及ぶドラフトを完成させたが，数次にわたる書き直しを経て，最終的に1980年に『経済と国家』(Esteva, 1980) として出版された．

3.5 左翼ゲリラとしての活動

　時期は前後するが，企業を辞めた後，彼は別の対極の道へと進むことになる．左翼ゲリラである．当時，ラテンアメリカでは左翼運動が盛んであった．1950年代末から1960年代にかけては，路上活動から学んだ時期であったという．体制組織への反対意識から，マルクス＝エンゲルス全集を読んだ．ビジネス界での経験と路上活動で見聞きした話が彼自身のなかで，マルクス＝エンゲルス

---

(4) 夜学で専攻したのは実用的なビジネス論であり，政治学や経済学といったアカデミックな学問ではないという意味にもとれる．23歳の時に大学の卒業証書は捨てたという（エステバ，インタビュー，2006年1月12日）．

思想と結び付いていったと回想している．時はあたかもキューバ革命の時期であり，チェ・ゲバラが輝き，皆が憧れた時代であった．37歳の時にゲリラ・グループを組織し，左翼運動のための学習をした．しかし，1965年には，組織内部の人間関係のもつれによるメンバーの死をきっかけに，ゲリラ組織を辞めることになる．ゲリラにかかわったのは僅か2年間であった．依然として革命思想には共感していたが，暴力でなく平和的な別の方法で，目的を実現することを決意したという．ガンジーの非暴力思想に共感したのも，この頃であった（Esteva, 2005）．「別の方法」とは公務員であった．

3.6 政府高官として社会政策に従事

大統領府（Presidencia de la República）職員となったエステバは，順調に出世し，財政担当の責任者となった．1970年代には，ポピュリスト政権として知られるルイス・エチェベリア・アルバレス大統領（Luis Echeverría Álvarez, 在任期間1970-76）の下で，大衆消費物資供給公社（Compañía Nacional de Subsistencias Populares（CONASUPO））の最高幹部として，15,000もの村落販売所を補助金で地方に設置し，貧しい人々に物資を供給するプログラムを開始した．生活物資供給のための数々の政策の立案にかかわった．彼自身，この時期の仕事については成功と評価しており，やがて彼の組織における影響力は大きなものになり，1976年のホセ・ロペス・ポルティーリョ（José López Portillo）新政権の発足に際には，大臣として入閣を要請されるまでになったのである．当時，週2回は大統領官邸に出入りしていた．（入閣を前提として）エステバは農民政策の説明の機会を与えられたが，閣僚達の賛成は得られなかった．「政府内の友人を裏切るか，地元の村々を裏切るかの選択」（エステバ，インタビュー，2006年1月10日）を迫られたが，彼は前者を選んだ．入閣を要請された12人のうち，エステバを除く11人が新政権の閣僚になった．彼は辞退した理由についてこう語る．

「（当時）私は，大統領，閣僚達とは親密な立場にあって，政府のなかで何が起きようとしているかを知り得る立場にいた．政府での仕事を通じて，1976年頃には，私は，政府のロジックと人々のロジックは別のものであり，決して一致しな

いものであるということをすでに悟っていた．結局のところ，政府の興味は人々をコントロールすることではないか．こうして，企業，政府のいずれでも真に人々のために働くことができないと思うようになった．（中略）政府の開発プログラムは，真の受益者である人々の文化や環境を破壊するものだということに気付いた．」（エステバ，インタビュー，2002年9月2日）

エステバは，公務と並行して，1957年から国立自治大学などのいくつかの大学で，経済学，政治学，人類学を講義してきた．第4章，第6章でみるように，後にエステバは「制度としての教育」とも決別し，純粋に「学び」を追求することをライフワークとするようになる．大学での講義は学生との相互作用から得られる喜びを知った一方で，「学び」そのものではなく，卒業証書が動機と目的になってしまう「制度」の限界を感じた経験であったという．大学での講義は1975年に辞めた．

3.7 開発を推進するための NGO 活動へ

政府の職を辞した後，市民社会での活動に希望を見出したエステバは，ただちに仲間と *Análisis, Desarrollo y Gestión*（「分析し開発して助ける」の意，略称 ANADEGES）という NGO を立ち上げ，人々とともに働くことを目指した．1979年に設立された同団体は，本部をメキシコシティに置き，3〜4年で全国22州に活動が拡大した．

> 「開発は政府がやるから悪い，おそらく自分達がやればいいものになるはずだと思っていた．だからああいう名前をつけた．第1に情報・キャパシティ・問題を分析し，第2に彼らの必要とする開発をサポートし，第3に組織（政府など）と人々のバッファーになるという考えだったのだ．」（エステバ，インタビュー，2002年9月2日）

当時の ANADEGES は今日的な言葉でいうところの政府と住民との中間組織（intermediary）ではなく，政府と小農や貧しい人々とのバッファーの役割を果たすことを目的とした．政府のサービスを受けるには様々な手続きが必要となるが，それに関する情報提供，申請書の記入等に関する支援を行なうこと

により，物事を人々の望む方向へと導くことができるという考えである．つまり彼は依然として上からの開発の信奉者であった訳である．3年後にANA-DEGES は名称を *Autonomía, Descentralismo y Gestión* と変更（略称は同じ），ポスト開発的オリエンテーションへと活動方針を修正した．

また，彼がいうところの「正規の高等教育」を受けていないにもかかわらず，政府在職時から精力的に論文を発表していたエステバは，（彼曰く，「本当」の経済学者でないにもかかわらず）1978年にメキシコ政治経済学賞を受賞し，経済学者を怒らせた．さらに，（正規の社会学者でないにもかかわず）1980年には国際農村社会学会の議長を務め，国内の社会学者を怒らせたという．しかし，当時，すでに，経済学や政治学といった学問の「正規のカテゴリー」だけでは，村々の現実の問題を解決できないのではないか，という疑念と格闘していた．もともと強いアカデミック志向を持ったエステバは再びアイデンティティ・クライシスに陥っていた．マルクス主義とも1980年代半ばに決別する．きっかけは，当時，メキシコを拠点に活動していた世界的な社会思想家イヴァン・イリイチとの出会いであるが，これについては，第6章で詳しく記述する．

3.8 得られた教訓：人々は開発を望んでいない

NGO活動を通じて草の根レベルでの経験を重ねるにつれて，住民が実は開発に興味がないどころか，むしろ開発に反発していることに気付いたという．1980年代初頭であった．契機の1つは，1982年にメキシコ社会計画協会（Mexican Society of Planning）の理事長に選出され，研究会において，実務者，学者，活動家など様々な立場の人とともにオルタナティヴな開発に関する研究を行なったことである．

> 「その数か月の経験はその後の人生を大きく変えることになり，ついに開発を脱ぎ捨てさせたのだ．ある日，我々が人々を助けるのではない，それは（現場の）リアリティをみることを妨げることになるということに気付き，（本当の）自分の目で物事をみることにした．（中略）長年，自分達のレンズでみることに慣れてしまっていた．自分達の言葉・考えが開発を中心に構築されてしまっていたのに気付いたのだ．貧困，参加，BHN，人間開発などの国際機関によって話され

てきた言葉は，結局，開発のなかで定義されてきたにすぎない．これらの言葉はリアリティを語ってくれない．草の根レベルのリアリティを自分の目でみることにしたのだ．そして，実は人々は自分達が本当に必要なものは何かをよく知っていることに気付いたのだ．」(エステバ，インタビュー，2002年9月2日)

1994年のチアパス州におけるサパティスタ民族解放軍（EZLN）の主張には深く共感した一方で，非暴力主義を信奉していたエステバは再びアイデンティティ・クライシスに陥った．実際にはEZLNは武力を行使したわけではないが，「武装蜂起」という事実が彼にとって問題だったのである．エステバは再びガンジーの文献に答を求めた．「誰かがあなたを殺そうとしても，非暴力を貫くのですか」という息子の問いに対して「最終手段としては，暴力を使わなくてはならない時もある」と答えたガンジーの見解は，まさにメキシコ先住民族の状況にあてはまるものと理解したという．1996年以降は，EZLNにアドバイザー150人のうちの1人としてかかわり，COCOPA（協調・和平委員会）との交渉など和平プロセス全般に関与してきた（Esteva, 2005）．サパティスタ運動へのかかわりから，「人々は開発を望んでいない」という命題は，エステバの中で，確信に変わったと考えられる．

3.9 人々は尊厳あるオートノミーを望む

人々が欲しているものは何であろうか．それは，オートノミー（autonomy）だとエステバは語る．このオートノミーは，単に行政的な意味での自治権を指すのではない．文化・歴史・環境，そして自分達の尊厳を守る「自由」を何者にも侵されないという意味である．この意味を尊重するため，本書ではあえてカタカナでこの言葉を記すこととする．

エステバは，外部者（先進国のみならず，中央政府，都市エリートを含む）からの価値観の押し付けによる開発ではなく，彼ら自身の手でよい生活を過ごすこと，ただそれだけを望んでいたのだということに気が付いたのだという．「いかなる開発も，彼らに「（何かを）しなければならない」ということを要求する」（エステバ，インタビュー，2002年8月30日）が，それは，彼らのオートノミーに相反するものであるのだという結論に達した．

こうして1989年には,母方の故郷であるオアハカ近郊の村(エトラ)に移り住み,現在,農作業のかたわら「脱プロ知識人(de-professionalized intellectual)」兼「草の根活動家」として,伝統的なコミュニティのオートノミーを守りつつ,新たなコモンズの創造を目指す人々とともに働く道を選んだのである[5][6].

現在,エステバはオアハカ市内に事務所を構える2つのローカルNGOの代表を務めている.異文化出会い・対話センター(Centro de Encuentros y Diálogos Interculturales (CEDI))は1999年に設立された.その名が示すように,異なる文化間の交流と相互理解を促進する活動をしている.異なる文化とは,第1に,オアハカの16の先住民族間の相互理解である.第2は,アメリカ,西欧を中心とする先進国の研究者と学生に先住民族や貧困層のリアリティを理解してもらう活動であり,先住民族の文化,経済,社会,政治など各方面にわたる調査研究業務,ワークショップ,成果の出版,資料センターの運営(NGOオアハカ自然・社会研究所(INSO)との共同)を行なっている(CEDI 2001a).第7~8章で紹介するより草の根に近いところで活動する幾多の青年NGOへの支援や交流の場として機能し,各種のローカルNGO,市民団体,海外のNGOや研究者をつなぐネットワーク拠点,知のハブ機能を持つNGOといえる.CEDIには,大地の大学(Universidad de la Tierra (Unitierra))という「学び」の場としての機能に特化したもう1つのNGOが併設されている.職員,施設は同一である.大地の大学については,第4章と第6章で触れるが,この2つのローカルNGOは,上記でみた半世紀以上にわたるエステバの遍歴から導き出された1つの到達点といってよい.対話と学び,そして徹底した経験主義を重視したオルタナティヴな実践の場である.

---

(5) 具体的には,異なる部族や外部者との対話・共生という理念に基づき,自らのNGOを組織し,教育活動,草の根団体のネットワーク化などの活動にかかわる.EZLNのアドバイザーとして政府との対話役(1997年)の活動も行なう.

(6) エステバは在オアハカ州の学識者として,1995年11月12日制定の州先住民権利法(Ley de Derechos de los Pueblos y Comunidades Indigenas del Estado de Oaxaca)の制定にもアドバイザーとして参加.同法はコミュニティと自治体レベルでの慣習法による統治を合法化したが,チアパス州のEZLNの武装蜂起の影響が先住民人口比率の最も高いオアハカ州に広がるのを未然に防ぐという政治的思惑もあった.州内の570自治体のうち412自治体が共同体自治を選択した(ローカルNGO職員談; Esteva, 2001).

4 ポスト開発思想の世界観

以下,ポスト開発思想の世界観のエッセンスをエステバの説明に出てくるいくつかのキーワード,キーコンセプトを用いて検討する.

4.1 いわゆる開発という言葉の背景にあるもの

エステバは,いかなる形容詞がついていようと,あらゆる開発(development)には「低開発という不真面目な状況からの脱出」(Esteva, 1992=1996: 19)の意味が含まれていると指摘し,この言葉に対する不信感をあらわにする.

低開発という概念をつくり出したのは,他ならぬ1949年のトルーマン・ドクトリンであった.かつてのBHN開発はもちろん,参加型開発,人間開発,持続可能な開発,そして内発的発展に至るまで,あらゆるdevelopmentの根底には特定の尺度に照らした低開発(underdevelopment)の存在とその比較の対象・尺度である何かが念頭にあるという.かつてのエステバ自身がトルーマン・ドクトリンの信奉者であり,その呪縛から脱却するのに幾度もの挫折を経験した.

持続可能な開発の実態は開発の持続であり,内発的発展が真にそれを追求するならばdevelopmentという概念は消滅するはずであるという(Esteva, 1992=1996: 26-33).この考えに基づけば,特定の価値観に基づき,彼らを開発をする余地がある,彼らは開発の対象にすべきである(=彼らは低開発である)とレッテルを貼ることは,地球上の3分の2を占める人々の生活・文化に対する侮辱であるということになるのである.オルタナティヴな開発を追求するのではなく,開発に対するオルタナティヴが必要なのである.

4.2 貧困とは何か,それはつくりだされたものである

低開発という発想の裏にあるものは貧困という概念である.エステバの友人でもあるラミスは貧困という現象を①絶対的物質的貧困(BHNアクセスの欠如)[7],②先進国的価値観からみた貧困,③社会的貧困,④資本主義的価値・様式の浸透が生み出す新たな貧困(ラミス,1998: 119-120)の4つに分類して

いる．ポスト開発思想の関連で特に注目すべきは②と④の貧困である．

まず，②の貧困に関連したエピソードを紹介したい．以前エステバがアメリカ，ドイツの研究者達を連れて，チャティーノ（Chatino）人の村を訪れた際，外国人達は，村人に「あなた方の暮らしぶりは素晴らしいが，しかし依然としてあなた方は貧しいではないか」といったという．これに対し，村人は「私達は貧しくない．私達はチャティーノである」と答えたという[8]．エステバ曰く，誰かが誰かを「貧しい」といった時，それは暗黙に誰かと比較をしている．たとえばビデオデッキを持っているかいないかとか，そういった前提で自分達が豊かであると想定しているにすぎないのだと指摘する．村人はこう続けたという．

「我々もあなた方は貧しいということもできる．なぜならあなた方は，ここの空気も，水も，豊かな自然も，時間も持ち合わせていない．だからといって我々はあなた方のことを貧民とは言わない．私達はチャティーノであり，あなた方はドイツ人であり，アメリカ人である．比較するのは止めませんか．」（エステバ，インタビュー，2002年9月2日）

エステバは，このエピソードは，画一化されたものの考え方に対する挑戦だと語る．地元オアハカ州の先住民の村で生活するエステバ自身，メキシコ政府の定めた8つの基準によれば貧困層に分類される．しかし，その基準には，環境，文化，精神面を含めた豊かさの指標は何ひとつ含まれていない[9]．

「今はパラダイスだ．私は（ここオアハカで）とても美しい生活を手に入れると

（7）たとえば，『開発経済学事典』（渡辺・佐々木編，2004）では，「絶対的貧困とは，例えば1人1日当たりのカロリー摂取量や生活の基準（例えば1人1日当たり1800カロリーや1ドルなど）を下回るような絶対的な意味での貧困のことをいう」（森脇，2004: 312）との説明がみられる．
（8）ザックスも著書のなかでメキシコシティのテピード地区を訪問した際の同様のエピソードについて記述しているが（Sachs, 1999=2003: 31），エステバ自身もザックスとともにその場にいた．エステバは外国人と先住民との間におけるこの類のやりとりにはこれまで何度も遭遇してきたという．
（9）①上水道へのアクセス，②下水道へのアクセス，③水洗トイレ，④社会保障，公共の健康保険等への加入，⑤恒常的な収入，⑥電気，⑦近代的な住居，⑧貯金または年金，であるが，現在では国民からの批判により，修正されているという（エステバ談）．

いう特権を得た．しかし，政府の基準では自分は貧困に区分される．8つの基準のうち7つの条件を満たすのだ．たとえば，飲料水へのアクセスがないという基準がある．家の裏山にいけば岩清水が湧いている．村人の合意を得て，そこから800メートルのパイプをひいて飲料水にしている．私は水洗トイレは使わない．水を流せばそれでおしまいと思うが，新たな汚染をつくり出している．高価な設備が必要になり，化学薬品も必要となる．家に水洗トイレを持つということは，中央集権化された支配に身を委ねるということに他ならない．だから，エコロジカルに汚物をコンポストしている．貧困を治療するということは，オルタナティヴな生活を破壊することを知ってほしい．」（エステバ，インタビュー，2002年9月2日）

我々が注意しなくてはならないのは，この②の貧困は外部者（先進国の人間，国内都市部のエリート層）の価値観に照らせば相対的に貧困にみえるだけで，現地住民には貧困という意識はない（または貧困ではないと意識していた）ということである．無論ここでは，BHNへのアクセスが極度に制限され，生命の危険にさらされかねない絶対的貧困は除外する．また，オアハカにおいても，開発によって生み出された新たな貧困により，森林破壊が進み，先住民の生活もそれによって変化しているという現実は押さえておくこと必要がある．

④の貧困について，ラミスは「以前はそんなものを持とうと夢にも思わなかった人達を含めそれを買えない人達はその程度に貧困化するわけである．このプロセスを通じて，絶対的な生活水準がまったく変化しない人々は，遠くで起こる変化，自分達ではどうしようもない変化によってますます貧困の底に引き入れられる」と述べている（1998: 120）．ここでいう「そんなもの」とは，コカコーラであり，マクドナルドであり，ナイキである．これに当てはまるエピソードを紹介したい．筆者がローカルNGOのスタッフとともに，オアハカ州南部の熱帯林地帯に住む少数民族のソケ（Zoque）人のラス・コンチャス（Las Conchas）村に車で向かう途中のことである．すでに舗装道路を離れ，泥道を走っていたが，前方にコカコーラのマークをつけたトラックが走行していた．NGO職員は次のように語った．

「どんな奥地でもコカコーラかペプシコーラのどちらかのトラックは必ず来る．

彼らは奥地の人々にアメリカ的なものを普及させる．ここは資本主義のフロンティアなんだ．それにより貧困（の自覚）がつくり出されるのだ．」（セルヒオ・ベルトラン，インタビュー，2002年9月12日）

コカコーラ，ファンタ，ペプシ，こういったものはなくても生活はできるし，それがないからといって貧しくなるわけでもない．しかし買うには現金が必要だ．一旦その味を覚えてしまったら，もはや自給自足経済のままではいられない．そして彼らは貨幣経済のものさしで，物事を考えられずにはいられなくなるというわけである．開発の進展による開発難民の誕生である（ラミス，1998: 121）．

開発難民はエステバがパラダイスと形容した彼が住む町エトラにもいる．もともと，エトラでは女性達は牛の乳を搾りチーズやバターをつくり販売していたが，今日では止めてしまった．人々はオアハカ市郊外にできたスーパーマーケットで地球の裏側から運ばれてきた地元産に比べて決して安くはないニュージーランド産を購入する（Esteva, 2004: 10）．

4.3 ポスト開発思想における市民社会論と社会変革論

ポスト開発思想は，こうした開発およびその裏にある低開発・貧困の概念との決別し，新たな市民社会の構築のための社会変革の必要性を説く．ここでいう人々とは，本来，オートノミーを有する民主的な市民社会（civil society）の一部なのである．市民社会が拡大するということは，究極的に一種の社会変革へとつながる（北野，2002b）が，エステバの市民社会論，社会変革論は，国民国家とそこにおけるモダンな公的制度からの独立は人々の本来的な権利であるという，よりラディカルな世界観に立脚している（Esteva and Prakash, 1998: 13）．彼は，市民社会の定義を「自主的に組織された社会の範囲」（Esteva, 1998: 159）とし「グローバル化への反応として，コミュニティの復権とオートノミーの確立のための草の根レベルでの人々の運動と様々なイニシアティブ」の担い手であるとしている（Esteva, 2001: 126）．

メキシコにおける近年の市民社会論の高まりには，3つの出来事が深くかかわっている（エステバ，インタビュー，2002年9月5日）．

第1は，1980年代になり，かつての保護主義的な政府が経済危機を経て一変して徹底した自由化・民営化を伴うドラスティックな構造調整路線に転じたことによる農民・市民らの自己防衛反応としての様々な自主的な組織化・協同化の動きである(10)．

第2は，1985年のメキシコ大地震である．日本では阪神淡路大震災の救援・復旧活動における市民組織のボランタリーな活動に注目が集まり，その後市民社会という言葉が頻繁に語られるようになったが，メキシコの場合も全く同じである．メキシコ大地震で人々は政府や国際機関の非効率性，無力ぶりを悟ったと同時に，市民団体および農村コミュニティによるボランタリーな支援の効率性・有効性を認識したのである．この出来事によってメキシコの人々は市民社会に新たな定義を見出すこととなった(11)．

第3は，1994年のチアパス州における先住民のサパティスタ民族解放軍（EZLN）武装蜂起である．コミュニティによる統治権，先住民族の本来の領土，コミュニティによる司法権を含むオートノミーへの政治変革への要求が，当該グループ，同州のみならず，同国における最もマージナルな立場に置かれた人々の気持ちを代弁し，精神的な意味においても市民社会の自覚の高まりを促したものと考えられる．

エステバは「過去15～20年間，人々が追求してきたものは，イデオロギーや階級ではない．もはやこれらの言葉は人々を組織化するための動機とはならない．（中略）我々が問うべき問題は，なぜ人々がそこに集い共同するのかである」（インタビュー，2002年9月5日）と指摘する．

---

(10) たとえば，国家による価格支持・買い上げ政策の廃止に伴う先住民を中心とした小規模コーヒー生産者らによる生産者組合の設立など．
(11) これに関し，エステバは，次のように説明する．「地震から10日経った頃，人々の組織，人々が自分達を組織化し，一体感を持ったこと，人々に食物を配るための場所や怪我人をケアするための場所をつくったこと，これら自分達が成し遂げたことを表現する言葉として，人々の間に市民社会という言葉が使われ始めた．信じ難いような自発的な組織化は，人々が以前から持っていたものであった．それは誰かによってつくられたものではない．この手の組織は，普段はみえない．なぜならそれはフォーマルなものではなく，一定の「近所」を持つものでもない．フォーマル化されてはいないが，組織であり一体性を有している．メキシコにおいて，初めて市民社会という言葉を新しい意味として使われるようになったのは，この時（地震）だったのだ」（エステバ，インタビュー，2002年9月6日）．

4.4 オートノミーを尊重する多中心社会の発想

このオートノミーに関連し，分権化（decentralization）と分散主義（decentralism）という2つの全く異なる概念について理解する必要がある．後者はエステバの造語である．両者の違いを彼はこう説明する．

> 「分権化は中央からみた言葉であり，初めに中央ありきということである．中央からの命令に基づき地方に分権するという発想が根底にある．中央による周辺の支配である．シカゴのマクドナルド本社にいる一握りの社員がマニュアルをつくり全世界のマクドナルドをコントロールしている．これが分権化の定理である．もともと，decentralizationという英語は，大英帝国軍がインドでつくり出した言葉だ．一握りのイギリス人が本国から離れたインドでの活動を指揮するために生まれた言葉だ．分散主義には中心はどこにもない．1つ1つの村が，集団が，固有の中心となるということを前提としている．千もの中心がそこら中にあるのだ．村では人々が世界の中心なのだ．我々こそが中心なのだ．もちろん中央政府の存在は認める．でもそれが支配の中心ではない．」（エステバ，インタビュー，2002年9月2日）

これはメキシコに限った発想ではない．

> 「アフリカやインドでも似たような価値観を見出すことができる．どこにも1つのインドは存在しない．中国だってそうだ．マンダリンが中国で支配的な言語かもしれないが，いくつもの文化がある．1つのメキシコは存在しない．（中略）アフリカに至っては国という概念すらなかったではないか．それぞれの人々が，独自の生活様式・文化・言語を持っているのだ．」（エステバ，インタビュー，2002年9月2日）

南の人々の立場に立つなら，中央vs周辺という発想を捨て，すべてが中心であるという多中心社会的な世界観が必要なのである．エステバは，これらの主張はローカリズム（localism）ではなく，ローカリゼーション（localization）であると強調する．前者が孤立，原理主義，他者の拒絶といったニュアンスを包含するのに対し，後者は地域のアイデンティティを尊重しつつも外部へ開かれ，相互の関係（correlation）を持つ地域のあり方に関する概念なのである[12]．

上述のように，エステバ自身がかつて中央のロジックに支配されていた．多中心社会のロジックに目覚めたのは，コミュニティの人々の教えであった．

関連して，社会変革のエージェントとしてのローカルNGOや草の根・民衆組織のあり方についても，小規模な団体のネットワークによる中心を持たない徹底した分散型の関係が望ましいとする[13]．もし大きな団体が存在すればそこに情報の中心がつくられてしまうと指摘する．しかし，これは無秩序とは異なる．エステバはこの関係性を「テレフォン・システム」と呼びこう説明する．

「私達の視点では，いかなる中心を持たず完璧に分散したオペレーションの方が，通常は中心を持つ他の組織よりも，はるかに効果的・効率的だと考えられる．必要なものは自分と他者を結ぶための良いルールである．（中略）これをテレフォン・システムと比喩している．あなたは今，ここの電話で誰かと話をすることができる．そこにあるのは，1つの中心ではなく，1つの会社もなく，1つの技術でもない．でも無秩序状態ではない．（中略）ここで必要なのはゲームのルールが明確であることだ．電話会社が操業するには，世界の電話システムは必要だ．国の機関，民間企業も（必要だ）．そして，異なる国で異なる技術が使われている．競争もある．唯一押さえておかねばならないポイントは，世界の電話システムに参加するためのゲームのルールだ．（現行ルールと）異なった電話システムを新たにつくることはできない．我々は，ANADEGES（改名後）時代には，様々な団体，異なるアイデアとかかわっていたが，そこにあったゲームの共通ルールとは，特定の活動（主として小農支援）のための相互の尊敬（mutual respect），相互の支援（mutual support）であった．我々は，オリエンテーションとイデオロギーの両面について，大いなる多様性を受け入れることを決めた．」

---

(12) 多様性の受容に関連する政策として，1998年6月6日の州憲法改正により，①先住民言語によるバイリンガル教育，②言語・文化による先住民の差別禁止を州憲法上に明文化（裁判や役所関係の公的文書・書類に先住民言語を使うことができ，政府は通訳・翻訳者を供給しなくてはならない），③伝統的なコミュニティによる司法権の一部合法化，④共同体土地所有の合法化（従来は政府の土地を借与）等，オートノミーを支持する一連の改革が行なわれた．

(13) この考えに基づき，エステバらは草の根レベルで①先住民グループ，ローカルNGO・活動家，海外の研究者等との対話・交流の推進，②実践活動として代替技術（乾燥トイレ，地場建築材の導入等）の普及教育，③NGOの国際ネットワークや国際研究プロジェクトへの参加を行なっている．特に①は，環境保全，人権，アメリカへの出稼ぎ労働者問題，環境保全型農業，文化伝承のためのコミュニティ放送局など社会生活におけるあらゆる分野に関係しており，もはや先住民の権利擁護の枠にとどまらず，都市住民，非先住民をも巻き込んだ運動のネットワーク化が起こりつつある．具体的な事例は第7～8章で扱う．

（エステバ，インタビュー，2002年9月6日）

4.5 ラディカルな多元主義と共同体民主主義の可能性

　ポスト開発思想は今日広く普及しているユニバーサルな概念，たとえば，人権（human rights）の考えにすら批判を加える．元来，ラテンアメリカ，アジア，アフリカの多くの農村において，西欧的な個人（individual self）および人権という概念は存在していなかった．無論，拷問などの行為を容認せよというのではない[14]．個人の権利はコミュニティの権利という枠のなかで初めて合理性を持つものであり，それぞれの文化に応じた個人と社会の関係，民主主義のあり方があるはずだとし，個人（企業）の経済的要求が優先されることが文化の文脈を問わず合理性を持つものではないと主張する．こうした本来的に偏狭な考えが，全地球的に唯一の価値観ではあり得ず，コミュニティ・地域・文化の多様性とそこにおける固有の世界観（cosmovison）に寛容なラディカルな多元主義（radical pluralism）が重要だと主張するのである（Esteva and Parakash, 1997: 284-286）．

　民主主義は重要だが，モダンな国民国家による代表制民主主義が唯一の選択肢ではなく，それは地球上の少数派の制度にすぎない．メキシコの先住民を含む途上国の多数派は，コミュニティの自律的な統治と人々の間における信頼を基底としたコミュニティを中心とした直接民主主義を長い間実践してきた（Esteva and Parakash, 1998: 152-163）．非西欧の人々は，西欧的な個の概念を持ってはいなかった．人々とは個人の集合（individuals）ではなく，本来は人格を伴った人物であり，1人1人が確固とした関係性のネットにおける結び目の役割を果たしている．彼らは人間として共同体社会の構成員となっているのであり，個人として，大衆（masses）として，社会に存在しているのではない（Estava, 1998: 156-158）．彼らは，コミュニティにおける個，社会集団における個であり，コミュニティにおいては，個人個人の人間性や役割・立場が，大衆および個人の概念のなかに埋没するものではない．これは，人々が自ら統

---

(14)　メキシコ先住民の社会では，犯罪者を刑務所に入れるのではなく，コミュニティに対する賦役を課し，コミュニティで監視するという仕組みがある．西欧的な司法システムが唯一のものではないという例である（セルヒオ・ベルトラン，インタビュー，2002年9月13日）．

治したいと望むならば，国家や市場という仕組みを唯一の選択肢として，それに強制的に委ねるのではなく，それぞれのコミュニティの統治を尊重し，それと共存できる多元的な民主主義のあり方を模索すべきであるという主張につながる．多様な民主主義の存在を認めず，経済発展とモダニティの旗印の下，特定の価値観と制度のみを押し付けるならば，それは極めて非民主主義的であるといわざるを得ない[15]．はたしてそれは公正なやり方であろうか．

　これらの主張は，従来の価値観では貧困とされてきたもの（コミュニティ）は，実は別の形の豊かさ（ラミス，1998: 125）の可能性を秘めているかも知れない，という我々に対する問題提起に聞こえるのである．

4.6　ローカルに思考し，ローカルに行動せよ

　エステバは「グローバルに思考し，ローカルに行動せよ（think globally, act locally）」という有名なスローガンについても，実はそうではなく「ローカルに思考し，ローカルに行動する（thinking and acting locally）」べきだと主張する（Esteva and Parakash, 1997; Esteva and Parakash, 1998）．ローカルな思考のみでは，人々を偏狭化させ（parochialism），弱体化・孤立化させるという批判に対し，彼はこう反論する．たとえ，環境や人権などに関するローカルな取り組みをグローバル思考と国際的な連帯の文脈で評価し，情報通信ネットワーク（インターネット，CNN など）にのせて海外に発信した結果として，その問題に対する世界的な反対運動や禁止が得られたとしても，基底にある現場でのローカルな思考なくして結果はあり得ず，ローカルな思考を拒絶すれば，敵（globalists）に与することになりかねないとする．ローカルに行動することについては，全地球のことを知りそれをコントロールできるのは神のみがなせる業であり，所詮，人々は自らの場所・文化・生活についてのみ知り得るのであり，現場のことを最もよく理解できるのは地元の人間でしかないと考えるからである（Esteva and Parakash, 1997; Esteva and Parakash, 1998）[16]．

---

[15] この意味において，1994 年 1 月 1 日にチアパス州でおきた EZLN の武装蜂起は，それまでの非民主的統治に対しあらゆる非暴力的手段で訴えてきたメキシコ先住民が武力という最終手段に訴えたものであり，自由と真の民主主義のための戦いであるとエステバは主張する（Esteva, 1997）．

上記の偏狭化の議論に関しては，本来，断片化しているのは，モダンな西欧的価値観を唯一の選択肢（global proposals）として信奉するグローバル主義者達であるとの反論が成立する．なぜなら，後述するように，多数派である地球上の３分の２を占める南の人々は，未来永劫グローバルな消費生活（'global' way of life）とは無縁であり続けるのが現実だからである．全地球・全人類的視点からみれば，偏狭化・断片化しているのは，グローバル主義者およびその経済的恩恵を享受している一部の北の人々にすぎないという世界観が成立する．

5　南と北の人々に求められるもの

ポスト開発の世界で人々に必要となる態度に関連するいつかのキーワードがある．ここでは，ホスピタリティ，対話，質素・つつましさの３つの考えを検討する[17]．これを踏まえ，途上国と先進国の関係についてのエステバの見解を併せて考察する．これらを理解することにより，ローカルに根ざしつつも，多文化が共生・連帯するオルタナティヴな世界観がみえてくる．

5.1　ホスピタリティ

「開発の時代」の次の時代に必要なものを１つの言葉で表現すれば，それはホスピタリティ（hospitality）であるという．私達は，他人の考えに対して，ホスピタブル（hospitable）でなくてはならない．つまり，他者に対して開放的な姿勢で，違う考えが存在することを受け入れ，他（多）文化を尊重することが重要だということである．

---

(16)　関連して「市民社会によるメキシコのための計画（Un Proyecto para México: Desde la Sociedad Civil）」に触れる．1998年10月から１年間，400人以上の専門家，有識者，活動家らによって策定されたオルタナティヴな社会変革のための活動指針．法制度，ジェンダー，人権，麻薬，財政システム，表現の自由と正しい情報・報道の監視，公共政策の転換，オルタナティヴな生活の再評価等について言及（Grupo Opciones Conviviales de México 1999）．オアハカ州レベルの詳細なアジェンダとして，2000年に「市民社会によるオアハカのための計画（Un Proyecto para Oaxaca: Desde la Sociedad Civil）」も策定．

(17)　ポスト開発のキーワードとして，エステバがこの３つに限定しているのではなく，エステバの言葉のなかから特徴的なものを，筆者の理解において３つ選んだ．

「これは，違いを受け入れ，皆がこの地球上で同じ権利を有しているということを互いに認めるということである．これが我々のいうホスピタリティである．この点，これまでの西欧社会はホスピタブルであったとはいえない．特にアメリカは優越した文化がその他を駆逐するといった考えで，相互理解を困難にしてきたのだ．」（エステバ，インタビュー，2002年8月30日）

先進国の価値観を一方的に押し付けるこれまでの開発は，明らかにこれに反する．人々も異なるものを互いに認めなくてはならないのである．ポスト開発論における人々は既存の国民国家やモダンな組織・制度を否定することはしない．人々の固有の文化や権利も認めてもらいたいということである．たとえば，オアハカ州には16の異なる言語・文化を持つ先住民が暮らしているが，これらの人々の間にもホスピタリティが必要である．ホスピタリティは，ポスト開発思想における多様性との共生を考えるためのキーワードなのである．

5.2 対 話

ホスピタリティ精神に基づく共生を実現するには，対話が必要となる．エステバは再び異なる2つの概念を対比させて説明する．

「対話（dialogue）と許容（tolerance）は本質的に異なる概念だ．対話とは違いを受け入れることである．許容は，もちろん，intolerance よりはましである．しかし，許容とは何らかの痛みを伴うものである．（中略）対話とは自分のコンセプトと他人のコンセプトとの対話であり．そもそも dialogue のロゴス（logue）はギリシャ語で conceptual system を示す．（その文化のコンセプトとは）日本語の風土にも通じる地域固有のものなのだ．」（エステバ，インタビュー，2002年8月30日）

異なる文化あるいは社会が遭遇する際，インサイダーとしての地域社会には基本的に2つの選択肢があると考えられる．どの選択肢をとるかは，実は外部者の姿勢にかかっている．許容とは，地域社会に何らかの痛み・犠牲を求める概念で征服や戦争はその最たるものである．これまで，南の人々，少なくとも，メキシコの先住民達は，地球上の支配的文化に基づく考え，歴史的に自分達の

意思とは関係ないところでつくられた国民国家または政府の掲げた事柄を許容することを強いられて来たのである．

エステバが許容のオルタナティヴと考えるもう1つの選択肢が対話である．対話はそれぞれの相違点・多様性の存在を前提に，両者の関係性の構築のあり方を探る概念である．無論，その結果，何らかの痛みが発生することもあろうが，対話は外部者と地域社会の共生を念頭に置いた概念であり，外部者との接触の結果として地域の文化，経済，環境に何らかの変化が起きたとしても，そのプロセスの持つ意味において両者は本質的に異なるのである．

5.3 つつましさ・質素であること

つつましさ（humility），質素であること（austerity）は，本来は途上国の人々が伝統的に守り続けてきた美徳であったが，開発および低開発の概念の登場により，原始的・無知・幼稚といったレッテルに張り替えられてしまった（Esteva and Parakash, 1998: 202）．

ここでいうつつましさとは，簡単にいえば，異なる文化に対してつつましい態度で対話をすべきであるということだが，これは文化相対説（cultural relativism）に基づくというよりは，上述の多中心世界観に照らして，すべての文化が中心あるいは小宇宙であり，他の文化に対して開放的でなくてはならないという考えである．"Austerity"は，現代のモダンな価値観のなかでは，宗教的戒律に従って質素な生活をするという文脈でのみ使われる例外的な概念となってしまったが，本来は伝統的な社会が共有していた個人と集団の美徳であった（Esteva and Parakash, 1998: 203）．ポスト開発のための草の根運動においても，質素である（べき）ことの意味を再び考えなくてはならない．人々は欲望のまま際限なく消費することを好まないし，現実的にそれは不可能であるからである．エステバは次のように説明する．

「1950年代にレオンチェフは，メキシコは25年，少なくとも50年あればキャッチアップできると予測した．1988年だか1989年だかの世銀の予測では，モーリタニアがキャッチアップするには3,223年かかるという．差は広がるばかりだ．1960年には富めるものは貧しいものの20倍富んでいた，1980年になるとその差

は42倍になった．（中略）1972年，ローマクラブは『成長の限界』を発表し，永遠の成長に異議をとなえた．エコロジー面での矛盾が明らかになってきたからだ．1980年代になると，明らかに，我々は全員がアメリカ人の生活をすることはできないことが分かった．経済，社会的な理由だけでなく，環境面での理由からもだ．日本やアメリカでは車を持つのは当たり前だ．1家族に1台以上ある．世界の家族がみな1台ずつ車を持つことは不可能だ．（中略）地球上のすべての人間が大学に行くことも不可能．すべての人間がシェラトンホテルに泊まるのも，マクドナルドを食べるのも不可能．生活の質の良し悪しを議論するのではなく，地球上の全員がそのレベルの生活をすること，それはもう不可能だということだ．（中略）もう一度，我々の生活の質について，議論してみる必要があるのではないか．馬鹿げたレースはもうやめにしようということだ．」（エステバ，インタビュー，2002年9月2日）

5.4 援助と南と北との関係を考える

　ポスト開発思想は，先進国からの援助は多くの場合ビジネスであり，人々のオートノミーを損なうものだと理解する．援助は人々に依存（dependency）を生み出す．先進国の人々に期待したいのは，援助ではなく，北の人々のライフスタイルを改め，地球の共通の問題に向き合うことだという．メキシコ大地震での経験は，政府や外国からの援助の非効率性と市民社会の可能性を示唆したが，援助とオートノミーの問題に関しても，エステバは再び地震のエピソードを用いて説明する．

　「それは非常におぞましい話だ．そこには悲惨な被災者達の行列があるなか，被災者の売買（援助機関による被災者の取り合いの意味）をめぐり互いに争う援助機関の姿があった．「あなた方は私達のお客さんだ．私達の宗教，政治的信条を受け入れてくれれば，我々はあなた方を助けましょう」という具合だ．自分達の申請フォームに記入してもらうための被災者の取り合い・押し付け合いがあった．私はアメリカ，ヨーロッパに行って，メディアでこの話をして，援助機関の職員には援助の中止を依頼した．私はそこでの反応に満足した．しかし私の旅は逆効果を招いた．メキシコ帰国後，私は大勢の援助機関の人々の訪問を受けることになったからだ．アメリカやヨーロッパにいる彼らのボスが，あの男なら援助金の使い方を知っているはずだから会いに行けと命じたというわけだ．結局，援助を

止めさせるのではなく，援助を集めてしまう羽目になった.」(エステバ，インタビュー，2002年9月6日)

そこで彼は，被災者の団体らと1週間にわたり，援助を受けるべきか否か，話し合いを持ったのである．

「すべての援助を拒否しなくてもいいが，私達はこのゲームにルールを設けることにした．私達が基本的に必要としているのはオートノミーを伴った復興だ．外部者の決めたルールでなく，被災者の組織やその土地に住む人々の意思を尊重しなければならない．我々は「彼らが私達の条件，すなわち（援助金使用に関する被災者の）完全なオートノミーを認め，いかなるコントロールも誘導も金の使い道への指導もしない，これをゲームのルールにしよう」と決めた．我々が我々自身をオーガナイズするのだ．（中略）我々は詳細なルールを援助機関に示した．（中略）その結果，100のオファーのうち，それでも私達とともに仕事をしたいと言ったのは僅か3つの機関だけだった．スイスとドイツの赤十字とスイスのカトリック系の団体だ.」(エステバ，インタビュー，2002年9月6日)

エステバは，緊急災害援助の場合だけでなく，先進国からの食糧援助，技術援助等いかなる援助にも懐疑的な見解を示す．チアパス州のサパティスタ達が，学校建設やセンサス実施等，様々な人々や団体からの協力の申し出を辞退したのと同じように，外部からの助けに依存してはならないと主張する．その理由の1つは先住民の伝統的な価値観だという．それによれば，贈り物を受け取ることは，それに見合った贈り物を返す能力がない場合，相手に服従しなくてはならないこと意味するのである．500年前，カトリックの聖職者達はこの価値観を利用して人々を服従させた．長年メキシコで政権与党の座にあったPRI（制度的革命党）は，補助金という巧妙な贈り物で人々をコントロールしてきた．

先進国の援助を断ち自立（self-reliant）することは非常に難しいことであるが，エステバの主宰する複数のNGOも，特殊な例外を除き，この原則を守っているという．そして，団体の活動の面では，資金援助と引き換えに，特定の北の機関のコントロールを受け入れるよりは，International Network for Cultural Alternative to Development 等，グローバルなネットワークを通じた北

と南の団体の関係強化を重視するという．

　では，このポスト開発思想の世界観において，彼らは北の人々に，援助ではなく，何を期待しているのであろうか．それは北の人々のライフスタイルを改めることである．エステバは「ごみ問題」という比喩を用いてそのことを説明する．

　　「（北の人々に期待することは）沢山ある．北の国のなかでそれをすれば，彼ら自身の得にもなることがある．重要な1つの例をあげよう．北の人々はごみ問題に非常に関心が高い．核廃棄物などあらゆる種類の廃棄物，あらゆる種類のごみについてだ．彼らはごみを自分の国に捨てることができないから，私達の国にごみを送り，あたかもごみ捨て場のように利用しているのだ．」（エステバ，インタビュー，2002年9月6日）

　これは一体どういう意味であろうか．おそらく筆者が冒頭で述べた認識論的断絶，つまり立場による事象の見え方の相違であるかもしれない．彼はこう続ける．

　　「多くの投資協定が日本と東南アジアの国々の間で交わされているであろう．彼ら（日本人）が，現地の工場などに投資するということは，常にそれプラス「何か」が含まれているということだ．それは日本からのごみも一緒に受け入れるということになるのだ．メキシコにごみを運ぶアメリカも同様だ．ヨーロッパ諸国はアフリカに．私達（南の人々）はそれを止めさせることはできない．それは我々の政府にとっても都合の良いビジネスだからだ．（中略）もし，ごみ問題の真の解決策，つまり他のどこかに捨てるのではなく，ごみを生産することを止めることができたら，それはあなた方にも我々にも，全世界にとってもよいことだ．私達は軍事力も経済力も持っていないから，他の国からごみが来ることを止めさせることはできない．だからこういいたい．本当はあなた方にはごみを無くすことができるはずだ．それはあなた方にとっても最高のことのはずだ．」（エステバ，インタビュー，2002年9月6日）

　では，我々はどのようにしてごみを無くすことができるのであろうか．それは，我々が資源浪費型，大量生産＝大量消費型の生活様式を見直すことに他な

らない．それが何よりも素晴らしい援助になるのである．そして南と北の人々が共通の関心を持って，多国籍企業や国家の行動を注視していかねばならないのである．

5.5 身の回りの実践から始めること

エステバのアプローチの特徴は徹底した実践志向である．身の回りを点検しできることから始める．革命や体制変革などの巨大な妄想は抱かない．それは，共同体（コミュニティ）を失った現代人に対しては，新しいコミュニティ創造の提案でもある．

> 「自分達でできるだけの食料生産の場をつくることを始めたらどうだろう．まず，自分達の食料がどこから来ているのか調べてみる．そして少しでも自給率を上げるよう仲間と食料をつくることを始めたらいい．他のことも同様だ．仲間との相互作用ができる場をつくることだ．現代人がモダンな住居を自分で建てることはできない．でも，他にも共通の場を実現できる領域は沢山あるだろう．国家や開発によってつくられた空間を消費するのではなく，そういう場づくりに参加することだ．自分達が生活する場をつくる．（中略）私達は，経済とか商品といった原理とは切り離した「学び」を再生しようとしている．そんなに難しいことではない．友人が集い，子供や若者が集まり，そこから始められる．日本ではお年寄りが大切にされると聞いている．伝統的に，年長者は文化を次の世代に伝える機能を担っている．自分達の場で，年長者と学ぶこと，それはコミュニティを再生するための1つの方法ではないだろうか．」（エステバ，インタビュー，2006年1月16日）

6 考察と議論

以上，ポスト開発思想の背景としてのエステバの個人史と主要な概念について検討してきた．以下，筆者の考察として，考えられる批判，解釈の可能性，教訓，残された課題について論考を進め，今後の議論の糸口を示したい．

6.1 批判

　上記内容に対して，単なる偏狭な原理的民族主義者，アナーキスト，ユートピア論者の意見にすぎない，途上国の人々を貧困というゲットーに封じ込めておく独善的な論理ではないか，といった批判が読者からあがることは想像に難くない[18]．様々な経済発展段階，政治的状況が存在する途上国・地域が包含する多様性を単純化し，北 vs 南，先進国 vs 途上国という二項対立的な世界観において議論しているのではないか，という批判はある程度の妥当性を持ち得るものであろう．この思想が単なる反グローバル化，反資本主義的な言説にすぎないのか，社会理論の構築へとつながる真理のようなものなのかを見極めるには，実態論的アプローチからの解明も必要と考えられる．

6.2 解釈

　上述のポスト開発思想において一貫していることは，徹底した草の根レベルの人々の視座である．これは，かつてビジネス界，官界のエリートであったエステバの経験の逆説的な反映である．筆者が特に注目するのは，1人の思想家・活動家の個人史にみる紆余曲折とエステバが彼なりの人々のリアリティの理解・共有に到達するまでのプロセス，およびポスト開発思想との関係である．エステバ自身は，彼の考えは人々に教わったことにすぎず，彼の言葉は実際に起きたことに対する現象に対する説明であるとの立場をとっている．幼児期の体験が後の人間の価値観や行動を決めることがあるように，エステバは自身のビジネス，ゲリラ活動，官僚，NGO での経験と挫折から，上述の価値観・世界観・思想を再構築した．同時に，それは現象に対する彼の説明であり解釈なのである．

　無論，筆者はこの考えを途上国全般に当てはまるものとしてただちに一般化するものではない．むしろ，グローバル化の進行下におけるメキシコ市民社会からのひとつの意思表示であると理解したい．

---

(18) 飯島（2005）によれば，ペルーの文学者で左派批判を展開するマリオ・バルガス＝ジョサは，ラテンアメリカのラディカル思想を，ゲバラを美化する等のロマンティシズム，外部勢力に悪の根源を求める性向，現実と理想を混同したラテンアメリカ・ナショナリズムなどの特徴をあげ，「知的低開発」と批判している．

6.3 教訓

本検討から得られる教訓として，以下の4点を強調したい．

第1に，このポスト開発思想は，環境・人権・文化など様々な要素を包含するが，根底にはオートノミーという，優れて政治的な要求があるということである．北の住人である私達は，どのような背景があって，このような思想と行動が生まれるに至ったのか，相手の立場に立って理解する必要がある．

第2に，南の立場から提起された市民社会論であることに注目したい．市民社会という言葉自体，西欧の伝統から生まれた概念であろうが，非西欧圏には西欧と異なる市民社会概念があり，それらが共存する多元的な地球社会のあり方が提示されているのである．

第3に，彼らの主張は，現在の世界における支配的価値ともいうべき，ネオリベラリズムへの痛烈な批判と拒絶だということである．途上国におけるこの種の思想と運動がグローバル化に対する散発的な反乱にとどまるのか，真のオルタナティヴな社会変革への道筋となるのか見守る必要がある．

第4に，南北の関係，とりわけ国際協力・海外援助を通じたそれに関し，北の姿勢の傲慢さを指摘し，反省を促すとともに，新たな関係の構築の必要性を示唆するメッセージを読み取ることができる．地域の文化や環境に配慮した協力が大切である，と観念的に述べることは誰にでもできるが，実際には容易ではない．ODAやそれを補完する意味でのNGOの位置付けだけではなく，地球市民運動ともいうべき市民社会の国際的ネットワーキング活動の可能性を示唆している．

6.4 課題

最後に，これらを踏まえれば，国際開発研究の分野において，どのような課題が残るであろうか．ここでは次の2点をあげておく．

まず，実際の取り組み事例の調査研究を通じたオルタナティヴな社会変革への運動論の実態を明らかにすることである．これについては，第7～8章で紹介・検討したい．次に，アジア，アフリカ等の他地域におけるポスト開発思想・反開発思想との比較・検証・整理の作業を通じて，そこにおける地域固有性と南の非西欧社会における普遍的な思想的共通項を明らかにしていくことで

ある．

7　むすび

　一般的な意味での（国際）開発に関する研究は，具体事例の経験的研究を特に重視した実学・応用科学的性格が強い分野である．しかし，本章でみたような思想的背景に基づく社会運動に関する検討作業も，当該分野に対する人文・社会科学の重要な貢献の1つとなるものと考える．

　以下の各章では，オアハカで出会った何人かの活動家達，ローカルNGOの組織化，ネットワーク化の展開について取り上げている．本研究に着手した2001年当時，筆者は，エステバおよびその団体がオアハカにおける内発的なポスト開発志向の社会変革の実践の仕掛け人であり，中枢だと考えていた．しかし，この仮説はすぐに間違いだと分かったし，エステバ自身からも完全否定された．本書で取り上げた人物，組織，事例は，南部メキシコで同時進行的に発生している無数の現象のほんの一部にすぎない．たまたま出会った団体や知識人達は，巨大なテレフォン・システムの結節点のサンプルであると理解することもできる．

第2章　女性活動家の遍歴と政治空間

1　はじめに

　歴史的観点から社会運動や政治的闘争を考察するには，大雑把にいって2つのアプローチが考えられる．1つは，「史実」「事実」を詳細に調査・分析し，そこから社会変容のダイナミズムを明らかにするものである．2つは，政治・経済・社会・文化に規定されつつ運動にかかわりを持った個（々）人の証言や個人史から，その背後にある歴史を読み解こうとするものである．実際には，両者を折衷・統合しなくてはならないことも多い．以上は「分析対象は歴史そのもの」という前提によるものであるが，これに加えて，筆者は分析・考察対象としての個人に注目する．運動や闘争の背後には，その原動力としての思想・哲学（さらにはイデオロギー）が存在するが，その直接的な源泉は個人の経験・記憶に基づく試行錯誤の学習プロセスだと考えるからである．本章の目的は，ミクロレベルの地政学的文脈における時代と個人との対話を考察し，当事者の視点と記憶を共有することにより，当該地域での社会運動の現在を考察する手がかりを得ることである．

　なお，本章のタイトルにある「空間」とは，もちろん物理的な空間ではない．本章が対象とするのは，政治そのものではなく，諸個人・組織間のやりとり・交渉（コミュニケーション）が展開される（公的）領域としての政治空間なのである[1]．

（1）　豊永（1999）によれば，政治学的「空間」には，①「自由」（広がり）および「法」（仕切り）の例示としての「空間」メタファー，②ハンナ・アーレント的な政治権力生成の場としての「空間」（人々の活動と言論の「現れの空間」と「政治的領域」「公的領域」概念），③既存の政治的秩序（権利・義務の体系，階級，法律等）によって構成される秩序のメタファーとしての政治的「空間」の3つがあるとされる．本章のタイトルがイメージする空間概念にもっとも近いのは②である．

2　テワンテペック地峡の政治地理

　メキシコにおいて市民運動が特に活発化したのは1980年代以降である．運動の対抗軸は，国政レベルでは，2000年の中道右派のPAN（国民行動党）のフォックス政権が誕生するまで，71年間[2]の長期にわたり政権を独占してきたPRI（制度的革命党）支配への批判であった．1990年代以降は，ネオリベラリズム経済政策への批判を包摂しながら，その対抗軸は変化してきた（小倉, 1999）．しかしその源流は，1960年代末の学生運動やそれ以前の農民の土地闘争にまでさかのぼることができる（Bennholdt-Thomsen, ed., 1994=1996; 小倉, 1999）．

　オアハカ州テワンテペック地峡[3]には，1960年代より，農民・労働者・学生運動の連合体が存在し，1980年代に入り，左派政党と結び付き，大衆層からの支持を強固なものにした．その政治風土については，欧米の人類学者の研究成果においてすでに言及されている（Campbell, et al., eds., 1993; Bennholdt-Thomsen, ed., 1994=1996; Rubin, 1997; Campbell, 2001）．これら先行研究の共通理解として，当該地域の民族・文化的なアイデンティティと政治・社会運動の関係の重要性があげられる．たとえば，「政治は地峡地帯のサポテコ人の民族的アイデンティティと切り離すことはできない．（中略）民族的アイデンティティの確立と政治志向は表裏一体である」（Bennholdt-Thomsen, ed., 1994=1996: 126），「COCEIの成功はサポテコ人の民族性に結び付いた多階級的な草の根運動として理解すべきである（後略）」（Stephen, 1996: 26, 筆者訳）等の説明は，フチタンでの政治運動について言及したものであるが，程度の差こそあれ，イクステペックなど近隣の都市についても同じことがいえる．

（2）　PRIの結成は1946年だが，前身の国民革命党は1929年（1938年にメキシコ革命党に改名）に結成されている（国本, 2002: 337）．
（3）　同州は国内で先住民族人口比率が最も高い州であり，現実として，このことは経済的に「貧しい」こととほぼ同意語といえる．テワンテペック地峡とは，ベラクルス州，チアパス州と接する同州の右半分で地形的に狭くくびれた地域である．太平洋と大西洋を結ぶ陸路の最短ルートとしての交通の要衝である．サポテコ人，ミヘ人，ウアベ人，チョンタル人，ソケ人などの先住民族が居住する．

1973年に結成されたテワンテペック地峡労働者・農民・学生同盟（Coalición de Obreros, Campesinos y Estudiantes del Istmo（COCEI））は，メキシコ現代史上初めて，そして唯一，選挙でPRIに勝った左派政治勢力として知られる．1950～60年代のテワンテペック地峡における大規模開発計画（灌漑，ダム・水路建設）のための土地収用に端を発する農民の土地闘争（Binford, 1996: 62），1970年代初頭から始まったサポテコ文化・芸術運動による民族意識の高揚（Campbell, 1990: 50; Campbell, 1996），そして，1968年の学生運動の影響を受けた中産階級出身の学生達（Rubin, 1987: 135）などがCOCEIの支持層を都市貧困層と下層中産階級の住民へと拡大させた（Rubin, 1987: 136）[4]．1970年代および1980年代前半の政府による抑圧は多数の死者や逮捕者を出したが，逆に民主化運動を誘発する結果となった．PRIの圧倒的な政治的支配のなかで，1980年，1989年，1992年のフチタン市長選のほか，近隣の中小都市の首長選に勝利したことは，メキシコ現代史において特筆されるべき出来事であった．

地峡北部地区先住民共同体連合（Unión de Comunidades Indígenas de la Zona Norte del Istmo（UCIZONI））は，1985年にミヘ人居住地域の11のコミュニティと2人の専門家によって結成された市民団体法人（A.C.）である[5]．農民団体，協同組合的組織，草の根レベルのローカルNGOとしての性格を併せ持ち，地域の開発エージェント（Correa, et al., 1997）としての機能を担っている．背景にはCOCEIと同様，地域における土地闘争がある（Correa, et al., 1997）．オアハカ州にはUCIRIやCEPCOなどコーヒー小農組合の連合体がいくつも存在するが，UCIZONIもその1つと考えてよい．UCIZONIは非政治的組織と宣言するが，Porter（2002: 119-120）によれば，UCIZONIはUCIRIと比べて旧メキシコ共産党系のPRD（民主革命党）との結び付きが非常に強いという．今日では，21の自治体の325以上のコミュニティで活動し，2万人以上が参加[6]する有力な組織となった．人権擁護，コーヒー等農産物の集出荷，その

（4） サポテコ語を重要視することなどサポテコ人の民族性に基づくローカリズムは地域における強固な支持の基盤となった一方，国レベルや州内の非サポテコ系民族への波及を自ら制限してしまう両刃の剣でもあった（Stephen, 1996: 27）．
（5） その前身は1982年に結成されたサン・ホワン（San Juan）の労働者と学生のための自立組織（OISTE）である（Correa, et al., 1997）．
（6） UCIZONIホームページ：http://www.ucizoni.org.mx/historia.html（2007年5月5日）．

他コミュニティの社会開発事業を行なっている．

3　ある女性活動家の遍歴と証言[7]

3.1　イサベルのプロフィール

　イサベル（Isabel）[8]は，50歳台後半（推定，インタビュー当時）のサポテコ系の女性である．祖父母はこの地の最初の定住者で *Cheuios*（サポテコ語で「川の向こう」の意）と呼ばれた人々であった．両親に育てられた時代に，現在のオアハカ州イクステペック市の街中に引っ越してきた．4人の子供の上から3番目で，唯一の女の子だった．かつてイクステペックは鉄道の要衝として栄えたが，彼女の父親も鉄道労働者であった．イサベル自身はイクステペックで生まれ育ち，16歳でメキシコシティの高校に進学するが，まもなくオアハカに戻り，19歳の時に，活動家の仲間の青年と学生結婚をした．夫は，1982年に死去した．一男二女の母親として，子育てをしながら，30余年の長きにわたり，地元オアハカのテワンテペック地峡地域において，政治・社会活動に携わってきた．COCEIで活動し，その後UCIZONIでの活動を経て，現在は個人で住民支援・教育の活動に従事している．長男のルーベンはイクステペックを本拠に活動するローカルNGOのメンバーであり[9]，末娘のスナツィは母親とローカル・アート活動にかかわっている．

3.2　学生運動の日々
(1)　1968年と8人の若者

　1968年は世界各地の社会運動にとって大きなエポックとなった年であったが，メキシコにおいても同様である．1959年のキューバ革命以降，ラテンアメリカで拡大をみせた左派勢力による諸活動が頂点に達した時期であった．メ

（7）　インタビューは2004年9月1日の夕刻に，イクステペック市内のイサベルの自宅中庭で，セルヒオ・ベルトラン氏とともに行なった．ベルトラン氏の通訳を元に進められた会話（英語とスペイン語）をテープに録音した．インタビューの所要時間は6時間弱である．
（8）　インフォーマントのプライバシーの観点から，ファーストネームでの表記のみとする．
（9）　ルーベンが活動しているNGOについては，第7章「4　カタリストとしての農村青年NGO」または北野（2004a）を参照せよ．

キシコでは，オリンピック開催の年としてだけでなく，左翼勢力とそれを弾圧した政府側との流血の惨事（トラテロルコ事件(10)）の年として記憶されている．

　イサベルを含むオアハカ州出身の8人の若者が活動家になる直接の動機は，他の誰もと同様，経済的な問題（失業，貧困など）への関心であった．8人にとって，何が自分達の活動にとっての最良の方法かは分からなかったが「何かをしなくてはならない」ことだけは認識していた．メンバーはメキシコシティで建築学を専攻する大学生・大学院生らで構成され，イサベルは高校生であった．当時，イサベルの地元イクステペックには高校がなかった．1968年前後，彼らはメキシコシティで学生運動にかかわっていたが，メキシコシティで学生運動が下火になると，彼らの関心は地元オアハカおよびテワンテペック地峡の問題に向けられるようになった．一旦オアハカ市に移り，マルクス等に関する学習サークル活動を開始したメンバーは，その後イクステペックに戻った．イサベルは高校を中退した．

　学習サークルでの学びは厳格で強固な鍛錬であった．彼らは1968年闘争の社会的意味と運動のさらなるインプリケーションを理解しようとしていた．彼らの目的は，衰退する地元の町に活力と自信を取り戻すため，社会主義に関する教育と仕事を始めることであった．マルクスを基本として，レーニン，トロツキーだけでなく，当時は右翼的とみなされていた他の思想を含めて学習が行なわれていた．やがて，フチタンなどの他の近隣の町にも，社会問題を学習する他のグループが生まれ始めた．定職を持たない未婚の若者達は，当時の当該地域の社会通念では「子供」とみなされた．大人達には「子供」が何をしようとしているのか，まだ分からなかったという．

　イクステペックで8人が最初に直面した問題は収入であった．収入なしに活動に専念することはできない．ある者は働きながら，ある者はひたすら運動に専念した．イサベルは活動のかたわらほぼ独学で高校の勉強を続け，オアハカ市で試験を受けた．左翼運動にかかわっていたオアハカ市の高校教師はイサベルの事情に理解を示してくれた．イサベルは「地元に戻る」という理由の他に，

---

(10) 10月2日，PRI体制への不満，政治犯の釈放，大学自治に関する要求，時期尚早としたメキシコ五輪開催への反対などを掲げた学生・市民らの集会と軍隊が衝突し，400人もの死者が出た事件（国本，2002: 322-324）．

「学校」というスタイルに嫌悪感を抱いていた．その後大学を受験し合格した．

(2) 図書館建設をめぐる市当局との紛争とM17

1970年代初頭，イクステペック市が市民図書館を建設することを決定した．計画を支持したのはPRI系の教員達だったが，左派学生勢力が図書館建設に関する委員会に参加するようになり，図書館の立地についてPRI派と激しく対立をするようになった．PRI派は図書館を中心部からはずれた商業的地区（富裕層が住む）に誘致しようと考えた．イサベルらは農民や貧しい人々が利用できるよう，ダウンタウンに建設すべきだとした．特に念頭に置いていたのは，周辺の農村部に住む自分達と同世代の若者が容易にアクセスできる立地を確保することだった．左派学生グループは，行政と委員会に対する闘争を開始し，若者のみならず，農民や一般住民からの支持を拡大した．彼らが選定した具体的な建設候補地は，以前学校として使われていた建物であり，廃校後は左派学生グループの集会所として利用されていた建物であった．イサベルらのグループの他にも，地域内の3つの高校生グループからも賛同が得られ，やがて，それらは連合化した1つの大きなグループとなり民衆前線連合（Trente）と名乗るようになった．「簡単に説明することはできないが，トレンテは特別なやり方で組織化をしていた」とイサベルがいうように，いくつかのグループが一緒に活動する連合体であった．長期にわたるやりとりの末，10数年後の1986年に，学生らが主張したその場所に図書館は開設された[11]．図書館には8人のうちの1人の名前が冠された．それは1982年に死去したイサベルの夫の名前であった．

1980年代初頭，イサベルがイクステペックにおける社会主義的組織のパイオニアと呼ぶM17という活動グループが，教育学部の17人の学生（後に退学）によって結成された．イサベルもこの活動にかかわるようになり，広報を担当する．木枠と布でできた印刷機（おそらく謄写版だと思われる）で，パンフレット・チラシ・広報誌を製作した．夜通し印刷し，街角で貼る．工事用のトラクターにマイクとスピーカーを積んで，拡声器によるアナウンスをしながら，市内を巡回することもした．これらの仕事の費用はすべて，グループのメンバ

---

(11) もう1つの議論は収蔵する書籍であった．左派学生が求めていた類の図書の所蔵に難色が示されていたからである．最終的には，イサベル曰く「完全な図書館」となった．

ーだけで賄われており，外部からのいかなる財政的支援も受けていなかった．グループのリーダーの1人であったアレハンドロ・コウス・マルティネスという学生詩人は，地元のあるパーティの場で殺害された．

(3) ハラッパ大学で社会人類学を専攻する

イサベルはベラクルス州のハラッパ大学に進学し，社会人類学を専攻した．1年目は，月曜から金曜まで大学で講義に出席し，金曜の午後から週末はイクステペックで運動に従事した．数か月この生活を続けた後，ベラクルスの教授らとイクステペックの学生運動家とのネットワークをつくることを思いついた．オアハカ州の学生運動に関心を持つ教授らに，現地で進行している運動の最新情報を届ける代わりに，大学への出席を週2〜3日に圧縮することを許可してもらう．この通学条件により，多くの時間をイクステペックでの運動に費やすことができるようになった．後に，1週間全部あるいはもっと長い期間，大学を休むことが許可されたこともあり，政治活動への従事の度合いは高まっていった．こうした配慮により，無事大学を卒業することができた．

情報交換の必要性は大学教授にとってだけでなく，イクステペックで運動に従事する学生も同様であった．フチタン，イクステペック，その他の各都市でも，大きな社会運動が進行していた．各地のこうしたグループは定期的に集まり，互いに共同してより大きな地域運動に発展させる方策について議論し始めた．このつながりがCOCEIを生み出す母体となったのである．イサベルらのグループもそのなかの1つであった．

3.3 COCEIでの政治的活動

(1) 連合運動体COCEIの誕生

テワンテペック地峡にあった幾多もの左派運動グループは各々の名称と旗を掲げて活動していたが，1つの旗の下に統合されることとなる[12]．合流への最大のインセンティブは，村々における軍からの圧力であったという．当時，フチタンやイクステペックでも，軍による統制が敷かれ，兵士が村内でさかんに発砲していた．やがて，外出もできず家に潜んだり，外に出るときは集団で歩

---

[12] 1971年にCOCEIの母体となった「フチタン自由農民学生」が結成されている（Bennholdt-Thomsen ed., 1994=1996: 131）．

かざるを得なくなる程，左派学生への監視と尋問は強化された．「各グループが連合すればより強固な運動となり，軍の圧力を防御できると思った」とイサベルは回想する．

　イサベルによれば，当時，人々の政府とPRIに対する恐れは，ほとんど宗教といってもいい程だったが，メンバーは「政府や州を打ち負かすことは不可能ではない」という考えを周囲に伝達した．コミュニティでは「あんな子供達が政府に挑むなら，誰だってそんなことぐらいできるんじゃないか」という噂（のようのもの）が広まったという．労働者のストライキやM17のような学生運動も支持されるようになった．COCEI参加者や労働者によるストライキが多発した．それらは強力であったため，対立を避けたい工場主は要求を呑まざるを得なかった．具体的な行動にはバスを燃やす等の暴力行為もあった．1970年代前半，労働者，農民，いくつかの学生グループが合同していった．やがて，家事に従事していた女性達もこの運動に参加するようになった．こうしたプロセスを通じて，政府を倒すこと，政府のあり方を変えさせることは不可能ではないという確信が人々に浸透していったという．

　幾度かの議論を経て，すべてのグループがこの地域運動組織に合流することに合意した．こうして1973年末[13]に連合体としてのCOCEIができた．多くの文献で紹介されているようにCOCEIの中心はフチタン市であり，近隣のイクステペック市のイサベル達のグループは周辺からCOCEIに参加したグループの1つだと考えられる．当時，赤地に黒い星が描かれシャツを着た人を路上でみかけたら，COCEI支持者だと一目で分かった．緑色はPRI支持者，黒と赤はCOCEI支持者であった．

　イサベルは学生の立場で運動に参加したため，農民がどのように組織化を進めたのかは直接の体験としては知らない[14]．離れたところからみた一般的なイメージは，議論をしながら組織化を進めるいくつかの労働者，学生，教員らのグループが存在し，それらの団体が単純に連合化するというものであろう．

---

(13)　イサベルは1974年といったが，Rubin（1997: 134）の記述に従い1973年末とした．
(14)　イサベルによれば，農民が運動にかかわるようになった1つの主要な理由は，この地域にあった政府系の農村銀行（Bancrisa，後にBanruralに名称変更）が農民に対して悪い条件で信用を供与し，やがて政策変更によりこの地域から撤退したことだという．

しかしイサベルによれば，実際はそうではない．COCEI に参加したのは団体ではなく，運動にかかわろうとする単独の個人であった．個人が職場で組合をつくり，村に戻って農民組織をつくる．あるいは学生同士でユニオンやアソシエーションをつくる．地域の農民，労働者，教師，学生という単独の個人という立場で COCEI に入り，COCEI の運動の一環として，彼ら個人は，自分が所属する職場，コミュニティ，路上というそれぞれの持ち場で組織化を進めたのである．

1970 年代を通じて，学生運動，農民の土地闘争からなる政治運動としての COCEI と政府当局・軍の間には，幾度もの抑圧（逮捕，尋問，拷問）や衝突があり，死傷者を出した（Bennholdt-Thomsen, ed., 1994=1996; Rubin, 1997）．1974 年の闘争の最中に銃撃されて死亡した妊娠中のロレンサ・サンティアゴ・エステバンは象徴的存在となり，死後，彼女に死に関する沢山の詩がつくられた．COCEI 運動に参加した人々の半数は女性だったが，運動におけるリーダー（多くは男性）への抑圧が高まり，地域から逃亡せざるを得なかったことから，必然的に女性の存在感が高まった．COCEI もそのことを認識していた．イサベルは男性リーダー達の逃亡の手引きを担当した．マペンレアという男性リーダーと何人かの逃亡を助けた時には，軍の検問を欺くため，男達を女装させ車を運転した．

COCEI の闘争は，次節でみるように，1980 年のフチタン市長選に象徴される．しかしイサベルは，テワンテペック地峡のどの村も COCEI 運動にかかわり，村の内部で政治的運動があったことを強調する．ただし，特定のケースにおいて反政府行動を取り上げたとしても，コミュニティ全体の総意には至らない場合が多い．「いかに政府に反対のリアクションをするか」の議論をそれぞれの特定のケースにおいて行なったとしても，コミュニティ全体の総意には至らない．COCEI の中央委員会は取り上げたとしても，村レベルの COCEI 委員会では，「我々はここでは闘わず，別のやり方で対処する……」という決定になる．したがって，闘争に関する決定はイサベルが所属する COCEI の中央委員会でなされたという．

(2) フチタン市長選と政党としての変質

COCEI が選挙に出ることは政府から許可されなかったため，1970 年代も後

半になると，PPS（社会人民党，現存せず）と取引することを余儀なくされた[15]．これについてはCOCEI内部で大きな議論が起きた．自律的な「社会運動」がオートノミーを失い，「政治的代表」として政治的取引に従事する主体へと変質することを危惧したのである[16]．選挙への関与を決定する前に，COCEIはすでに，国レベル，国際レベルでの認知と支持を得ており，UNAM（メキシコ国立自治大学）の多くの学生がイサベルらの下に集まり，運動をサポートした．左派系知識人グループ，たとえばクリティカルポイントという雑誌も，ロビー活動をサポートした．音楽家や演劇のグループがフェスティバルに来て運動を支持した．しかし，COCEIが政党として選挙に関与することになってからは，こうしたサポートの多くは無くなった．イサベルは「人々は社会運動が公の政治に関与することに賛成しなかった」からだと考える．

　イサベルはCOCEIの中央委員会のメンバーとして仕事に従事したが，彼女の現在の評価によれば，COCEIをつくったこと自体が「最悪の間違い」だったと回想する．というのは，地域組織に統合されると，「我々が我々であること」を止めてしまうことになるからである．私達が私達であることをやめてしまえば，議論の場はコミュニティを離れ，中央委員会で行なわれるようになる．地域団体からの代表や，全体をとりまとめる担当者はいても，人々が草の根レベルでの議論に参画することは行なわれにくくなる．多くのマルクス主義者が陥ってしまった民主的中央集権制がこの地域においても始まったのである．

　1980年のフチタン市長選に備え，COCEIはPCM（メキシコ共産党），PSUM（メキシコ社会主義政党同盟）と協力関係を結んだ．既成左派政党は選挙に備え支持者の名簿を拡充することを常に望み，COCEIは政党が有する社会的な知名度に期待した．実際の事務レベルでは多くの衝突があったという．たとえば，旗ひとつの問題にしても，既成政党の旗やプロパガンダを利用すべきか，それ

---

(15) COCEI結成の翌年のフチタン市長選で，PRI，PPSの候補者と争い，PRIが当選した．COCEIは得票数でもPPSに敗れている（Rubin, 1997: 134）．1977年の選挙でも敗れた．
(16) 1977年の政治改革で左派政党が合法化され，比例選挙での可能性が出てきたことから，1979年にCOCEI内で国政選挙へ出るかどうかの議論があったとされる（Rubin, 1997: 136）．また1980年のフチタン市長選に際して，COCEIが政党としての要件を持ち，国レベルの政党と同盟を組んで臨むかどうかについても議論があったとされる．本文におけるイサベルのエピソードはこの時期のことと考えられる．

らはパンフレット上の表記のみにとどめておく（COCEIを前面に出す）べきか，という対立があった．最終的にはCOCEIも選挙戦にかかわるということで合意をみた．なぜなら既成政党はCOCEIなしでは当地で勝つことはできないし，COCEIは政党なくして候補者を出すことはできない．「誰も幸せではないが，それ以外に選択肢がない取引のようなもの」であった．

1980年のフチタン市長選は，COCEI側市民の抗議等により，一旦は無効になり，3か月後に再選挙となった．COCEI側候補レオポルド・デギィベスは，51％の支持票（Rubin, 1993: 162）を得て勝利し，1981年から2年余りの間[17]，*ayuntamiento popular*（人民市政の意）と呼ばれた市政が行なわれた．メキシコ現代史において，初めてPRIが敗北し左派政党が首長を出したのである[18]．

(3) 中米ニカラグア・エルサルバドルへの旅

1980年代に入っても，イサベルは依然としてCOCEIの中枢ですべての過程にかかわっていた．しかしCOCEIと自分との距離は次第に微妙に変化していった．きっかけは中米のニカラグア，エルサルバドル，グアテマラを訪れたことであった．

ニカラグア行きには2つ理由があった．第1は純粋に人類学者としての関心である．ニカラグアの大西洋岸のミスキート（*Mixquitos*）と呼ばれるエスニック・グループの経済を研究することに興味を持っていたからである．第2はCOCEIの運動に対する疑問である．その頃（1980年代初頭），イサベルのなかでCOCEIへの深刻な疑念が湧いてきていたからである．今日それはすでに確信となった．その疑念（確信）とは，リーダーは常に勝つこと（選挙および政府との交渉事）のために交渉するということ，換言すれば，結果を出すために

---

(17) 1983年夏，（PRI側が関与したといわれる）政治的口実を理由に，COCEIはフチタン市庁舎から退去を命ぜられた．COCEIおよび支持者はそれを拒否し，デモで対抗したが，軍が出動した．混乱のなか市長選が行なわれ，PRI候補者が54％の投票を得て新市長となった．しかし同選挙では有権者名簿に細工（COCEI側支持者（の一部）が予め除外）がされていたといわれる（Rubin, 1993；イサベル，インタビュー）．COCEIは1989年の同市長選に再び勝利し，1990年代にも地域のいくつかの首長を出している．

(18) PRIの対抗措置として，州知事はすぐにフチタン市への予算を削減するなどの強硬策を講じ，連邦の機関も同市への財政的支援（ローン，クレジットなど）に反対をした．デギィベスはフチタン市からオアハカ市への抗議デモで，大衆にアピールしながら，州側との交渉を要求するという戦術で対抗した（Rubin, 1993: 163）．

のみ興味を示すということである．COCEI はテワンテペック地峡にある3つの主要な自治体（フチタン，イクステペック，テワンテペック）だけに興味があった．なかでもフチタンは別格であった．COCEI のリーダーの過半はフチタン市の出身だから，フチタンを優先する．彼らは常に，フチタン市長選のみを最重要視して，政府と交渉していた．イクステペックなどの他の自治体の首長選挙で，実質的に COCEI が勝利したとしても[19]，PRI 政府がそれを認めないことを結果として許してしまったと，彼女は考えている．COCEI の中枢に身を置きつつも，イクステペック出身の彼女らは少数派であった．COCEI の意思決定の「手続き」に対する重大な疑念が生じた．

ニカラグアのサンディニスタ革命[20]は1979年であるが，その頃は，イサベルは上述のとおり，オアハカで COCEI の運動に従事していた．彼女は，1983から1988年の間に何度となく，サンディニスタ時代のニカラグアを訪れている．ニカラグア，エルサルバドル，グアテマラを旅して，そこでの革命運動とかかわりを持ったが，それらも COCEI と同じプロセスを経ていることに気が付いた．あの頃，サンディニスタの中央委員会も，エルサルバドルのファラブンド・マルチ運動も COCEI と同じような間違いを犯したと指摘する．

「私達はマルクス主義のイデオロギーから，本当にいろいろなことを学びました．しかし，中央集権的な意思決定，中央集権的民主主義もです．なぜなら，我々は全員にかかわる意思決定に関与しているのに，それはほんの一握りの人々によってなされているのです．それは意思決定に関する中央化された権力です．もし，すべての類似の運動を分析すれば，リーダー側と草の根の人々との間には，同様の対立と破壊のプロセスをみるはずです．」（イサベル，インタビュー，2004年9月1日）

イサベルは，ニカラグアでサンディニスタが行なった政策を「様々なことを

---

(19) 投票者名簿の改ざんなどにより，選挙結果が実態を反映しないケースがあったとの立場による．
(20) サンディニスタ民族解放戦線（FSLN）がソモサ独裁政権を1979年に打倒し，サンディニスタ党による革命政府を樹立．貧困層への識字教育などを推進するが，やがて全体主義化に傾く．1980年代はレーガンによる経済封鎖と反サンディニスタ勢力との内戦状態に陥る．1990年に反サンディニスタの大統領が当選するが，2006年に再び政権を奪還した．

変革させる機会」として評価するが,彼女が現地で見聞きしたことは,選挙時に一般の人々から金銭や小切手を集めていたサンディニスタの姿であった.彼らは中央集権化し,権力や多くの特権がリーダーに集中してしまった.エリート（運動のリーダー）には専用の食料雑貨店があり,沢山の輸入品であふれているが,普通の人々はそこで買い物はできない.リーダー達に対する宗教的ともいうべき崇拝もある.リーダー達と異なった考えを持つこと,違った意見を持つ人を支持することは許されなくなる.これらのことから,人々はサンディニスタへの反対票を投じるようになり,弱体化していった.サンディニスタ党は 1990 年に敗北し,野党連合のビオレッタ・チャモロ政権が誕生している.

イサベル曰く,「人々は後悔したかのようにみえた.あたかも,我々はよくない選択をした（と考えたようにみえた）.サンディニスタを追放したのは間違いだった.でも,それは彼らに誤りを伝える方法だったのだ」という.彼女が興味を持ったことは,なぜ革命に参加した人々が,その後サンディニスタに反対したのかということであった.問題は「プロセス」ではなく,「手続き」であったと考えている.

> 「「手続き」はイデオロギーに完全にリンクしています.「特定のシナリオにおける現実」とは何のつながりもないのです.忘れてはならないことは,革命はサンディニスタ政権にとっても,非常に困難な条件だったということです.コントラ[21]という武装したグループがあります.それは,アメリカ政府に財政支援を受けていました.だから革命の時期のあいだ,彼らはサンディニスタ政権とずっと戦い続けることができたのです.コントラは人々が反サンディニスタ票を投じるに当たって,非常に重要な役割を果たしました.なぜなら,コントラとサンディニスタ軍とのあいだの闘争があり,（サンディニスタ政府は）法律によって人々を徴兵しました.徴兵された人々はコントラと戦わされたのです.このことに影響を受けた多くの人々が,反サンディニスタ票を投じたというわけです.」
> （イサベル,インタビュー,2004 年 9 月 1 日）

---

(21) コントラ（Contra）は,サンディニスタ革命政府の急進的な政策に反旗をひるがえし離脱した一派と旧ソモサ派の残党による反革命勢力である.米国の支援を受け,反サンディニスタ勢力として国内でテロやゲリラ活動を行なった.

COCEIがフチタンを重視した一方で，イサベルの地元イクステペックは常にPRIの手に落ちた．組織内でそのことに対する議論の余地はなかった．COCEIも，サンディニスタと同様，エリートと彼らのイデオロギーによって，コントロールされるようになっているとイサベルは確信した．

> 「いつも同じことが繰り返されます．スターリンはトロツキーを殺しました[22]．なぜなら，ソ連共産党のリーダーシップについて，彼らは合意をみなかったからです．エルサルバドルでも同様のことが起きました．運動のリーダーシップについて意見が合わないリーダーが殺されたのです．ここ（オアハカ）では，（COCEIは）誰も殺しませんでしたが，彼らはリーダーシップのあり方に賛成しない人々を分断し，孤立化させたのです．（中略）COCEI内部で内部抗争が始まる以前に，私達が「あの瞬間に近づいている」と感じていました．ニカラグアでの経験は，COCEIの状況をみる別の視点を与えてくれたからです．」（イサベル，インタビュー，2004年9月1日）

ニカラグアやエルサルバドルでの出来事と経験は，彼女にとって重要なステージとなった．その一方で1990年のフチタン市長選では，エクトル・サンチェスが当選し，COCEIが市政を奪回した．

(4) COCEIを離れる際の葛藤

公式に何年何月にCOCEIを辞めたかははっきりしない．公的には，PRIとCOCEIが選挙協力する関係にあった1990年代末だということになるが，そのずっと以前からCOCEIの中央委員会にいながらも気持ちはすでに離れていた．すぐに組織を離れることができなかったのは，COCEI創立期から草の根レベルでの沢山の活動にかかわりを持ってきたため，COCEIのすべてを放棄する気にはなれなかったのである[23]．

片方には「もう何もすることはない．唯一の道は，（選挙を通じて）政府に参

---

(22) レーニンの死後，スターリンとの抗争に敗れたレオン（レフ）・トロツキーはソ連から追放され，トルコ，フランス，ノルウェーを経て，1937年にメキシコに亡命し，スターリン批判を続けたが，1940年にスターリンの刺客によってメキシコシティの自宅で暗殺された．当時のメキシコ国内の左翼政治運動とトロツキーの関係については，小倉（2007）が詳しい．
(23) Ariel Dorfmanの *La nana y el iceberg*（*The Nanny and the Iceberg*）という本が，彼女の反省のプロセスに沢山の示唆を与えてくれたと語る．

加して物事を変えていくことだ」という人がいた．他方には「我々はまだ革命を続けられる．でもそれは共産主義革命であってはならない．我々にはよりオーガナイズされた革命の可能性があるはずだ」と考える者もいた．政治からも運動からも一切身を引き，自暴自棄な生活を送る者もいた．

　COCEIと袂を分かつための内面的な省察には年月がかかった．「何かが間違っていると感じるのだけれど，私は何が起きていたのか，はっきりと理解することはできていなかった．起きている何かに対して，どのような理由で反対をしているのか，合理的な意見を述べることはできなかった．ただ何かが違っていると……」．中央アメリカを旅するなかで，彼女がその「何か」が分かったと確信した瞬間があった．「私の人生の1つのサイクルを止め，別のことを始める時が来た」と感じたという．

　イサベルは，COCEIを含むその頃の世界各地の「革命運動」の90％はイデオロギーで，地域の実情を真摯に認識することに欠けていたと批判する．地域の文脈を分析することなしに，他所での経験を無批判に真似し，イデオロギーと方法論を地域の人々に強要する．当然のことながら，COCEIを辞めた際に，組織内のリーダー達からは厳しく批判された．「政治」から身を引き，次節でみるように社会サービスに専念すること，その仕事をCOCEIの旗の下で行なわないということ，に対しての批判でもあった．

3.4　政治活動から社会活動への転進
(1)　UCIZONIの設立

　イサベルはマティアス・ロメロ（Matías Romero）というテワンテペック地峡の別の自治体へ行くことを決め，UCIZONIにかかわる．UCIZONIは1985年にカルロス・ベアスという人物とイサベルを中心として設立された．ベアスは当該地域で，数多くのNGOとつながりを有するリーダー的な人物であった．

　COCEIを辞めてからモノの見方が変わった．かつて，COCEIを結成する過程で，メキシコ北部にあったマルクス主義者の研修センターでのキャンプに参加したことがあった．ベトナム，チリ，その他の国々からの参加者もおり，どうやって銃を撃つのかといったことも学んでいた．

「私の人間関係は，完全に《サークル》内部にあったのです．そして，私が知るすべての人々や，私が関係していた人達は，同じ革命理論やイデオロギーのサークルの内部の人ばかりでした．それを辞めると決めたとき，組織の外に出ると決めたときは，本当に孤独感に苛まれました．本当に1人きり．私は自分の目を他の組織に開くことに気が付きました．（中略）UCIZONIはその何かだったのです．政治に重点を置くのではなく，生産活動に重点を置く．女性の参画を促す．特に先住民ミヘ女性の（参画に……）．」（イサベル，インタビュー，2004年9月1日）

最初，UCIZONIメンバーは2人だけであった[24]．5年後イサベルがUCIZONIを離れる時，スタッフは約30人，総会に参加する地域からの代表は200人と，大きな地域組織に成長した．イサベルとベアスはUCIZONIのすべての事柄にかかわっていた．1980年代後半はコーヒーの国際価格が暴落し，いわゆる「コーヒー危機」が始まった頃である．テワンテペック地峡でもコーヒー畑を放棄する農民が出始めていた．チャピンゴ農業大学から技術者や普及の専門家が派遣され，コーヒーの代替作物に関する調査が始まっていた．UCIZONIはCOCEIとはいかなる関係も持たないにもかかわらず，有力な農民団体として認知されるようになった．

UCIZONIでは，法律，財政，名誉と公正，文化，森林，住宅，女性，運輸，農業，計画と事業の各部会が総会の決定に基づき運営された．毎月の総会では，各部会の活動報告と分析を行なった後，コミュニティ内にあるニーズや問題の報告が行なわれた．これにより，理事達は「本当にしなくてはならない仕事」を認識する．法的な問題があれば法律部会の専門家が解決にあたり，健康に関する問題には保健部会が対応した．非常に強固な組織構造を維持しながら，部門間の水平的コミュニケーションがスムーズに機能していた．イサベルはこれ

---

(24) 1950年代末～60年代初頭にかけて，ミヘ地域の一部のコミュニティはマクロビオ・デ・レオン・サンチェスという強権的な人物が絶大な権力を振るい，警察・ビジネス・土地等を牛耳っており，異議を唱える者は殺害されるという状況が続いた．1980年代初頭の追放運動によって彼は追放されたが，これがUCIZONI設立の原因の1つだとする説がある．この運動のなかで教師や学生らによってつくられたOISTEという組織がUCIZONIの前身だとされる．1982～83年に，地域の様々なリーダーが組織に合流した（Hernández-Diaz, 2001a）．イサベルが「2人だけ」でUCIZONIをつくったと述べるのは，おそらく最終段階の組織立ち上げに関してではないかと筆者は推測する．

は成功する組織の1つの条件だと考えている．しかし後段で述べるように，この条件に障害が生じる．

(2) 先住民女性の自立支援に従事する

UCIZONI の仕事と COCEI のそれは全く異なった．UCIZONI は人々をサポートすることに特化し，実利のある経済事業を重視した．これは COCEI に欠けていたことであった．

イサベルは女性の課題に集中して取り組んでいた．女性部会は UCIZONI 設立の2年後の1987年にできた（Hernández-Díaz, 2001a）．最初から女性部会の運営を担当しており，ミヘ人が居住するコミュニティや女性達とのつながりを持つようになっていた．政治指導者であった彼女にとってショックだったことは，ミヘの女性の政治的参画への機会が極めて限られており，村落委員会にも参加していないという事実であった．そこでイサベルは彼女がいうところの「蟻の仕事」，つまり最初は非常に小さなところから始め，徐々に拡大していくことにした．「最初は台所に入れてもらって，そこで女性と話をするところから始めました．（女性の）権利やサービスについての話です．そして，組織における女性の課題を獲得目標（アジェンダ）として掲げられるようにしたのです」．

最初のステージは，常に女性グループのなかで，女性が何が主要な直面する問題で，何が必要なのかを理解できるようにすることであった．これは COCEI とは全く別のアプローチであった．COCEI ではリーダー達がいつも決定をして，それを上意下達的に草の根レベルに降ろしていた．UCIZONI では，「女性達にとって最良のことは何か」について，決定を下すのではなく，女性達とともに活動し，彼女らが問題や必要事項を持ち寄って考えた．結果として生産に関係する事業が重視されるようになった．たとえば，すべての村々における共通の問題の1つとして，*nixtamal*（とうもろこしとライムからつくられるペースト）のブレンダーの問題があった．トルティーヤの生地をつくるためのものだが，通常ブレンダーを所有する者は1村に1～2世帯しかいないため，それ以外の者がトルティーヤの生地をつくるためには，ブレンダー所有者に使用料を払わなくてはならなかった．これが，ミヘの女達の懸案事項であったのだが，UCIZONI の事業では，女性グループでブレンダーを所有することによ

り，個人間で使用料を払わなくても済むようにした．

　また，ヘネケン（*henequen*）と呼ばれるザイル麻の一種を用いた織物づくりのワークショップも行ない，商品化をした．女性がつくったものを，組織（UCIZONI）を通じて，比較的に容易に商品化できるようにした．ワークショップ・研修と生産物の商品化を一体化することにより，実益を実感させつつ，女性達の意識の向上を図った．

　事業には外部ドナーからの助成が必要である．当初，UCIZONIはどのようにして，外部の資金援助団体（ドナー）とコンタクトをとるのか知らなかった．イサベルは，オランダのNOVI財団のラテンアメリカ担当のアドバイザー兼コンサルタントを務めるエリオ・ビリャセニョールというという人物に出会い，そして助成申請のノウハウについて，アドバイスを得た．イサベルが過去（学生運動およびCOCEI）に経験したことは，プロパガンダによる社会闘争であったが，この人物とやりとりする過程で，「社会闘争」には別の方法があることを認識した．ビリャセニョールの「今まで，人々は運動に勝利したり，得たいものを得るためには，叫んだり，喧嘩をしたり，闘争をしたりしていた．しかし誰もどうやって申請するかについては知らない」という一言はイサベルの心に深く刻まれた．彼女が学ぶべきことは，直面する問題に対して支援をしてくれる何か・誰かに対する申請をする術であった．1985年から5年間に同財団はUCIZONIの女性部会に対して，56万ペソの助成を行なった．

　女性支援事業を発案しかかわっていたのは当初イサベル1人であった．彼女はリーダーであり，活動家であり，事務員であり，部会のメッセンジャーでもあった．5年間でUCIZONIの女性部会のみならず，コミュニティにおける村落委員会における女性の参加や発言を増加させたという実績はイサベルを国際的な存在にした．UCIZONIの経験を外国に伝えるために，彼女はウルグアイ，ペルー，その他の国に招聘されることとなる．

(3)　UCIZONIを去った理由

　イサベルは1990年にUCIZONIを辞めた．理由は3つあった．

　1つは，後進の若者に役割と責任を委譲したいと考えたためであった．彼女がUCIZONIを離れてから，イサベルの代わりに若い後継者達がスペインその他の国々へ招かれる機会があった．このことによりコミュニティでトトポ

(*totopo*) と呼ばれる堅いトルティーヤの一種をつくっていた女達が突然注目されるようになり，彼女らがリーダーシップを発揮できるようになった．

2つは，組織と「政治」との関係に関する意見の相違であった．当時，サリーナス大統領が市民団体からのサポートを求めていた．UCIZONIのメンバーの一部は，自分達もサリーナスを支持していることをレターで明らかにすべきだと主張したが[25]，イサベルは大反対であった．相手が大統領であろうとなかろうと，公的な政治と関係を持つこと自体，UCIZONIの根本理念と相容れないと考えたためである．

3つは，共同設立者ベアスへの反感である．法律部会長であったベアスは，皆の合意が形成される前にプロジェクトに賛成を出したりして，組織における存在の重みを背景としたコントロールを行なうなど，伝統的なリーダー，ボスであり続けようとした．他のメンバーもベアスと対立し始めていた．*El Periko* という広報誌を担当していた文化部会長のマニュエル・ベレステロスもUCIZONIにおける有力者であったが，ベアスと文化部会に関する議論で対立した後，組織を辞めた．ベレステロスとベアスの議論の後，各部会の意思決定の自律性に関する議論が高まった．すなわち，ベアスのフィルターを通さずに，案件を総会にかけることについてである．しかしベアスは会議に欠席し続けた．

最終的にUCIZONIを辞めると決めた時，イサベルはそのことを事前に組織内の誰にも話さず，いきなり総会で，すべての部会の代表とベアスの前で，離脱の理由と自分の決断の深さについて説明した．組織内にはイサベルの離脱によりNOVI財団からの助成を受けられなくなるのではないかという懸念があった．イサベルは財団あてに詳細な書簡を送った．UCIZONIの内部問題を理由に辞めるのではなく，個人的な心境の変化から他にやりたいことができたこと，新しい後継の素晴らしいリーダーが組織内部に育ちつつあること，若い後継者達は引き続き助成を受けるに値すると考えること，を伝えた．財団からの助

---

[25] サリーナス政権の全国連帯計画（PRONASOL）との関連と推測される．UCIZONIのサブコーディネーター，ヘッドチーフ達は，このことについて多くの議論を費やした．イサベルは「私がとても嫌だったのは，誰も私に直接言ってこないということでした．決して私には直接異議を唱えない．私が間違った方向に進んでいると思っていても，直接指摘することはしない．陰でそのことを話す．面と向かうと私に対抗することはしないのです」と語る．

成はイサベルの辞職後も継続された.

3.5 レンガ職人コミュニティに対する適正技術プロジェクト
(1) プロジェクト・プランニングについて学ぶ

イサベルはイクステペックに戻り，プロジェクトの準備のための勉強を始めた．講義を受講し，人々と話し合い，プロジェクト・プランニング，プレゼンテーションの方法を学んだ．どのように必要な情報を収集し，地域や女性達のニーズを捉え，それらをいかにして「プロジェクト」に反映させて，助成を獲得するかについてである．前出のビリャセニョールからの情報提供やICAFAOという適正技術を専門にした国レベルの団体からの支援を受けた．そして1991年から，個人コンサルタントとして，レンガづくりのプロジェクトにかかわり始める．イサベルが計画したプロジェクトは，地域の伝統的な建材であるレンガを製造する職人らに「適正技術」の範疇での技術改良を行なうとともに，職人らの組織化を行ない，出荷・取引面での立場の向上を図ろうとするものであった．コヨーテと呼ばれる仲買人による買い叩きから，自立する必要があったからである．コヨーテは大きなトレーラーでイクステペックに来て，低価格でレンガを購入し他所で転売していた．

(2) 地元政治勢力（COCEIとPRI）との軋轢

イサベルが直面したのは，助成の申請に際しての地元政治勢力との軋轢であった．常にPRI派とCOCEI派との間に多くのもめごとがあった．COCEI派は自分達のプロジェクトへの国からの助成を望んでいた．PRI派はそれを敵視した．たとえば，後にサリーナス政権下のメキシコ政府のSEDESOL（社会開発省）の設立（1992年）にかかわったと思われる「重要人物」（イサベルは彼の正体は「空論屋」だとする）がフチタンを来訪し，国からの助成金資金を求めて争っているすべてのグループのリーダー達に，彼とフチタンでミーティングを持つよう呼びかけたことがあった．イサベルは，当時の地域のリーダー達には，政府側の眼鏡にかなうような正規のプロジェクトを提示する能力はないことを認識していた．能力以前の問題として，実際の要求は「私のコミュニティで豚を飼育したい」「私は鶏がほしい」といった些細なもので，政府のスキームが想定する「プロジェクト」とは規模や次元が異なっていたことも知っていた．

その後，財源がフチタン市に開設されたFONAES（連帯企業全国基金）[26]の地域事務所に移管された．フチタンでは前出のICAFAOによる申請希望者らを対象にプロジェクト立案に関するワークショップが行なわれた．イサベルによれば，それは政治的取引であり，ICAFAOのワークショップでのプレゼンテーションは助成を受ける条件のようなものだった．COCEI派とPRI派が半々であった．イサベルはCOCEIとの関係は全くなくなっていた一方，過去のCOCEIへのかかわりからPRIからも依然として敵視されていた．当地の二大政治勢力のいずれとも，良好な関係になかったのである．

レンガ職人達が組合をつくり，イサベルをその代表に推薦した．イサベルはレンガ職人組合の代表として，FONAESへの申請をすることにした．毎日夜7時から朝7時まで，申請のための資料作成に没頭した[27]．イサベルによれば，その裏で，COCEIとPRIにより，政治的な話し合い・取引が行なわれた．テワンテペックで行なわれることになっていた会議の日時に関する情報がイサベルに伝わらないようにするためであった．オアハカからの仲間の電話で会議の時刻を知ったイサベルは，プレゼンテーション用の資料を携えて，すでに選考が開始されている会場に向かった．この会議でレンガ職人組合のプロポーザルは受け入れられ，助成を獲得した．驚いたPRI派は，「誰がこの女に，この会議のことを知らせたんだ．彼女はどこの代表なのか．わが党でもCOCEIでもないだろう」と怒りをあらわにしたという．イサベルは，「私は（これまでの）経験や政治に関する知見のために，企画書の提出権を剥奪されましたが，この会議で受け入れてもらえました」と礼を述べた．会議の後の懇親会にはカルロス・ロハス次官[28]らの要人を含む連邦政府の職員も出席していたが，彼らはイサベルを会場から連れ出し，「貴方の地区のレンガ工房を見せてほしい．貴方が要求していることの社会的意義，貴方がやろうとしていることの社会的

---

(26) 全国連帯計画（PRONASOL）は，メキシコの国家開発戦略を本格的にネオリベラリズムへと移行させたとされるサリーナス政権（1988～94年）が，構造調整の痛みを緩和するために行なった貧困層を対象とした社会開発プログラムである（松下，2001）．
(27) 全くの素人である彼女は，レンガ製造技術に関する基礎的技法（水，土，焼き方など）を職人から習いつつ，プロジェクト企画書（プロポーザル）を作成した．
(28) 予算企画省（Secretaria de Programación y Presupuesto）次官として1988年のサリーナス政権発足時から全国連帯計画の最高責任者を務めた（横山，1993：54）．

価値を知りたい．本当に現実の要求にあったものなのかどうか」と問い質した．

最終的に，レンガ職人プロジェクトはリーダーの単なる思いつきによる名案ではなく，実際の生活を踏まえた現実的なプロジェクトで，プロジェクトをつくったのは現地の人々だということが確認された．イサベルは自分達のプロジェクトが採択された理由は，地元の伝統的なものづくりを再考したということだと考えている．一方，会議に提出された他のプロジェクトの多く（大工，野菜栽培，放牧，飲料の缶製造など）は，イクステペックでも比較的裕福な地区を対象としたものであった．

COCEI派のプロジェクトが不採択となった．PRI派のそれも同様であった．イサベルによれば，COCEIのプロジェクトの多くは，参加すべき地元の人々の同意なしに計画されていた．不採択を不服としたCOCEIはFONAESのフチタン事務所の前で大規模なデモを行ない抗議した．COCEI派はイサベルに，自分達のプロジェクトが不採択になったのは政治的理由であり，COCEIをサポートしてほしいと要請した．彼女は拒否し，「政治」とは一線を画すことにした．

(3) プロジェクトの成果と不正，そして離脱

こうして，1993/94年から5年間の「レンガ職人コミュニティに対する適正技術プロジェクト」が始まった．オアハカ州で採択された2つのプロジェクトのうちの1つであった．イクステペック在住の32軒のレンガ製造者が参加し，零細製造者による共販（プロジェクト終了後，共販はなくなり，個人販売に戻った），製造技術の向上，窯の改良（薪からガス焚きへの変更など）に取り組んだ結果，コヨーテを介さず職人自らが取引に参加できるようになった．イサベルは職人達の「社会化」と表現する．

1996年頃，彼らはINAH（国立人類・歴史学研究所）との契約を得る．オアハカ市の象徴である聖ドミンゴ教会の修復工事を請け負ったのである．多額の契約金，確実に実施される工事，大量の物資輸送など，極めて好条件の契約であった．しかし一部の職人が不正を働き，求められていた品質基準に達してない箇所があったことに気付いたINAH・教会側は，契約をキャンセルし，今後は一切彼らからレンガを調達しないと通告した．イサベルは大きなショックを受けた．このプロジェクトの重要な目的はレンガの製造ではなく，組織のあり

方と人々（零細な職人）の考え方を変えることだったはずだからである．この事件によって，彼らがそうしたことに興味がないこと，単にビジネスと個人的な利潤を得ることにだけ興味があったことが分かったのである．たとえ不正を行なったのが一部の人間だったとしても，残りの人の将来の展望につながるであろう極めて重要な機会を失ったのである．

　貧しい人々は，長年，政府から家父長的温情主義（パターナリズム）的に扱われることに慣れてきた．政府から金がもらえれば自分達の責任は忘れ，支給された金を使いたいように使う．彼女はレンガ・プロジェクトへのかかわりを止めた．しかしアドバイザーとして，公的な書類の作成の仕方，融資の受け方などの指導は行なっている．

3.6　農民支援と在来種トウモロコシ再評価

　イサベルはアドバイザーとしてイクステペックの農民18人への支援にかかわった．農民は自家消費用のトウモロコシ生産のための融資を必要としていた．返済能力に乏しい農民の販売目的ではない自家消費目的のために銀行貸付けを期待することは困難である．イサベルは農民らと調査を行ない，トウモロコシを販売するのではなく，農民は家畜販売やトトポ製造などにより返済資金を調達できることを報告書にまとめた．この報告書をもってしても銀行からの融資は断られたが，SEDAF（州農林省）からの助成を獲得することに成功し，生産・収穫活動に投資した．適正に使用したことを証明すれば，返済しなくてもいい資金である．

　イサベルはこうしたパターナルなやり方は，「農民を資本化する」ものと考える．SEDAFから供与された技術パッケージには，肥料と農薬をより多く必要とする高収量種（HYV）のトウモロコシの種子が含まれていた．彼女はHYVを普及させる代わりに，在来種の価値を確認させるため，圃場でデモンストレーションを行なった．HYVに比べて明らかに貧弱な在来種をみて，「どうしてHYVでなく，在来種を使用するのか」と問われると，「あなた方の（HYV）はとても素晴しい．市場向けとしては．でも我々の必需品としてはあなた方のとうもろこしは役にたたないのです．それでトトポはつくれないし，トルティーヤもつくれないでしょう．私達のトウモロコシからつくられるよう

なトルティーヤは……」と答えた．売るための作物と自分で食べるための作物の違いを知ること，この適正技術化のプロセスにおいて，イサベルは人々に在来種を守ることの大切さを知らせようとした．トルティーヤに適した在来種は食用として優れている．販売用に適した HYV で現金収入が得られても，「お金は食べることができない」から，自分達の食事を市場に依存せざるを得なくなる．家庭でのトルティーヤづくりは女性の重要な仕事である．イサベルは，「私達は在来種を使い続けます．女性達のニーズのためです．外来種は役に立ちません．家族を幸せにしたいから……」という．

その後，同じグループは州先住民省から別の助成を獲得している．これは贈与でなく，返済を伴うクレジットである．この申請の際，イサベルは自分が直接出ていって行政との交渉に当たるのではなく，農民自身がやりとりを体験し，学べるように配慮した．「自分の手に責任が委ねられた時，彼らは単なる受益者であるよりも，ずっと，やりくりをしなくてはならなくなると確信していた」からである．しかし3年前，州政府からの貸付けに対する返済期限を迎えた時，農民らは借りた金額の半分しか返済していなかった．イサベルは激怒し，農民グループの代表を呼び，次のような宣告をした．

> 「これはよくない．あなた方の名前だけでなく，私の名前もあるのです．私は自分のすべての面目と名前を，あなた方をサポートするために使ってきたのです．あなた方は私に恥をかかせました．私の名前はもう公正なものでなくなってしまった．返済が終わるまで，あなた方を助けたり，アドバイスすることは止めます．」（イサベル，インタビュー，2004年9月1日）

イサベルはその農民グループにアドバイスをすることは止めてしまった．2004年9月現在，返済が完了したかどうかも知らない．

3.7 政治・政党との完全な決別

今日 COCEI は，実質的に PRD（民主革命党）のなかの1グループのような存在となっている．イサベルは前節で述べた活動と並行して，地域レベルで PRD 内部に Corriente という名のグループ（非 COCEI 系）を立ち上げた．彼

女の関心は政党の内部から選挙に打って出るということではなく，イクステペックという地元地域で政治を考えてみたかったからである．しかし当該地域のPRD内において，COCEI派は非常に強力であり，イサベルのグループにポストを明け渡すことはあり得ないことは自明であった．イサベルは再び政治から離れることにした．2000年のことである．

地元のPRDでのリーダーシップの評判により，イクステペック市環境部から，regencia（直訳すると摂政）のオファーが来た．彼女はそれを断った．次に行政側から，助成をするからNGOを設立してもらいたいという要請があった．彼女はそれも断った．これらは彼女の公の政治や政党全般に対する意思表示であった．その後メヒコ・ポシブレ党という新興左派政党からの立候補の依頼を受けたが，当然のことながら断った．「（立候補を頼みにくるのが）遅かったですね，私はもう公の政治に参加することはしないのです．私は暫くの間，自分の研究に専念しようと思っています」．

3.8 研究と創作活動

ごく最近，イサベルはフチタンに新しい教育研究センターを開設した大学院のイスモ地域開発研究プログラム（大学院レベルの公立の教育研究機関）[29]に応募し，2001年から社会人院生として研究を開始している．これは学位を取得するための研究ではなく，家族の生活と経済を豊かにするための実用的な研究だと彼女は考えている．現時点での研究テーマは2つの要素の統合だといえる．「人類学者」としてのそれと，「工芸家（アーチスト）」としてのそれである．以前から陶芸など手工芸が好きであったが，自分の製作した作品を販売することは考えたことがなかった．

> 「私はアンソロポジスト（人類学者）であると同時に，アーチストでもあるのです．今は，より多くの時間を（アートの）製作活動に費やしたいと思っている．ギャラリーを開きたい．半分は私の作品，半分は他の人の作品を販売するために．今，陶芸をやっていて，地元の材料で作品をつくろうとしている．たとえば，地

---

(29) イサベルは，オアハカを含む中米全域の近代化を推進するためフォックス政権が打ち出したプエブラ・パナマ開発計画（PPP）の一環としての教育政策だと理解している．

元製のバスケットを鉢（*maceta*）のカバーにする．地元でありふれたものに付加価値を付けて，経済的なそれだけでなく，芸術的な付加価値を地元のものから見出すことができる．（中略）これは研究の一部でもあるのです．」（イサベル，インタビュー，2004年9月1日）

　イサベルに人類学の素養がなければ，このアイデアを発展させることはできなかったかもしれない．彼女が製作しようとしているのは，実用的な作品であり，かつ芸術性のあるものである．たとえば，*barro* という土でできた何の変哲もない地場産品の鉢を買い，それにペイントする．単なる実用品に少しだけ手を掛けることによって，芸術的な付加価値が高まり，より有利な価格で販売できるようになる．当地を訪れるメキシコ北部からの業者が大量の鉢を購入して，それにペイントを施し高く転売している．イサベルはこれは地元でするべきことだと考えている．しかし彼女はそれを自分1人で独占しようとは思わない．むしろ，そのことを地域の人々に気付かせたいと考える．彼女が自宅にギャラリーを開設し人々に開放したいのは，そのためである．

　現在イクステペックでも，日用品として安い中国製が溢れている．皮肉なことに外国人は地場産の工芸品を買いにやって来るが，地元の人間はますます輸入品に依存するようになっている．彼女の最近の研究によれば，当地における結婚式で新郎新婦が招待者から受け取る贈り物の80％は中国製か台湾製だという．理由は価格である．安価な輸入品に対抗し，経済的な付加価値をつけなければ，すべてが輸入品にとって代わられてしまうことを危惧する．研究ではこのことを理論的に考えようとしている．

　彼女にとって素晴しいことは，末娘のスナツィと一緒に活動できることである．2年前，スナツィは学校に行かないことに決めた．学校を辞めた後，1年間，ウアベ人の女性達から，手で糸を紡ぎハンモックを編む方法を学んだ．レボゾ（*rebozo*）と呼ばれる，伝統的なショールや風呂敷のような衣類（女性が被ったり，乳児を背負う時に使用）のつくり方も学んだ．末娘は伝統的な知を生産活動に統合する術を会得し，同時に，自分自身の手で働くことに対する分別を会得したと，母親としてのイサベルは考えている．スナツィは他州を含む各地を遍歴して，伝統的な手芸品・工芸品の製作者と知己になり，計画中のギャ

ラリーへの出展を募っている．イサベルは，「自分達は自由貿易とグローバリゼーションと戦っている」と考えているのである．

3.9 住民ワークショップと過去との和解

工芸の他の現在の収入源は開発に関するワークショップである．イサベル一家は，依頼を受けて，開発がこの地域でどのように進行し，日々の生活に影響しているのか，それに対応するもう1つのやり方（オプション）について，人々に説明する．ここでいう開発とは，近代化・合理化・グローバル化による負のニュアンスを含んだ概念である．

イサベルは自分のなかで様々な葛藤があったが，すでに「過去」とは平和的関係にあると語る．このワークショップに関しては，UCIZONI, COCEI, PRDのいずれとも協力する用意がある．現在 UCIZONI との対話を進めている．UCIZONI からは復帰を要請されているが，彼女にその気はない．もはや，いかなる組織に所属するつもりもない．ミへ地域の UCIZONI のコミュニティで，外部者としてワークショップを行なうのである．これに際し，イサベルが要求する唯一の条件は，中間に位置する人間（村落委員会，UCIZONI や COCEI の委員）に対してではなく，直接住民と話をすることである[30]．

3.10 運動の政治化への警鐘

以上，インタビューに基づく記述を通じて，30余年に及ぶイサベルの経験を「共有」してきた．インタビューの最後で彼女は，自立し，独立した人生を送ることがいかに困難かということを強調した．「もし，市民社会から何かが生まれるとしたら，それは政党と分離された形でなされなくてはならないと思うのです」と市民運動の政治化に対して警鐘を鳴らす．これまで，個々の運動がうまく行なわれたとしても，やがて政党に吸収されることを，身をもって経験してきた．現実には，地域での市民社会の取り組みはすべて政治と結び付い

---

(30) この他の現在の活動は，青年の団体の指導（プロジェクト形成，助成申請など）と女性の権利擁護活動である．前者は無償で，イサベルの唯一の条件は彼らの活動について透明性を確保することだけである．後者は離婚の危機にある女性達に対して，法的な権利（養育費など経済的な支払いを請求できることなど）について教えることである．女性から手数料は求めないが，裁判等の際の交通費だけは負担してもらうことにしている．

てしまっている．イサベル個人としては，上述の活動を通じて経済的自立の道を確立していきたいと考えている．これらは大学院での勉強の結果でもあるという．長期的には人々が自分達の歴史を回復することに注目すべきで，近代的かつ政治的な開発に持続的に対抗していくには伝統が不可欠だと考える．上述の工芸品ギャラリーの計画もその実践の一環なのである．

今日，テワンテペック地峡で活発化している反グローバリズム・ポスト開発志向の新しい社会運動の担い手は，イサベルの息子，娘らを含む地域の20歳代の若者達である．彼女は微笑みながら次のように語った．

「（学生運動や COCEI の時のメンバーは）大体同じ世代で，息子や娘も同じ世代なのです．分裂したグループは25年後，息子や娘の世代になってまた再会している．そして，（当時と）全く同じことが今，ここで起きている．大昔のリーダー達の息子達が政治にかかわろうとしています．（中略）たとえば（長男の）ルーベンみたいに．技術とかそういったことに興味を持っていて，社会的道義心や政治には無関心な若者達，政治とか社会運動にはおよそ縁遠い若者達は，（私達とは）別のやり方で……．」（イサベル，インタビュー，2004年9月1日）

4 むすび

イサベルの30余年の活動において終始一貫しているのは，住民の自律性を脅かす何かへの対抗，草の根における議論に忠実であろうとする姿勢，すなわちオートノミー（北野，2003d）の尊重である．しかし運動のやり方は，暴力を含むゲリラ的な闘争に始まり，政党政治，非政府組織での活動，創作と啓発・教育活動へと大きく変化した．この変化には時代が変わったから，年を経たからという次元以外に彼女の学習の成果が反映されている．イサベルが学んだこと，それは同時に私達が学び共有するに値する教訓でもある．

イサベルの半生から，現代の南部メキシコの社会運動を考察する際に有益だと考えられる教訓および命題として，以下の4点をあげておく．

第1は，過去と現在との連続性に関する含意である．今日の南部メキシコの社会運動は，1994年に発効した北米自由貿易協定（NAFTA），2001年に始ま

ったプエブラ・パナマ開発計画（PPP）などへの反対運動を抜きには考えられない，こうした現象の前史として，イサベルが経験した1960～70年代の「政治空間」の展開があり，さらには，当該地域の民族性とも無関係ではないということである．

　第2は，社会運動の持続性に関する教訓である．イサベルの「我々が我々であることを止める」という言葉に象徴される「運動の政治化」という命題がある．地域住民が一定の自立・自律性を担保しつつ変動する政治経済環境と交渉し続けるには，フォーマルな政治という土俵は不可欠な前提であろうか．非政治運動体の組織規模や内部の民主的意思決定の仕組みの担保といった命題も重要である．

　第3は，社会運動における知識人の役割という命題である．ラテンアメリカやメキシコの運動における知識人はEZLNのマルコス副司令官（元大学教員）への批判に象徴されるように，外来の煽動者という見方が根強くあり，草の根ニーズの代弁ではなく外部からの価値観の持ち込みだという捉え方がある．ではイサベルはどうであろうか．一般的な下野した知識人というステレオタイプ的な捉え方以外に，イサベルのような地元出身の媒介者（カタリスト）型知識人という分析対象を提示したい．

　第4は，リアリティの捉え方に関する含意である．個（々）人の経験や記憶は運動を通じた社会変革・変容におけるバイアスの1つであり，歴史・風土・国際情勢・国内政治と密接な関係を有しつつも，それらとは別次元の地政学的バイアスが存在する可能性を指摘したい．内発的発展を志向するメキシコの社会運動（先住民＋市民社会）を，リアリズム的な立場から必然的な対抗運動（歴史的経緯，国家による抑圧，グローバル化等）として捉えるだけでなく，背後にある思想・哲学・言説といった人文的なものの後押しによって生成された現象として捉える相対的な理解も重要である．この命題の深化には，さらなる情報の収集と解釈そして実態の分析が必要なことはいうまでもない．

第3章　フェアトレードの父の思想と哲学

1　はじめに

　グローバル経済下における今日的な現象としての途上国の協同組合に関する研究が隆盛を極めつつある．一般に，途上国の協同組合は「政策としての協同組合」「官製組合」的なものが多い実態[1]を反映し，研究内容もその経営・活動実態および政策展開の分析に関するものが多かった（佐藤，1988；白石，1992；山尾，1993；久保田・北出，1995；杉下，1996など）．しかし，途上国貧困層に直接アプローチする非政府組織の取り組みが注目を集めるとともに，新自由主義的政策に対する農民らのボランタリーな活動の萌芽として，新しいタイプの協同組合の発展の可能性も報告されてきている（秋葉，1996；辻村，1999など）．こうした研究は，調査困難な非英語圏の海外調査という研究条件下にもかかわらず詳細な経営経済的な分析を行ない，市場経済万能政策（構造調整政策（SAP），貿易自由化）が蔓延するなか，協同組合（的組織）の発達の普遍性を実証してきた（辻村，2004；山本，2006など）．

　協同組合は経営であると同時に運動であるから，その背後にある思想・哲学は，現代においても，重要な研究対象である．オウエン，シュルツェ，あるいは日本における協同組合運動など，先駆者の思想・哲学の歴史的考察に関する文献は数多い（涌井，1977；中川，1984；斎藤，1984；ロバアト・オウエン協会，1986；シュルツェ＝デーリチェ，1993など）．しかし，過去の運動家に直接話を聞くことはできない．一方，途上国における新興の協同組合の思想・哲学につ

（1）　このことは構造調整以前のメキシコでも同様である．たとえば農業部門では，メキシコ・コーヒー公社（INMECAFE，1989年に廃止）の末端組織として，各村に生産販売経済単位（Unidades Económicas de Producción y Comercialización）という農村銀行に近い組織を展開していた（Downing, 1988）．

いて，背後にあるリアルライフな物語と関連付けながら，直接，創立者から聞き取ることができるという点は，あまり注目されてはいない．

本章では，現代における協同思想の展開を考える一助とするため，1980年代初頭にメキシコの貧困地域で設立され，今日のフェアトレード運動のパイオニアとなったメキシコ先住民族の組合の創立者の思想・哲学に焦点を当てる．

2 方法論と目的

「物語」から「現象」にアプローチするナラティブ・アプローチは，個別の経験を通じて現実を解明する手法である（野口，2005）．個人史において語られる「記憶」の意味には，2つの次元がある．第1は記憶された「過去の事実」であり，この場合，その真偽（真実か否か）が問題の焦点となる．第2は「記憶」された事柄と「忘却」された事柄の関係性を踏まえ，「何が，なぜ記憶されたか」について考えるという「方法としての記憶」論であり（岩崎，2000），民族学，カルチュラル・スタディーズなどの分野で用いられてきた．

本章はメキシコ・オアハカ州の先住民族組合の創設者であり，自ら労働神父・農民神父と称するオランダ人，フランツ・ヴァンデルホフ（Frans VanderHoff, 1939-）の自分史（VanderHoff, 2002a; VanderHoff, 2002b）の記述と筆者が彼に直接行なったインタビュー[2]を主たる情報源とし，これにUCIRI本部での組合員らからの聞き取りから得た情報を交えて，記述を行なうものである．目的は，客観的データに基づき協同組合の経営実態などを科学的に分析することではなく，個人史[3]という質的情報をよりどころに，彼をとりまく一連の出来事や「時代」を踏まえ，ある協同組合的組織と思想の誕生

（2）ヴァンデルホフへのインタビューは，2004年9月1日，イクステペック市のUCIRI事務所において英語で行なった．所要時間3時間強．筆者は2002年，2003年のイクステペック市訪問時にも，面会を要望したが実現せず，2年越し，3度目の訪問で実現した．UCIRI役員，農民らを対象としたラチビサのUCIRI本部でのインタビューは同8日に行なった．

（3）本章では，ヴァンデルホフ自身が著した個人史の文献を「自分史」，ヴァンデルホフを客体として筆者が綴る個人史を「個人史」と記している．本章の執筆にあたっては，前者のスペイン語版（Roozen y VanderHoff, 2002）を参考にしたが，同書のフランス語版の邦訳が2007年に出版されている（永田千奈訳『フェアトレードの冒険：草の根グローバリズムが世界を変える』日経BP社）．

の意味を解釈することである．無論，この個人史は客観的なものではない可能性がある．そこには「語り」および自分史の主体であるヴァンデルホフの主観があり，さらにはそれらを個人史に編集する筆者自身のバイアスがある．本人の語りを交えた協同組合創立者の個人史を分析対象とすることは，現代における「現象」としての第三世界の協同組合に関する思想の理解，運動の展開の解釈にも有効であると考える[4]．

3 イスモ地域先住民族共同体組合（UCIRI）の概要

メキシコ・オアハカ州の東部のテワンテペック地峡地域（イスモ地域）には，サポテコ，ミヘ，チョンタル，ミシュテコ，チナンテコなどの先住民族が住んでおり，コミュニティによる土地所有に基盤を置いた先住民族の伝統に基づいた自治が広く行なわれている．一般的な農業経営規模は，一戸当たりコーヒー2〜5 ha とミルパと呼ばれる自家消費用作物5〜8haであり，コーヒーが主要な現金収入源となっているが，1989年に国内のコーヒー管理価格制度，技術普及サービスが廃止され，コーヒーの価格は国際市況に左右されやすいことから，1990年代以降，コーヒー小農の経済的な脆弱性が増大している（北野，2006b）．

「幸せは売るものでもなく，買われるものでもなく，連帯し闘うことにより得られるもの」のスローガンの下，先住民族小農の自立と連帯を目指すイスモ地域先住民族共同体組合（Unión de Comunidades Indígenas de la Región del Istmo（UCIRI））は，イスモ地域の山岳部を中心に，先住民族の小規模コーヒー生産者の生産，流通，加工，技術普及，社会開発など幅広い分野にわたって活動を展開している協同組合的組織である．イスモ地域の中心都市の1つイクステペック市にUCIRIの連絡事務所があるが，本部はそこから40 km 離れた，サンタ・マリア・ギエナガティ（Santa María Guienagati）自治体にあるラチビ

（4） リアリズムの分析を重視する論理科学モード的な立場からは，創立者の記憶と経験をもって現象としての組合を弁証法的に論ずるだけでなく，農民らの視点や政治・経済・社会・文化などの諸側面を考慮にいれたケーススタディが重要であるということになる．筆者はこの立場を否定するものではなく，むしろ現象・現実のよりよい理解のための「車輪の両輪」であると考える．

サ（Lachivizá）という村にある．山奥の中に忽然と現れる UCIRI 本部の施設（事務所，集会所，倉庫，加工場，医療施設など）の威容には，実際，目を見張るものがある．スペインの少数民族，バスク人が創ったモンドラゴン生産組合が「奇跡」と称されるのであれば，UCIRI はもう1つの奇跡の組合といえる（図3—1，写真3—1）．

1976年にアルトゥロ・ロナ・レイェス（Arturo Lona Reyes）司教が率いるテワンテペック司教区（Diócesis de Tehuantepec）のカトリックの伝道チームがサンタ・マリア・ギエナガティに入り，農民らとの関係が始まった．1981年3月にウンボルトゲペア地区のコーヒー栽培状況に関する集会が行なわれ，以後，農民の組織化が進む．1983年には近隣の5つのコミュニティからなる組織が設立され，UCIRI が発足，1993年正式に法人格[5]を取得した．2004年9月時点の UCIRI 資料によれば，54の先住民族コミュニティから，3,545戸のコーヒー生産者が加入，約8万人が受益者となっている．コーヒーの出荷・販売から，信用事業，農産加工（ラチビサのジャム工場），購買事業（村落販売所），直売施設（イクステペック市のカフェテリア），医療事業（ラチビサの診療所），女性の現金収入創出事業（小家畜飼育など），青少年を対象とした文化・スポーツ事業など，先住民族小農コミュニティにおける生産，社会，文化に関する多岐にわたるサービスを展開している．また農民教育センター（Centro de Educacion Campesina（CEC））[6]という独自の学校を運営する．

UCIRI について特筆すべきは，メキシコおよび世界の有機栽培コーヒーのフェアトレード運動におけるパイオニアだということである．1988年，UCIRI とヴァンデルホフ，およびもう1人のオランダ人ニコ・ローゼンによ

（5） UCIRI の法人格は協同組合法（Ley General de Sociedades Cooperativas）によらず，市民団体法人（Asociación Civil）という括りとなっている．既存の協同組合法制は政策としての協同組合振興・保護の色合いが強く，業務内容に様々な制約がある．一方，市民団体法人には比較的規制が少ないため，近年，政府の政策と一定の政治的距離を保ちながら，ボランタリーなコミュニティビジネスあるいは社会的企業体を志向する団体の多くはこの法人格を採用している（エステバ談）．
（6） 1985年に開始．サン・ホセ・エル・パライソ（San José el Paraíso）コミュニティから6haの土地贈与を受けた教室と寮を備えた全寮制の学校である．コミュニティから選出された25人の学生が有機栽培技術やコミュニティや UCIRI 活動に必要なスキル等を13か月学ぶ（UCIRI 資料）．

3 イスモ地域先住民族共同体組合（UCIRI）の概要

図 3—1　UCIRI の加入地域

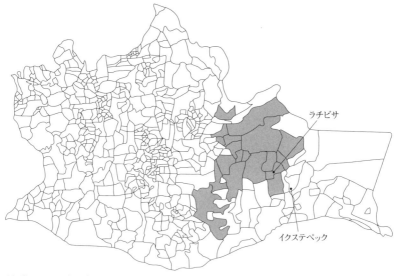

（出所）Porter（2002）．

写真 3—1　ラチビサの UCIRI 本部

（出所）筆者撮影．

って，世界初のフェアトレードの認証ラベル「マックス・ハベラー」[7]が創設された．UCIRI のコーヒーはオランダ，フランス，スイスなどの欧州を中心に取引されている[8]．1992 年，ヴァンデルホフは先住民コーヒー小農の経済的状況と信仰心に関する研究成果をまとめた論文をオランダの母校ネイメーヘン・カトリック大学に提出し，博士号を取得した（VanderHoff, 2002a）．2005年，先進国の消費者と途上国の消費者と倫理に基づいた連帯であるフェアトレードの発展に対する長年の貢献が認められ，ヴァンデルホフはフランスで開催された国連グローバルコンパクト会議の席で，フランスのシラク大統領から騎士賞を受賞した（Coffee Network, 2005）．

4　ヴァンデルホフの個人史と思想・哲学[9]

　熱い夏の日の昼前，ヴァンデルホフ（**写真3―2**）と筆者は，イクステペック市にある UCIRI の事務所の脇の中庭のようなスペースでテーブルを囲んだ．

> 「私はローマカトリックの神父なんだ．労働神父だ．教会で生計を立てているのではなく，自分の土地を耕している．1980 年，ここ（イスモ地域）に来たとき……いや，その前に歴史について少し話そうか……．」（ヴァンデルホフ，インタビュー，2004 年 9 月 1 日）

4.1　原体験：階級と戦争

　ヴァンデルホフはオランダ南部のノールト・ブラーバント州で，16 人兄弟の 6 番目として，農家に生まれた．ヴァンデルホフの両親はもともとフリジア語を話すフリジア人であった．一家はオランダ北部にあるフリジア県に所有していた農園を手放し，ノールト・ブラーバント州に移り住んだ．借地農として

（7）　オランダの植民地時代のインドネシアのコーヒープランテーションで働く農民の扱いを批判した Edward Dekker の著書「Max Havelaar」に由来する（渡邊，2005：127）．マックス・ハベラーはオランダの NPO となっている．
（8）　生産されたコーヒーの約 70％ がフェアトレードを通じて販売される．組合全体の年間の収入は約 3 億円で，半分が組合員に分配されたとすると 1 人当たり約 50 万円強となる（北澤，2003）．
（9）　本章の記述は，特記以外は，VanderHoff（2002a, 2002b）による．直接引用したものは，特にページ数を表記した．インタビューその他によるものは，括弧書きでその旨を明記してある．

写真 3—2　ヴァンデルホフの横顔

（出所）　https://alchetron.com/Frans-van-der-Hoff（2019 年 8 月 27 日）

家は酪農およびジャガイモ，大麦などを生産していた．「8 歳の時には農場のすべての仕事を手伝っていた．朝 4 時に起きて搾乳をする．それから体を洗って，学校に行く前には，必ず教会で祈りを捧げた．教会では毎朝，子供向けのミサが行なわれていた．こうして信仰心を持つようになった．（中略）家の手伝いや教会のことで嫌な思い出は 1 つもない．カトリック教会の学校に通っていたし，家でも，学校でも，私の生活は宗教の存在抜きには成り立たないものだった」（VanderHoff, 2002a: 14）．

　ノールト・ブラーバントでの借地農としての経験は，後の彼の思想と活動に対して，潜在的に大きな影響を与えたものと推察される．自分史のなかで次のように述べている．「地主はかつて貴族だった人間で，私達が百姓だというだけで蔑んだ．（中略）酒浸りで抜け目のない人間だった．アムステルダムのホテル・リドで暮らしていた．ホテルで暮らせる程のお金を持っている人間の存在は，子供だった私には驚きだった．（中略）幼少の頃，私は貧しさのなかに

いた．だから人生で何かを決定するときは，貧困体験が影響を及ぼす．1980年，私はメキシコ南部のコーヒー農家で貧困にあえぐ先住民のことを知ったが，その状況は私にとって目新しいことではなかった」(VanderHoff, 2002a: 14, 17)．

　一家の居住地域は，戦時中ドイツ軍に占拠され，その後イギリス軍がやってきた．子供の頃，死体や残骸をみたり，その片付けを手伝ったことを忘れることはできないと述べている．

4.2　教育：神学・マルクス・第三世界

　厳格なカトリック信者の家庭に育ったヴァンデルホフは，10歳の時，すでに神父になると決めていた．学業が極めて優秀だったため4学年飛び級で小学校課程を終えた彼は，12歳の時，すでに高校生として家庭を離れた．フリジア語を話す彼は，学校で田舎者といつも馬鹿にされていたという．「私は都会と地方は2つに分かれていることを初めて知った．以後，私は都会と地方の対立を様々な場所で体験する」(VanderHoff, 2002a: 18-19) と述べている．その後入学した神学校で待ち受けていたものは，「軍隊式教育」であった．厳格なカトリックの家庭で育てられた彼ですら，「規律正しく生活することを疑いもなく学んだが，当時の厳格な生活は健全なものとはいえなかった」(VanderHoff, 2002a: 19) と回想している．

　神学校卒業後，兵役を経て，奨学金を得てネイメーヘン・カトリック大学の史学科に進学し，2つの事柄に出会う．1つは，1959年のノーベル経済学賞受賞者であるヤン・ティンバーゲン教授の講義から，第三世界（途上国）の問題に出会ったこと．2つは，マルクス主義思想である．時代は1960年代，当然のなりゆきとして，ベトナム反戦運動，左翼学生運動，第三世界運動にかかわるようになった．彼はオランダの1968年運動の学生リーダーとなった．これらの経験は神学に対する疑念を生んだが，それでもなお第三世界に伝道者として手を差し伸べるため，彼は神父になることを選んだ．28歳の時である．

4.3　チリ：左翼運動とパウロ・フレイレとの出会い

　卒業論文ではチリの五旬祭運動を取り上げ，チリへの想いは高まった．1969年，卒業と同時にカナダのオタワ大学で1年間講義と研究をするオファーを得

た．それにはチリで半年研究をすることが含まれており，農村社会学を専攻した．1970年夏からチリに渡り，結局1973年まで留まることになる．チリでは革命を目指す過激な左翼グループとかかわるようになった．一方，神父として貧困地区に住み，説教活動にも従事した．

当時，チリは選挙で選ばれた社会主義者のアジェンデ大統領の政権下にあり，「チリの実験」として，ラテンアメリカから大勢の左翼知識人が難民として身を寄せていた．そのなかには世界的に著名なブラジルの教育学者パウロ・フレイレ(10)も含まれていた．フレイレが提唱した有名な概念に「意識化」があるが，これについてヴァンデルホフも次のように語る．

「私はパウロ・フレイレの伝統の影響を受けている．彼は私の師の1人だ．彼は私に決して「教える」ことはしなかった．なぜなら，彼は「教える」ことを嫌うからだ．しかし目の前の現実を踏まえ，どのようにして意識し，考え方を整理する術を授かった．物事に関心を持たないことが愚かなことなんだと……．」（ヴァンデルホフ，インタビュー，2004年9月1日）

ヴァンデルホフとフレイレは，毎週同じ曜日に図書館で，注意深く人目を意識しながら話し合いのための会合を重ねた．当時，2人はスラム地区と農村地域をフィールドとして活動をしていた．議題は大抵スラム地区での出来事に関することだった．どうして貧困層のなかに左翼政権のアジェンテを批判する者が多いのかといった話題が議論された．フレイレとの「対話」から，ヴァンデルホフは後のフェアトレード運動における極めて重要なモノの見方を得たという．それは，当事者（私達）と外部者（あなた方）の関係性に関するものである．

「私達は非常に近い友人だった．私は彼のやり方から沢山のことを学んだ．歩道の脇に2時間も座り，何も話さず，でも多くのことを学ぶ．ただ自分の眼前で起

---

(10) フレイレ（Paulo Freire, 1921-1997）は，成人に対する識字教育を通じて，エリート教育の対極にある大衆教育を実践し，貧困者の意識化を促し，下からの社会改革を目指した．『被抑圧者の教育学』（Freire, 1970=1979）では，銀行型教育ではなく，対話を重視した課題提起教育の重要性を説いた．今日の開発学におけるエンパワーメント言説の祖の1人である．

こったことについて話すだけだ.「で,そのことは君にとってどんな意味を持つのかい.あの人々はどこから来て,どこに行こうとしているのかい.それはなぜだ」という風に(フレイレは尋ねてくる).これらはすべて,(彼の)認知テストだったのだ.既知の要素をどのように思い込み,それが自分にとってどう作用するか,そしてその度合いを考える.(中略)君らがよく馴染んでいる学習の仕組みでは,現在進行中の事柄のみが注目されるが,そこには君自身がかかわっているのだ.」(ヴァンデルホフ,インタビュー,2004年9月1日)

フレイレからは,言葉が本当に耳を傾けるべき事柄を隠蔽してしまう危険性,それを避けるためにも,自分の想像力を解き放ち,ひたすら相手を観察し,相手の言葉に耳を傾けることの大切さを学んだという.このことは情報や商品の一方的な利用(≒搾取)を否定するという後の彼ら流の公正概念につながるのである.

「モダンな社会科学では当事者性を脇に押しのけて客観性が重視されるが,私はこれを事実の搾取と呼びたい.修士論文を書くために大勢の学生がここに来たいと申し出てくるがお断りだ.彼らは自分の論文のことしか考えていない.論文が終わってからここを尋ねてくるのは40人のうち1人いるかいないかだ.事実は盗用されるのだ.私達はそれを認めない.これがフェアトレード流の考え方だ.」(ヴァンデルホフ,インタビュー,2004年9月1日)

しかしヴァンデルホフは1973年にチリから逃亡し,難民としてメキシコシティへ移ることになる.9月11日,クーデターによりピノチェット軍事政権が誕生したからである.

4.4 メキシコ:労働神父とグラムシ思想

1970年代のメキシコでは,トラテロルコ事件(1968年),6月10日事件(1971年)[11]以来,左派的な学生運動,労働運動,農民運動が活発化していた

---

(11) トラテロルコ事件は,メキシコ五輪反対に端を発した学生運動を軍隊が弾圧し死傷者400人を出した事件である(国本,2002:323).6月10日事件は,民主化要求を掲げた学生・大学教職員のデモ隊をメキシコ市長の息がかかったとされる武装集団が襲撃した事件である(鈴木,2003:160).

（鈴木，2003: 159-173）．

> 「私はここメキシコに難民としてやって来た．無事受け入れてもらい，7年間メキシコシティで働いた．主にラテンアメリカから来た人々，ペルー人，チリ人，アルゼンチン人，ウルグアイ人，ボリビア人などの難民が大勢いた地区で働いた．1970年代の末には，ニカラグア人やエルサルバドル人の難民が多くなった．しばらくして，私はスラム地区で活動するようになった．」（ヴァンデルホフ，インタビュー，2004年9月1日）

メキシコシティの貧困地区にも公式な教区はあったが，ヴァンデルホフのように実際に地区へ足を運ぶ神父はいなかった．彼はあばら家に居を構え，自らコミュニティの一員となり，説教を行なった．すでにオタワ大学との雇用契約は終わっていた．靴下の行商や溶接工の仕事をしながら，貧困地区での神父として仕事をする「労働神父」となった．ヴァンデルホフは自伝のなかで，この時期にグラムシ思想に出会ったことが，自分達の活動の意味づけに重要な役割を果たしたことを述べている．少々長文だが以下を引用する．

> 「メキシコシティでの数年間，私はグラムシのイタリア哲学をじっくりと勉強した．グラムシの哲学は，現在の文化やイデオロギーに関する私の研究に役立っている．チリでの活動から，私は教会の役割に疑問を持った．グラムシによれば文化のなかでは教会は社会の上部構造を形成している．下部構造を形成するのは，労働，資本，生産手段などの経済プロセスである．上部構造と下部構造の間にある中間部分は，分け隔てられている様々な社会集団の緩衝装置となっている．政府，政治，軍隊は中間構造に属する．私達はいつもグラムシ理論のことで疲れ果てるまで議論した．特に常に政府側に立っている教会の役割について話し合った．社会的関係を正当化するために聖書が利用されている．そのような聖書の利用の仕方を変えるために，聖書の核心を解放的に読み直そうという運動が起こった．それは，教会の管理下にある聖書を貧しい人々に取り返す革命的な運動だったのだ．」（VanderHoff, 2002a: 27）

メキシコのエチェベリア政権（1970-76年）は，ゲリラのみならず労働運動への弾圧・治安維持を強化していた（鈴木，2003: 69-70）．1970年代後期には，

ポルティーリョ政権に移っていたが，秘密警察による反政府運動の弾圧はヴァンデルホフの眼前までやってきた．

> 「ある事情により，メキシコ政府内務省からメキシコシティから退去した方がいいといわれた．頭に銃をつきつけられたことが2度あった．ぞっとしたよ．当時，私はスペイン語を完璧には話せなかった．そして友人に勧められ，当時まだ中央政府のコントロールがなかったこの地に移ってきた．」(ヴァンデルホフ，インタビュー，2004年9月1日)

ヴァンデルホフは，殉教者になるよりも，生き延びて貧困者とともに生きる道を選んだ．親しいクエルバナカの司教の勧めに従い，先住民族が多く居住するテワンテペック地峡（イスモ地域）を管轄するアルトゥロ・ロナ・レイェス司教[12]と連絡を取り，1980年にイクステペック近郊のバランカ・コロナダという村に移り住む．

4.5 先住民族：意識化と組織化

貧困対策と社会開発に熱心であったアルトゥロ・ロナ・レイェス司教は，すでに1970年代後半からこの地域を訪問し，貧困の現状に心を痛めていた．司教やフレイレの教えに従い，当初ヴァンデルホフは村人に積極的に口出しをすることはしなかった．当時のことを知る農民達は次のように語る．

> 「フランツさん（ヴァンデルホフ）はご自身の著書でこう述べています．「5年間，口を開かず，聞く生活」．聞くだけで，異なる文化のすべてを知る．いきなりやって来て，言いたいことばかりを言うことはできません．（中略）彼はそれをよくわきまえていたのです．」（UCIRI農民，インタビュー，2004年9月8日)

「大切なのは，彼らも我々と一緒に仕事に参加したことだと思います．それは，

---

(12) 1970年代，メキシコのカトリック界では，貧困対策を重視した社会開発運動が教会主導で行なわれていた．1980年前後にはカトリック界の保守化によりこの動きはすでに停滞していたが，オアハカ南部を管轄する同司教は数少ない左派革新派であり貧困問題に熱心な存在であった（北野，2003b）．ある意味，メキシコのカトリック界が保守化するなか，人脈をたどり，ヴァンデルホフが同司教にかくまわれたとも理解することができる．

コーヒーやフリホレス(13)を地域で共有し，働くことです．コーヒーの収穫をして，掃除をして．つまり彼らは共同生活にかかわっていきました．だから人々は彼らを信用したのです．彼らは人々に何かをみせたかったはずです．それは彼らが解決しようとしていた何かだったのかもしれません．彼らはいつもこう言っていました．「私達は問題の解決はしません」．彼らは，問題は何か，皆でどのように解決していくのかを見極めに来たのですね．つまり，すべての収穫期間を通じて，生活の活性化を図ること．先住民族の経験を共有すること，そこは先住民族が自信を持つことを学ぶ場所となりました．ですから非常に大切なのです．」
(UCIRI農民，インタビュー，2004年9月8日)

やがて，ヴァンデルホフらは貧困の理由が，彼らが開発の恩恵を享受していないからでも，伝統的な農耕方式にしがみついているからでもないことに気付いた．当時はまだメキシコ・コーヒー公社（INMECAFE）が買い上げをしていたにもかかわらず，この地域では実質的に，農民の唯一の販路はコヨーテと呼ばれる仲買人であった．1989年にINMECAFEが廃止された後，仲買人の活動が拡大したことは他の地域では報告されている（北野, 2006b）が，ここテワンテペックの山岳地帯では，それ以前から密輸業者は事実上黙認状態であり，INMECAFEに販売する時でも密輸業者のような仲介人を通さざるを得ない状況にあったという．ヴァンデルホフは，唯一の現金収入源であるコーヒーの販売価格が適正なものであれば，都市住民並みとはいわずとも，質素で持続的な生活を送れるはずだと考えた．しかし農民は「貧困は神による天罰」(VanderHoff, 2002a: 34)だと信じていた．そこで農民らとコーヒーの生産費および販売価格の調査を行なった(14)．

「このシエラ・スール地域の貧困問題を心配する地元の司教（アルトゥロ・ロナ・レイエス）から，この地域を調べてみてもらえないかと尋ねられた．この地域のコーヒー生産者はコヨーテと呼ばれる中間業者にコントロールされており，

---

(13) フリホレス (*frijoles*)．インゲン豆のこと．フリホル豆ともいう．
(14) もともと，この調査は司教の指示に端を発したもので（VanderHoff, 2002b: 59），ヴァンデルホフらの調査では，100パウンド当たりの実際の生産費は当時94ペソだったが，コーヒー公社の買い上げ価格は42ペソ，コヨーテは37ペソであったという．一方，1983年のアリック（ARIC，ベラクルス州の組合）の買取価格は137ペソであった．

十分な利益を得ることができないからだ．そこで現状がどれ程深刻なのか，農民150人とグエベアの教会で8日間集会を開き，聞き取りを行なった．」（ヴァンデルホフ，インタビュー，2004年9月1日）

調査結果から農民自身が搾取の存在を意識した時，自衛のための組合組織を設立する話がまとまった．5つのコミュニティの参加により，UCIRIが発足したのは後の1983年だが，1981年にUPIRI（Unión de Pueblos Indigenas de la Región del Istmo）という名称で実質的に活動を開始したのである．

「私達は決めた．サンタ・マリア・ギエナガティ，グエベア・デ・フンボルト，サンチアゴ・ラチグイリの3つのコミュニティが，何らかの方法でそれぞれの利益を束ねてベラクルスの港に近いところにある会社か協同組合のようなものと取引をする方法はないものか．これはとても幼稚な考えだった．私達が知っていたのはコーヒーはベラクルス港から出荷されることだけだった．1983年，北部ベラクルスにあるアリックという協同組合にコーヒー300袋を集荷する契約をした．（自分達で契約をしてみて）今までいかに（悪い条件の取引で）搾取されていたかが，あらためて分かった．」（ヴァンデルホフ，インタビュー，2004年9月1日）

ヴァンデルホフが，「当初から続いているもう1つのことは，UCIRIの自主独立性だ．いかなる政党にも，教会にも属さず，NGOからも独立している」というように，UCIRIは宗教組織と直接的なつながりはない．彼自身が，また筆者が話を聞いた農民が異口同音に語るように，彼は神父の立場を活用して組合を組織したのではない．彼自身が「自分の役割は助産婦」（VanderHoff, 2002a: 36）と述べるように，サポテコ人の言葉を学び，彼らとともに農業労働に従事することにより信頼を獲得し，農民自身がコヨーテによる搾取という状況に気付くための手助けをしたにすぎない．ヴァンデルホフの師のフレイレは識字教育による「意識化」を提唱したが，ヴァンデルホフはそれを別のやり方で行なったのである．しかし，UCIRI設立に対して，キリスト教の教えが全く関係しなかったとはいえない．自らを「労働神父」「農民神父」と形容するように，ヴァンデルホフはカトリックの神父なのである．農民は次のように語る．

「私達のために組織（UCIRI）をつくろうとした人達のお陰で，私達生産者はコーヒーを輸出用に販売することが可能になりました．（中略）そこで，神のみ言葉に従い，私達組織は気付いたのです．何人かの神父様がここに来て，私達に自覚を促したのです．」(UCIRI農民，インタビュー，2004年9月8日)

「非常に大切なことは，私達を支えて下さる神のみ言葉という手段でつくったということです．カトリックに特に偏るわけでもなく，とても一般的な方法で，聖書の勉強もしています．皆それに参加しています．」(UCIRI農民，インタビュー，2004年9月8日)

ヴァンデルホフの場合，当初から神父が慈善思想を持って貧農に接するという態度を意図的にとらなかったことは事実である．インタビューのなかで，ヴァンデルホフは筆者の言葉をさえぎり，「私は絶対に彼ら（them）と自分（me）という言い方はしない．彼らと私という見方は非常に危険だ．（中略）私は農民だ．UCIRIのメンバーだ．農民は私がUCIRIをつくったということ嫌う」といったことが，強く印象に残るのである．

4.6 フェアトレード：「援助はいらない，我々は乞食ではない」

オランダのSolidaridad（連帯）というラテンアメリカ支援する団体から，ニコ・ローゼンが1985年にUCIRIを初めて訪問し，後にフェアトレードと呼ばれる国際的な生産者と消費者の提携の仕組みづくりが始まった．ヴァンデルホフは，1988年に，UCIRIの農民4人とともにオランダを訪問した．彼はその後1年間オランダに留って，準備の仕事に従事した．1988年，世界初のフェアトレード認証制度および機関「マックス・ハベラー」が発足した（**写真3-3**）．今日，UCIRI以外でもフェアトレードは様々なNGO・NPOによって実践されつつあるが，ヴァンデルホフ自身は次のように説明する．

「支配的なマーケットにチャレンジするためのマーケットのなかにあるマーケットだ．支配的なマーケットは，誰でも知っているとおり，ミルトン・フリードマンやハイエクなどの理論によって説明される．自由貿易における絶対的な信条は，需要と供給の自由なフローだが，あれは経済学における宗教以外の何物でもない．

写真 3—3　現行のマックス・ハベラー認証ラベル

（注）現在マックス・ハベラーは Stichting Max Havelaar Netherlands として，国際フェアトレードラベル機構（Fairtrade International）のオランダ法人となっている．
（出所）https://www.cafeliegeois.us/blogs/nespresso-compatible-capsules-news-and-blog/max-havelaar-certification （2019 年 8 月 27 日）

そして，すべては利潤の最大化のためだ．（中略）このシステムは長期的には妥当ではない．ありふれた成長アプローチだ．これが沢山のコンフリクトを世界中で生み出す．このコンフリクトはすでに始まっている．（中略）世界人口の 1％ の財産が 57％ のそれと同じ額を持つ．10 年前，この数字は 42％ だったが，2010 年には 70％ になるという．1％ の人間が世界人口の 70％ と同じ額を持つというのは，その他のグループを排除した寡頭政治に他ならない．（中略）私達は言いたい．メイン・プレイヤーがメイン・プレイヤーになるべきだと．メイン・プレイヤーとは生産者であり，消費者だ．彼らが市場で交換をする．金をつくるためにマーケットに出かけるマネーマンが主役ではないのだ．」（ヴァンデルホフ，インタビュー，2004 年 9 月 1 日）

オランダからの訪問者に対して，農民は「我々は乞食ではない」「援助をもらうことに興味はない」「適正なコーヒー価格が支払われるなら生活できるのだ」(VanderHoff, 2002a: 28-29) と語った．URCIRI が始めた有機栽培コーヒーのフェアトレードは，ヴァンデルホフがいうところの代案である．

> 「UCIRI の経験で強く学んだのは，時には（政府に対して）抗議をしなくてはならない時もあるということだ．私は 1968 年闘争の世代の人間だ．抗議のチャンピオンだ．でも我々は完全に敗北した．我々はただ抗議することに過敏になった．抗議には代案が必要だ．きちんとした，有効で，事実に基づいた提案が必要だが，代案をつくることには非常な苦しみを伴うことも知った．抗議にただエールを送ればいいというものではない．代案を検討しなくてはならないのだ．これが 1968 年と現在との決定的な違いだ.」(ヴァンデルホフ，インタビュー，2004 年 9 月 1 日)

彼は，自分自身の経験から，代案なき抗議の愚かさについて学んだという．

> 「私は何の代案も持たずにただ抗議だけする人達にうんざりしている．彼らはただ空気に向かって叫んでいるだけだ．このことはフレイレから学んだのではない．ここで人々が学んだことだ．1970 年代，人々はなぜ，コーヒー小農達は支配者や商人にやられっぱなしだったのか，必死に原因を捜し求めていた．その答えの1つが，自分達がきちんとした提案を持たないことだった．チリでの闘争の最大の失敗は，軍と教会という主要な権力の源泉に敵対してしまったことだ．メキシコでも同じ過ちを繰り返そうとしていた．しかし，私達は敵対を回避して，提案をするということを学んだのだ.」(ヴァンデルホフ，インタビュー，2004 年 9 月 1 日)

4.7　経済哲学：人間・社会・文化と経済の関係

以上，本人と関係者の証言を交えてヴァンデルホフの個人史を概観してきた．まとめとして，彼が語り，記述した経済哲学について言及したい．

第1は，公共財に関する議論である．彼によれば，先住民族には農地や森林について，私有概念はなく，自分達は所有者ではなく，利用者であるという考えを持つという．先住民コミュニティの伝統的な公共財の管理のやり方は，ね

たみや搾取の調整や各種のコストの面で，それなりに合理性を持つものだと考えている．そうした社会の住民に対して，画一的にモダンな制度に基づく私有概念と統治の仕組みを持ち込むことが，はたして民主的なことなのかと，疑念を述べている．

「彼らは自分達の土地を共有の財として管理してきた．彼らは自分達の財を共有的に管理する術を非常に賢いやり方——有機，高品質，日陰栽培，生物多様性の増大，大切な天然資源の保全，清流の維持，生産システムの多様化など——で練り上げてきた．公共財の管理の問題に関する現実に向き合ったとき，私達は基本的な問いを尋ねるだろう．誰がこれらの財を私有財だと言い出したのか．もっと簡単に言えば，誰が私有財を発明したのだろうか．」(VanderHoff, スピーチ原稿: 2)

ヴァンデルホフは，公共財に対する人間のアクセスには，「合意」「代議」「契約」という3つの態様があると述べている．そこには性善説に基づく人間の共存と性悪説に基づく法的・政治的契約の対立とジレンマがあるという．1つ目は『創世記』(対話)アプローチであり，そこでは，独立した個の存在が，よりよいコミュニティを建設する目的に向かって相互に尊重し合う．個人間の対話と倫理を尊重した性善説的な個人主義が根底にある．2つ目はアリストテレスのいう共和制であり，いかなるコミュニティよりも先に，共和制に基づく政治的コミュニティがあったという考えである．3つ目はホッブズの『リバイアサン』にみる社会契約説であり，権利や義務に対する「契約」，人間の欲望に対する規制を重視する立場をとる．「モダンな共和制はよりリベラルになり，独立した存在のなかから，政治的世界における事実（暗黙の合意，仮定に基づく民主主義）として契約（アプローチ）を選択するようになった」と述べている（VanderHoff, スピーチ原稿）．ヴァンデルホフの立場は対話を重視するものであるが，個人はそれぞれ完全に独立したものではなく，むしろコミュニティにおける社会的関係のなかに個が存在しているという非西欧的な個人観を重視する．この点においては，『創世記』アプローチを無条件に受容する立場とも異なる．

第2は，文化とりわけ言語に関する議論である．UCIRI は先住民族の言語

を奨励している⁽¹⁵⁾．UCIRI の先住民族のなかで，チャティーノ人は一世代の間，自分達の言語を失ってしまったが，その後の努力により，今では子供達がチャティーノ語を話すようになった．ヴァンデルホフ自身はサポテコ語を話す．言語に関する両親の考えと子供時代の経験が，ヴァンデルホフの哲学に生きている．

> 「私の個人の経験について話そう．私はオランダではオランダ語を話さないグループに属していた．独自の言語を持っていた．私がここに来たとき，（言語は）北米大陸のなかの孤島に来たような問題であった．その後，さらに南の地域に移動した．突然，彼らが別の言語を使っていることに気付いた．ここで起きていることから，私はオランダ語は公用語であることに気が付いた．学校では重大な困難に直面した．なぜなら私は先生の話していることが分からなかったから，言葉を覚えることから始めなくてはならなかった．オランダ語を覚え，家でも使い始めると，両親は「きちんとした言葉を話しなさい」と私を叱責した．「きちんとした言葉を話す」こととは，フリジア語を使うという意味だった．ここでも同じだ．スペイン語は（彼らにとって）きちんとした言葉ではない．それは敵の言語だからだ．けれども共通語でもある．そのことは理解できたとしても，我々の言語ではない．」（ヴァンデルホフ，インタビュー，2004 年 9 月 1 日）

辞書や博物館に残ったとしても，日常生活で使わなければ言語は文化ではない．この点，グローバル化，文化の画一化に対し，ヴァンデルホフは明確な姿勢を貫いている．

> 「UCIRI の重要なルールの 1 つは文化だ．我々は文化を支えなくてはならないが，フォルクローレとしての文化ではない．彼らはテレビの存在をすでに知っている．多くの要素が外部から取り込まれ，混合してしまっているから，彼らは相当程度まで開発を享受している．文化がフォルクローレ化されてしまったら，その文化

---

(15) ヴァンデルホフは，先住民言語の美点の 1 つとして機密性に注目する．「我々のところに，州知事候補者が来たことがある．それは印象深い出来事だった．候補者はスペイン語で話していた．突然，聴衆の一部，それはミヘ人だったが，自分達の言葉で議論をし始め，それから重要な質問を出してきた．私はミヘ語は分からない．分かるのはサポテコ語だ．（それから，スペイン語で）ミヘ人と候補者とのやりとりが始まった．「あなたの本当の公約は何か……」．候補者は答えなかった」（ヴァンデルホフ，インタビュー）．

は過去のものとなる.」(ヴァンデルホフ,インタビュー,2004年9月1日)

　第3は,ネオリベラリズムすなわち新自由主義批判である.市場機能を神聖視し,その万能性の発揮に対して干渉・障害になるあらゆるもの排除するものとして,ヴァンデルホフは新自由主義を激しく糾弾する.自分史のなかで次のように述べている.

> 「市場機能の健全な発揮を前提(需要と供給の均衡という神話に基づく)とした民営化のドグマは,アダム・スミスの倫理に基づくリベラリズムから大いに逸脱したものである.新自由主義は広範な社会的プロセスに根ざした人間を想定せず,ただ社会的責任を果たさない個人を前提としている.このような社会から切り離された個人の姿はアメリカ合衆国憲法のなかのドグマと同じである.「私達はすべて平等であり,私達はすべて同一の権利を有する(We are all equal and we have all the same rights)」.」(VanderHoff, スピーチ原稿:3)

　ここから明確に読み取ることができるのは,上述した西欧的個人観に対する批判と嫌悪である.個人を倫理なき欲望に満ちたものとして想定した社会契約説を前提とする一方で,そこの個人に対して,個人の私有制を前提として公共財(取り込みへの)アクセスを平等に保障することを是とする.その前提となっている科学や歴史について,ローカルな現実から挑戦しようとしている.

> 「新自由主義的な政治は,歴史的事実,科学的真実としての沢山の信条と神話をばら撒いている.だがそれは間違いだ.私が草の根から,オアハカ州テワンテペック地峡の山地に住む先住民小農の立場で話すのはそのためだ.彼らは,サポテコ,ミヘ,チョンタル,チャティーノ人で,メキシコ社会全体や国際社会へアクセスし,自分達の公共財を守るために(この組合を)組織したのだ.」(VanderHoff, スピーチ原稿:4)

　UCIRIの基礎理念は3つの標語に集約される.それは,「団結」「組織」,そして「良心」である.

4.8　最高の栄誉：「あなたはインディアンだ」

　ヴァンデルホフは，博士学位取得（1992年），長年の功績による叙勲（2005年）といった栄誉を得た．しかし彼が最高の栄誉と考えるのは，農民から認められたことであった．個人史の締めくくりとして，次のエピソードを紹介する．

>　「最近のこと，1年少し前のことだ，私は目の病気でヨーロッパに4か月滞在した．完全に目がみえなくなっており，手術を受けた．しばらくして片目だけみえるようになって，メキシコに戻ってきた．ヨーロッパでは退屈していた．非常に優秀な医者だった．しかしまだ完治していない．昨年の12月，再手術をして，もう大丈夫と言われた．4か月かかった．（UCIRIの）最初の集会で，「戻ってこられて本当によかった」と再会を喜んだ．次の集会で，（まだ体力が回復していないため）疲れてしまった．「私は体調が優れないので家に帰りたい」と言った．その時，通常は集会に出席しない長老達の姿をみた．」（ヴァンデルホフ，インタビュー，2004年9月1日）

　その長老達がその集会に来ていたのは，別の理由があったからであった．

>　「結局，私はその場にとどまることにしたが，集会の後，長老達は木片や水を持って私のところに来た．それから，彼らは私を2つの民族，サポテコとミへの長老に推挙した．それは大事な儀式である．私はサポテコ人になれること，ミへ人になれることを大変嬉しく思う．しかし「私は私です．私はインディアン（先住民族）ではない．あなた方にとって外国人である民族に属している」と言った．彼らは「私達は生まれながらのインディアン[16]だ．でも，あなたもインディアンになった」と答えた．」（ヴァンデルホフ，インタビュー，2004年9月1日）

　亡命して先住民族の土地に移り住んで20余年のヴァンデルホフにとっての「最高の栄誉」であった．

---

(16)　先住民族の意．蔑称ではなく，先住民族を含むメキシコ人も Indios と呼んでいる．

5 考　察

ここでは，個人史と思想・哲学に関する考察として，5つの点に絞って，筆者の解釈を述べる．

5.1 思想の原点としての経験

協同組合には思想が不可欠であるが，ヴァンデルホフの語りには，オウエンやシュルツェなどの西欧の古典的な協同組合運動への言及，ICAなど協同組合に関係する組織への言及もみられない．ヴァンデルホフ自身が協同組合運動一般について，どの程度の関心と知識を有していたのかは確かめる由もない．おそらくは，ほとんど意識していなかったであろう．しかし，私達は協同組合思想に通じるものを上記から汲み取ることができる．筆者は，ヴァンデルホフと西欧協同組合思想の遺産との関係性を論じるよりも，ラテンアメリカでの経験から独自の思想が生まれたという面に光を当てるべきだと考える．冒頭で述べた視点からは，「経験から思想へ」の流れを検証し，「それは何によって生じたのか」のみを問うべきであるということになる．無論，運動は指導者個人の経験によって生じるものではない．指導者と民衆との対話，コミュニケーションにより，思想が形成され，運動が発生することを筆者は否定するものではない．しかし，指導者の個人の体験に基づく思想も，対話やコミュニケーション，政治・社会的環境との相互作用の一連のプロセスから生成される．このような立場から個人史を解釈すれば，経済的弱者自らの自立と主体性に基づく代案（オルタナティヴ）としてのUCIRI，また，フェアトレードに基づく新しい公正概念の提唱の背後にある価値・世界観は，1960～70年代という「時代」およびラテンアメリカという「場所」との対話によって生成されたものだと理解できる．

5.2 解放の神学との関係

協同組合運動の指導者が宗教，とりわけキリスト教と深いかかわりを持つ例は数多い．これはカトリック，プロテスタントを問わない．たとえば，ドイツ

における消費組合の父であるフーバー，同じく農民組合の父であるライファイゼンのいずれもキリスト教に基づく慈善思想を重視する人物であった．日本における生活協同組合運動の父である賀川豊彦はキリスト教の伝道家でもあり，モンドラゴン生産協同組合の創立者アリスメンディアリエタはカトリックの神父であった．ヴァンデルホフの場合，本人の語りや著作には言及はないものの，ラテンアメリカにおける有力な思想の1つである解放の神学の影響，共通点を指摘することができる．ペルーの神学者グスタボ・グティエレスが，『解放の神学』を出版したのは1970年であった．それは1960年代当時のラテンアメリカのカトリック界が共有した貧困問題や階級問題に関する共通認識であり，西欧から移植されたカトリックの教義を，虐げられている人々を貧困から解放するための実践を教えの原点として，教会は貧しい人々のためにあることを，ラテンアメリカの貧困の現場に即して再定義するものであった（アスティゲタ，2004）．グティエレスとのつながりに関する言及はなかったものの，ヴァンデルホフ自身，1970年から1973年までチリに滞在し，解放の神学の誕生に立ち会っている．フレイレも解放の神学の流れを汲む知識人であった．メキシコシティ時代に，官僚制度としての教会組織のあり方を批判し，「聖書を貧しい人々に取り返す革命的な運動」にかかわったことは，まさに解放の神学の実践に通じるものである．

5.3 教育のコンテンツと学びにおける関係性

協同組合は運動であり，そこには教育が必要である．上記でみたように，彼の教育に関する哲学には，フレイレの影響が強い．フレイレは識字教育を通じた非抑圧民の意識化を実践したが，これは単なる教授法や教材の開発のみならず，学ぶこと自体の意味を問い直すことであった．徹底的な対話と観察から学ぶということは，教育を与える側と受け取る側という関係をも相対化することになる．ヴァンデルホフは，フレイレからの学びのみならず，オランダでの学生時代，チリやメキシコシティの貧困地区での活動，テワンテペック地峡での先住民族との生活など，自らが置かれた環境と経験から，学びにおける「関係性」を問題視するようになった．UCIRIは，自前の農民教育センターや農民普及員養成制度など，双方向の学び合いを重視する．ヴァンデルホフは，フレ

イレが識字教育という文脈で実践した教育哲学を継承しつつ，農業，農村開発という文脈で応用した．教育のコンテンツのみを問題にするのではなく，学びが実践される文脈や環境，学ぶ者らの関係性や動機付けを問題にしなくてはならない．これがフレイレそしてヴァンデルホフの教育哲学の根本である．

5.4 共同主義的協同組合

　日本を含む先進国の多くの協同組合は個人主義的協同組合である．これは協同組合は個人経済の向上に資するために存在し，個人経済が協同組合とは別個に存在することを前提とするものである（斎藤，1984）．つまり，個人経済＞共同（体）経済という図式である．一方，UCIRI およびヴァンデルホフは，西欧・先進国型の個人や個人経済とは異なった価値観を持つ．個人はコミュニティの一部であり，共同体経済≧（または∋）個人経済という図式である．ここにおける個人経済は個人の集合体としての「家族」ではなく，地縁・血縁社会としての先住民族コミュニティの構成要素としての「家族」である．文字どおり先住民族コミュニティによって構成される組合を意味する UCIRI の名称そのものが，このことを端的に示している．UCIRI を単なるコーヒーの専門農協として捉らえるべきではない．彼らがいう「コーヒー経済」とは，コミュニティ，家族，文化を包含した概念であり，この意味において，UCIRI は共同主義的協同組合であるといえる．組合員の教育用に用いられている家族と組合の関係を示した「樹」のイラスト（**写真3—4**）はこの精神を表している．

5.5　ボーダレスな多様性と協同組合運動

　ヴァンデルホフの思想のなかで最もユニークだといえるのは，通常の協同組合にみられる系統組織，すなわち，国家（国民経済）という枠組みを前提として，共同の制度化を図るという概念を持たないことである．むしろオランダ，フランスなどの NGO・市民団体とのフェアトレードを通じた直接的な提携関係，つまりヒエラルヒーよりもネットワークを重視する思想である．オアハカ州コーヒー生産者調整機構（CEPCO）というコーヒー小農組合の州段階での連合会が1990年代初頭に発足した時，当初は UCIRI も加盟したが，現在では脱退し，自主独立路線を歩んでいる．ヴァンデルホフは資本主義経済体制を否

写真 3—4 UCIRI の哲学を表現した樹のイラスト

（出所）筆者撮影.

定はしないが, 地域や民族それぞれの多様な経済のあり方を主張する. 既存の協同組合組織一般に対する無関心さも, この点に由来するのではないだろうか. この点については, さらに掘り下げた検証が必要である.

6 むすび

　西欧や日本などの先進国の経験を遺産として形成されてきた協同組合運動および思想は, グローバル経済の進展という状況下で, 多様な展開をみせつつある. 時代や地域は違うが, UCIRI を含む多数の南の経験には, 資本主義経済において労働者や農民ら自らがオルタナティヴとしての協同組合経済を追求するという, かつてのロッヂデール公正組合にも相通じるものがある. 同時に, それを裏付ける思想・哲学には, ヴァンデルホフのような指導者の存在および個人の経験が何らかの形で作用している. これらは, 旧来の協同組合論の議論の範疇のみならず, 内発的発展論, 反グローバリズム, 先住民族問題, 新しい社会運動, 非営利・協働セクター論 (経済社会のサードセクター論) 等, 様々

な文脈で多面的に議論していく必要がある．そのことによって，より根源的な観点から，協同組合思想は西欧あるいは先進国の歴史的経験に基づく産物ではなく，より普遍的・全人類的なものであるという仮説に接近することが可能となる．

第4章　農民・女性・青年の「学び」から

1　はじめに

　過去20年以上にわたって，徹底したネオリベラリズム路線を歩んできたメキシコの経済と国家に対して，先住民族や市民社会は様々な形で反応してきた．チアパス州のサパティスタの武装蜂起のような先鋭的な動きだけでなく，地域づくりや環境活動といった実践にも対抗運動としての意味を見出すこともできる（北野，2003b, 2003c, 2003d, 2004a）．

　第1～3章でみた知識人あるいは活動家の学習と動機付け，第7～8章でみるローカルNGOをとりまく政治・経済・社会的環境の変化というマクロ要因が契機となり，知識人個人が有する「資源」としての洞察力，問題意識，ネットワーク，専門的知見などが，具体的な行動や実践へと発展するという「対抗運動」発現のメカニズムを想定することもできる．しかしマクロ的動向と知識人のみによって，社会変革への取り組みが実現することはあり得ない．

　本来，実践の主体は，農民，女性，若者といった学歴もなければ，財産もない普通の人々である．彼らはなぜ社会運動にあるいは地域づくりにかかわるようになったのだろうか．いうまでもなく内発的発展は運動であり，そこには「学び」「学習」が欠かせない．普通の人々の遍歴なり，問題意識を吟味することにより，彼らの「学び」への動機の一端が理解できるとすれば，社会変革のメカニズムをより立体的に把握することが可能となるはずである．そこで本章では，筆者がこれまでインタビューした実践者のなかから，3人の話を検討することにより，社会変革の源泉はどこにあるかという命題に接近する．

2 教育と学びに関する2つのテーゼ

 2つのテーゼを紹介したい．第1は，手段と目的が得てして入れ替わることに関するものである．住民参加型開発論における一般的なテーゼに「手段としての参加」と「目的としての参加」というものがある．「住民参加型でやっている」という対外的な名目に終始すれば，それは手段である．一方，参加を通じた動機付け・意識化が主体形成に作用するとすれば，それは目的である．第2は，次元が異なる異質な概念を同一のものとして理解することから生ずる「バイアス」に関するものである．たとえば，「国家」と「くに」を混同あるいはダブらせて語ること，人種や民族や国籍のいずれに基づくのかを意識せずに「○○人である」と語ること，こうした言葉の使い方の曖昧さが事柄の本質の理解に対するバイアスとして作用するという別のテーゼも想定できる．

 以上のことを念頭におけば，我々が頻繁に語る教育という言葉には，社会における制度・システムとしてのそれと，教育を受ける者自身の学習という概念が含まれている．本章では便宜的に，前者を「教育」，後者を「学び」として文字上で区別したい．括弧なしの教育には社会や経済に役立ち奉仕できる人材を供給するという目的と学習者個々人の教養・スキルの向上を通じたエンパワーメントという目的が存在し，現実には教育の現場においても，学習者個人レベルにおいても，両者が二律背反的に並存するというジレンマ状態も想定できる．たとえば学びを目的として設定すれば，教育はそれを達成するための手段にすぎないと理解することも可能となる．逆にフレイレの言葉でいうところの銀行型教育（Freire, 1970＝1979）や受験における偏差値競争に勝つことを「教育」の目的として設定すれば，「学び」は知識の記憶（暗記），究極的には国や企業が必要とする人材の育成のための手段となる．もちろん，教育の場には公教育（学校）や予備校もあれば，地域における実践としての社会教育という場もあり，それぞれ異なる使命を有していることは容易に想像できる．鈴木（1997：40-41）は，学習と教育を区別する必要性を前提として，学校による定型教育（formal education）が教育主体と学習主体が分離されているのに対し，日常の生活実践における非定型教育（informal education）は両者が未分離であ

り，さらに途上国の教育開発のなかで育まれた不定型教育（non-formal education）は両者の分離と協働が前提となるとしている．

パウロ・フレイレとイヴァン・イリイチというラテンアメリカを代表する2人の知の巨人は，上記のテーゼに関連して，それぞれ独自の提言と実践を提唱し，主として第三世界の「教育」と「学び」に関する有力な言説が形成された．フレイレは『被抑圧者の教育学』のなかで，銀行型教育と課題提起教育という2つの理念型を提示し，抑圧された貧困者に必要なのは後者の教育方法であるとし，今日のエンパワーメント言説の基礎を提供した（Freire, 1970=1979）．イリイチは『脱学校の社会』のなかで，脱学校化というラディカルな選択肢を示し，学校に独占された「教育」から決別し，地域における生活のなかでの「学び」に希望を見出した（Illich, 1971b=1977; Illich, et al., 1973=1979）．一見，類似のテーゼを主張しているかのようにみえる両者は，教育をめぐって激しい論争を展開した（イリイチほか，1980）．

これらを念頭に置きつつ，反グローバリズム／オルタナティヴな発展（開発のオルタナティヴ）を追求する社会運動の草の根で活動する人々の事例を紹介し，後段の社会運動の文脈における「学び」についての考察に供する．

3　非・不定型の「学び」の展開：農民・女性・若者へのインタビューから

3.1　非定型の「学び」の実践の場としての大地の大学

オアハカ市にある大地の大学（Universidad de la Tierra, 地球大学と訳すことも可能）は，正規の大学ではなく，メキシコの先住民族や貧困層の若者の「学び」の場として設立された大学レベルのフリースクールのような機関である（写真4—1）．自ら脱プロ知識人・草の根活動家と称し，『学校のない社会への招待』（Prakash and Esteva, 1998=2004）の著者としても知られるグスタボ・エステバ[1]と以下にみるダミアン青年を含むサポテコ人の青年グループとの出会いを契機として，しばらくの準備期間を経て，2001年3月に誕生した（本

（1）　エステバの思想については第1章を参照せよ．エステバは，長年のイヴァン・イリイチとの対話・交流を通じて，「制度」としての教育ではない「学び」の場をつくる構想を温めていた．イリイチとエステバの対話については，第6章で紹介する．

写真4—1 大地の大学の内部

(出所) 筆者撮影.

格的なスタートは2002年2月).エステバは,イヴァン・イリイチらとの交流を通じて,彼らの産業社会批判,コンヴィヴィアル(共愉・共生)思想をメキシコの文脈で継承し,実践に取り組む左派知識人である(北野,2003d).

イリイチと同様,エステバらは「教育」という言葉を使うこと,言葉の意味そのものを否定する.大地の大学は教授もいない,カリキュラムもない「大学」である.就学期間は半年〜2年半で,随時入学可能である.地域への貢献を念頭において,各学生がプロジェクト(課題)を設定し,それを通じて必要な技術や知識を習得する.たとえば,民族や村(コミュニティ)の土地紛争を解決するために土地に関する法律を学ぶ,地域の伝統文化の再評価と住民教育のためにドキュメンタリー映像作品の製作技術を学ぶなど,学生各自の興味とニーズに合致させた形で,チューターの指導の下,教室におけるゼミやコミュニティにおける自分のテーマに取り組む.コアとなる学習法は,①教室における「レクチャー・サークル」という学習法(ファシリテーターの下で行なわれる輪読会と議論),②「実践を通じた学び(aprender haciendo)」,③「実践における省察(reflexión en la acción)」(日々の実践と哲学との関連を考えること),④「サービスのための知識(aprender para servicio)」(学習した知識や技術を社会に還元すること)である.ただし一切の必修は存在しない.外部からの専門家(無料ボランティア)を招聘したり,学生のフィールド研究をサポートする.就

学期間は約2年程度（6〜30か月）である．学費を含む就学経費は期間にもよるが平均1人5万ペソ（50万円強）である．卒業後年収の10%程度返済によるローン制度がある．ただし，施設維持や運営に関し，外部ドナーの助成に依存している状況であり，経営的には楽ではない．これまでの在籍学生は，数人から25人程度までとその都度変化している．スタッフおよび事務所は前出のCEDIと共通である．

筆者が現地でインタビューした卒業生には，法律を学んだテペヤック人権センター（Tepeyac）[2]の女性スタッフ，シエラ・フアレス地域でオルタナティヴ・メディアとしてのコミュニティ・ラジオ局[3]の立ち上げにかかわった男子学生などが含まれ，卒業生は州内各地での草の根活動に「専門性」を発揮している．前者は先住民族の村出身の女性であり，後者は（通常の大学の）卒論のために当該地域を訪れ，その後メディアを活用した地域づくりにかかわりながら大地の大学に出入りするようになった．大地の大学での学びに至るまでの道のりは人それぞれだが，1つの例として，次節ではエステバとともに大地の大学の設立にかかわり，その後，学生となった若者の遍歴を紹介する．

3.2　サポテコ人青年活動家の遍歴と大地の大学への道のり

ダミアン（Damián）はオアハカ州のイクステペック市に住み，サポテコ人の血を引く25歳（2004年9月1日インタビュー時点）の青年である．決して裕福なミドルクラスの家庭ではない，ごくありふれた労働者の家庭の息子である．父親はイクステペックの出身で，母親はナヤリット州の出身であった．父親は電気会社の労働者，警察関係の仕事などいろいろな仕事を渡り歩き，最後は自分で商売をしていた．父母とも政治的活動には一切関与していなかった．母親は家事をしていたが，後にコカコーラの工場で働いた．ダミアン自身は父の出身地イクステペックで生まれた．事情により，11歳の時，母親と一緒に暮らすためナヤリット州の州都テピックに引っ越した．イクステペックとは異なり沢山の産業があるところで，土地に慣れるのは大変だったという．いつも成績

（2）　第8章「3　PPP反対運動とローカルNGO」を参照せよ．
（3）　活動の概要については，第7章「3　農村ラジオ局によるアイデンティティ戦略」または北野（2003c）を参照せよ．

優秀な生徒でトップグレードだった.課外活動も含めて,学内ではうまくやっていた.しかし,彼はいつも父と自分の故郷であるイクステペックへ戻りたいと思っていた.テピックに母親と4年間住んだ後,父親が死去した.その翌年,15歳の時に,祖父母と一緒に住むためイクステペックに戻ってきた.

ダミアンはなぜ社会運動にかかわるようになったのかについての明示的な理由は語らなかったが,母親がアメリカの企業であるコカコーラで働いていたことが根底にあるという.それがオアハカに戻ったら近代的な生活を送るナヤリットの友人達とは違うことをしたいという動機の1つかもしれないと語る.社会運動に関しての初めての経験は,ナヤリット州で親しい友人とともに教会での読書サークルのようなものに参加したことだと語るダミアンにとって,若者による社会運動が活発なイクステペックで運動とかかわることは自然ななりゆきであったと考えられる.1994年に15歳でイクステペックに戻ってきたとき,「イクステペックの文化を守る」と称するある文化グループのフォーラムに参加した.それは,名称のような「守る」ためのものではなく,より積極的にイクステペックの文化を「耕す」(ダミアン,インタビュー,2004年9月1日)ことを意図していた.そこには後にローカルNGOでの同僚となるルーベンの姉が参加していた.美術や先住民言語などワークショップを通じ,地元の文化への理解を促進していたそのグループはその後解散した.ダミアンとルーベンはその後,「イクステペックの連帯」という左派グループで雑誌づくりをした.1996年のことである.そのグループには,当時17歳のルーベンを含めて,下は6〜7歳の子供から27歳の青年までのメンバーがいた.しかしこのグループは左派政党のPRD(民主革命党)に非常にかかわりが深く,ダミアンのように政党とはつながりのない人間は違和感を感じていた.一方,ルーベンはPRDとつながっていた.ダミアンとルーベン達は話し合いの結果,政党とはかかわりを断ち,市民団体をつくった(1998年頃のことだと思われる).これが現在ダミアンらが運営するローカルNGO,Bibaani(代替技術推進センター)の前身である[4].Bibaaniは,美術や有機農業に関するワークショップ,雑誌の発行を通じて,ローカル文化の再評価と啓蒙活動を続けてきた.

---

(4) Bibaaniの活動については,第7章「4 カタリストとしての農村青年NGO」を参照せよ.

1998年，Bibaaniの前身のグループは，MILPASという団体の主催により開催された青年NGOの集まりで，ゲストスピーカーとして招待されていたグスタボ・エステバと初めて出会う．そこでは，講義，話し合い，フォーラムが持たれた．ダミアン達は，オアハカ州の海岸部から山岳部に至るまで，自分達と類似の団体が存在することを知ったという．脱プロ知識人として草の根運動の「強力なプロモーター」（ダミアン）として頭角を現すエステバは，CEDI（異文化出会い・対話センター）を設立する頃であった．その会議での教育と健康に関するエステバのスピーチを機に，ダミアンらとエステバの交流が始まり，やがて彼への憧れとともにエステバの下で働き始め，大地の大学のプロモーションにかかわる．1999年に，Bibaaniの前身のグループがオアハカ州内の青年組織，教員組織15団体が集まった会合を主催し，再びエステバをゲストスピーカーとして招いた．

ダミアンによれば，当時，Bibaaniの前身の活動に参加した若者の間には，3つのイデオロギーがあった．1つはマルクス主義を政党政治という形でのフォーマット化し，左派政党の一部としての活動を希望する者，2つは政党とのかかわりを完全に拒否し，制度的にいわゆるNGOに徹するべしとする者，3つはアナーキスト的イデオロギーを重視し，政党でもいわゆるNGOでもない活動のあり方を追求しようというダミアンであった．ダミアン自身は，オアハカ出身のアナーキストでメキシコ革命の先駆者であるリカルド・フローレス＝マゴン(5)の思想にも影響を受けた．エステバのアイデアと交わることにより，Bibaaniは内部の3つのイデオロギー間のコンフリクトを経験し，リフレクションをすることができた．それまでに実施してきた活動に自信を持ち，より強固な合意と結束が実現され，結果としてダミアン達は，NGOという制度は取り入れつつ，3番目の路線をとることになる．政党による政治的闘争から，開発に対するオルタナティヴという実践主義とそのための「学び」へと軌道修正したのである．それには，「革命」ではなく「開発に対するオルタナティヴ」

---

(5) Ricardo Flores Magón, 1873-1922. 1910年のメキシコ革命勃発に先駆け，1890年代から反政府運動にかかわり，1905年にメキシコ自由党を結成．独裁者ディアス打倒を目標として掲げる．国内での弾圧によりアメリカに移り，武装蜂起や執筆を通じて革命を指揮したが，数次にわたる逮捕・投獄の末，病死した．ヨーロッパのアナーキスト思想の影響を受けつつ，メキシコの文脈で行動に移そうとした指導者である（国本，2004）．

を追求するEZLNのアドバイザーの1人であるエステバの影響が大であった.
　1999年にダミアンは高校を退学したが,2001年に大地の大学の学生となった.大地の大学の第1期生としての学びについて,3つのことで苦労したと語る.1つは,「伝統的な勉強」とのギャップであった.2つは,インフラの不足であった(開校当時,コンピューターは2台しかなかった).3つは,外部の人に勉強の内容なり目的を説明することの困難であった.「政府が公認せず,教師もいない「学校」で何が学べるのか」と周囲からの失笑を買ったという.その後,ユネスコの訪問を受けたり,アメリカのケロッグ財団の助成を受け,一定の認知がなされた時,失笑は受容に変わった.こうしたなか,1年目は,ラジオ番組,ビデオ作品,雑誌など,メディア製作の技術を学んだ.商業メディア政策のためではなく,地域の文化を記録し,人々の再評価に供するための技術である.彼が製作したビデオ作品(『孤独な道(*Ruta Soledad*)』)は2003年に賞を受賞し,フランスで行なわれたフェスティバルにも出展された.オアハカ市に移住してきたアウトサイダーとしての先住民の疎外を扱った作品である.
　ダミアンは地域では一目おかれる存在となった.賞を獲ると周囲は「ビデオ映像作家」というラベルを貼りたがるが,ダミアンはそれをよしとしない.今日,チマラパスやテワンテペック地峡の各地でのコミュニティ・ラジオや印刷メディアに関する活動の支援にかかわるほか,修了後も大地の大学にも頻繁に出入りをし,指導者として,後輩との「学び」を楽しんでいる(Esteva, 2004).フリーランスの映像作家として自活しているダミアンだが,映像・ラジオ・雑誌という活動領域のなかで,彼はいかなる領域においてもスペシャリストとしてみられることを好まない.周囲から「いつチアパスに行くんだい?」「お前もサパティスタみたいになるんだろ?」とからかわれてきた青年は,本人自身も予期しない形での闘争を担うこととなった.

3.3　ソケ人女性の経験にみる「学び」のきっかけと動機
　チマラパス熱帯林のなかにあるサンミゲル・チマラパス自治体のラス・コンチャス村(コミュニティ,世帯数約400戸)にはソケ人が居住している.
　ソケ人のヴィルギータ(Virgita)はインタビュー当時24歳の既婚女性である.兄弟姉妹は12人いるが,彼女の子供は1人である.彼女の母親は定めら

3 非・不定型の「学び」の展開：農民・女性・若者へのインタビューから　　115

写真4—2　ラス・コンチャス村と説明会の様子

(注)　右写真左から2人目がヴィルギータ．
(出所)　筆者撮影．

れた相手と結婚したが，ヴィルギータは恋愛の相手と結婚した．筆者が彼女と面会したのは，大地の大学スタッフが筆者への現地案内を兼ねてラス・コンチャス村に出向き，大地の大学への入学を希望する彼女を含むソケ人のグループを対象に開催した説明会の場であった（写真4—2）．

　1990年代から村にはいくつもNGOが出入りしており，彼女は村から選ばれてあるNGOのワークショップに派遣され，その後，村内で女性の組織化（グロサリー店の運営）と環境活動にかかわるようになった．ソケ・デルトゥレ協同組織（Organización Cooperativa Zoque Deltule）と名乗るグループの活動が始まったのは1998年である．グループのメンバーは21人で，うち11人が女性である．しかし，当初，村内の男性からの偏見が強かったという．「時間の無駄だ」「気でも狂ったのか」と中傷され，ワークショップのために都市部に行っては村に戻ることを繰り返していたため，「街で売春をしているのではないか」という疑いの目でみられたことすらあった．ただ，夫は彼女を拘束することはしなかった．

　　「いくつかのNGOからコンタクトがありました．ワークショップに参加したのは最初は女性だけでしたが，本を輪読をしたり，他所の村の取り組みに関するビデオをみました．それから，女性の組織をつくることにしたのです．（中略）ビデオをみて，他所では組織をつくり生産的なプロジェクトができるのに，どうし

てこの村ではそれができなかったのだろうかということに気付きました．私達は活動に着手して，時々，上手くいかないことに失望しながらも，続けようとしたのです．ある神父様が村に来た時，私達はNGOと一緒に活動を始めること，夫達は収入を稼ぐ機会がないこと，子供達を学校にやっても鉛筆や文具すら買えないこと，だから養鶏や豚飼育などの何らかの生産的プロジェクトが必要なことを訴えました．これが私達の取り組みの始まりでした．（中略）その神父様が（大きな支援団体のネットワークと）コンタクトをとってくれたのです．」（ヴィルギータ，インタビュー，2002年9月12日）

その後，他の政府系機関の働きかけにより，女性グループによる環境保護への取り組みが始まった．当初は焼畑の適正運用に関する指導であったが，現在，グループは自発的に森林に住む希少種の野鳥（オウムの一種）の保護・繁殖活動を展開している．

「私の夢は，村全体が一緒に活動すること，もしくは，少なくとももっと沢山のグループが参加してくれることです．私達は，グループを法人化したいと願っています．そうしないと，プロジェクトに助成を受けることができないからです．1週間ずっとグロサリー店で働いても，収入はグループに行き，個人の所得に還元する余裕はまだありません．（村の）誰も野鳥保護のための財政負担などしたいとは思わないでしょう．参加する人が限られているのは，こうした理由によるのです．もし外部からの助成が受けられれば，もっと多くの人が参加してくれるはずです．」（ヴィルギータ，インタビュー，2002年9月12日）

所得向上，環境保護以外に，グループが，そしてヴィルギータが心を痛めるのはソケ文化およびそれに対する誇りの喪失である．テレビ，ラジオ，スペイン語による学校教育の普及により，子供達の世代はソケ語を話さない．民族衣装も着ない．学校でソケ語を話すと先生に叱られるという．1980年代，彼女がまだ子供の頃，母親は彼女を連れて，町に魚やその他の生産物を売ったり，買い物をしたが，母親は街でもソケ語で通していたという．ある日，ヴィルギータ1人で街に行商に行くことになり，そこで彼女は母親がしたのと同様，ソケ語を用いた．「このインディアンは何語をしゃべっているんだい？」「この貧しい人々が話している言語は何語か？」と人々から大いに嘲笑され，侮辱され

たと感じた．それ以来，ソケ語を話すことを恥じるようになった．このトラウマを克服し，ソケ語の重要性に誇りを感じるまでに10数年を要したという．経済・環境・文化という一見異なった問題領域は，彼女のなかでは1つのものとして結び付いている．それが，大地の大学への関心という，さらなる向上心へとつながったのだと筆者は考える．

彼女がその後，大地の大学に入学したという話はスタッフから聞いていない．子供や夫と離れ，遠く離れたオアハカ市（片道8時間以上）に長期滞在することは極めて困難な選択だと思われる．ソケ人グループからの聞き取りおよび1人の女性リーダーの断片的な語りに基づいた情報ではあるが，たとえNGOや政府機関による外来者よるワークショップという非定型の学びであっても，そこでの経験と学びから，次の学び（大地の大学という不定型的な学び）への欲求が生まれると理解したい．

3.4 サポテコ人農民有志による「文明の復活」という名の環境啓蒙

フチタン市の近郊イクスタルテペック市にある環境改善指導センター(Centro de Orientación para el Mejoramiento del Ambiente (COMA)) は，1994年に始まったサポテコ人系農民による任意団体である．1人の医師が不衛生な環境により下痢が多発している状況を分析し，主としてゴミ処理の観点から都市および農村の生活環境を見直すための働きかけを行なっている．現在，医師は運営から手をひき，賛同した農民ら6人によってボランティア・ベースの活動が継承されている．6人は普通の農民であり，なかには文字の読み書きができない者もいる．外部からの財政的支援はなく，堆肥や種子の販売により活動の財源を賄っている．

都市部における活動の対象は学校である．イクスタルテペック市内にある小学校の1つに隣接して，COMAの施設がある．施設には，屋外集会場（屋根付），堆肥製造施設，乾燥トイレ，地元産の材料で立てられたエコ建築などが展示されている（**写真4-3**）．COMAの活動は学校を対象にした啓蒙活動である．すでに，市内の10の小中学校に対して働きかけ，ボトルに入ったソフトドリンクやポテトチップのような産業化された食品を出すのを止めさせ，自分達がつくった天然のジュースや地元食材による食事に改めさせた．小学校に

写真4—3　学校に隣接したCOMAの外観（壁画による啓蒙）と内部施設

（出所）　筆者撮影．

　隣接した立地を選んだのは，学校に出入りする児童・父母に対するデモンストレーション効果である．第1に，児童・父母が直接，立ち止まり，環境に配慮した生活に興味を持ってもらうことがある．第2に，集会施設で様々なワークショップや話し合いが行なわれるため，その光景を児童・父母が眼にすることによる副次的デモンストレーション効果を狙っている．メンバーの農民は6か月毎に会合を持ち，活動の点検を行なっている．

　農村部における活動はワークショップである．相手側からの要請ベースで実施されており，堆肥づくりと販売，ゴミの分別方法，乾燥トイレの使用法など，技術的な内容に関するものが多い．COMAの施設で行なわれることもあれば，現地に出向くこともある．ワークショップは長いもので5〜6か月継続されることもある．テワンテペック地峡地域の約150コミュニティがCOMAの活動にかかわっている．COMAの活動が広がった理由は，もともとの潜在的ニーズのほかに2つあると考えている．1つは，ワークショップが無料だということである．2つは，ワークショップに地元のジャーナリストを呼ぶことである．この2点に，コミュニティを超えて「口から口へと伝わる」（サンチアゴ，インタビュー）ことが加わるのである．

　メンバーの1人で，農民であるサンチアゴ（H. Santiago, 男性）は，「文明の復活」（el Retorno de la Civilización）と表現する．自分達の身の回りにある物すべては祖先から文化的な相続物であり，たとえば，「川は我々の文化の血液の流れ」と考えられていた．その血液の川に人々はゴミを投げ込み汚しているこ

とになる.「文明の復活」とは,自分達の文化的ルーツを再認識し,同時に環境意識を高めることだと考えている.

4 考 察

　以上,断片的な情報ではあるが,オアハカ州テワンテペック地峡地域での社会運動としての内発的発展にかかわる学生,女性,農民のそれぞれの学びの実践または動機について紹介した.これを踏まえ,社会運動とイン(ノン)フォーマルな学びとの関係について議論を深めたい.

　第1に,学びの動機に関するインプリケーションである.本章では,手段として教育という制度(枠組み)があり,そこで学びが実現されるのか,枠組みにかかわらず,学びが達成されれば,それを教育と呼ぶべきなのか,という二項対立的な議論に結論を出すことはしない.この命題を上述の社会運動としての内発的地域づくりや環境活動に援用した場合,実用的な知識・技術が先なのか,アイデンティティの再認識を伴ったポスト開発的な価値観への転換が先なのか,という問いになるだろうが,少なくとも上記の事例をみる限りでは,学びの動機は様々であることが分かる.

　ダミアンはもともと政治運動寄りの活動をしていた.本人はそのことに必ずしも満足していた訳ではないが,PRDとのつながりが深い周囲の友人の影響もあり,有機農業や美術ワークショップの活動と並行して,情報誌の発行を行なっていた.この時のダミアン自身の学びは不定型のそれであった.結果として,知識人エステバとの出会いが,政治との決別と実践技術の習得という学び(非定型的)[6]へと導かれた.その後,再び,自ら地域に戻り,ローカルNGOのメンバーとして,現在はワークショップなどの不定型な学びの提供にかかわるのである.ソケ人女性のヴィルギータの場合は逆である.NGO等の外部からの開発アクターの働きかけにより,女性リーダーとしての資質を涵養された後に,実用的な学びへの動機付けがなされたものと考えられる.彼女へのイン

---

(6)　大地の大学は,専門家や同僚学生との批判的議論,自分の学びのプロジェクトの遂行などが包括された非定型的な学びの場であり,地域づくり一般や政治活動の現場における経験を通じた不定型的な学びとは一応,区別しておく.

タビューに「実用性が先か，価値観の転換が先か」という問いに対する明示的な答えはみられないが，少なくとも，ダミアンの場合（政治思想を含む「価値観」→目的意識を伴った「実用性」の追求）とは違う動機付けが存在したのではないだろうか．最後に，COMAのサンチアゴらの農民は，当初は医師のイニシアチブに頼りつつも，ダミアンやヴィルギータと比べて，より自主独立的な立場で，環境教育という学びの機会を周囲に対して提供している．

　第2に，知識人主導の社会運動というステレオタイプに関するインプリケーションである．社会運動や地域づくりにおいて知識人の果たす役割は大きく，ラテンアメリカにおいてもその傾向は顕著であるといわれる．オアハカ州を事例とした筆者のこれまでの調査においても，環境や人権など様々な分野で活動するローカルNGOの多くが，政府機関や大学出身のインテリ達によって設立されていることが確認されている（北野，2003b，2003d，2007b，2007c）．運動と「学び」「学習」は不可分の関係にあることから，当然，「学び」に関する動機付けや資源動員も，脱プロ化した知識人の手による「外来種」なのだという見方もあるだろう．しかし，エステバらは，「生まれ変わった知識人」は旧来の「頭デッカチの左翼反対派の前衛」とは違い，「生まれ変わった新しい種類の自覚を体現している」と反論している（Prakash and Esteva, 1998=2004: 196-199）．このことは，筆者もこれまでの調査において，認識を深めているところである（特に，北野，2003b，2007b）．

　上記のいわゆる普通の人々のストーリーをみる限り，彼ら自身も生活実践や外部者とのやりとりから，学びのニーズや欲求を自発的に育み，涵養し，さらに，知識人との交わりや非・不定型の学びを通じて，草の根レベルでの社会変革の担い手へと発展的に変化していく可能性を指摘できる．すなわち，普通の人々の日常の実践から生まれる問題意識こそが社会運動の源泉であり，内発的発展の種子は彼らの学びへの欲求のなかに見出だせるのではないか，ということである．

5　むすび

　「学び」か，「教育」かというテーゼに立ち戻れば，当然のことながら，社会

5 むすび

運動という文脈では,「教育」ではなく「学び」という言葉にこだわりたい,というのが筆者の立場である.もちろん,前節で見出した仮説を端的に実証することは極めて難しいが,今後,当該地域における社会運動の様々な実証分析と注意深く接合・検証していくことにより,仮説としての精度を高めていくことは可能であろう.

第5章 『女の町フチタン』のその後

1 はじめに[1]

　メキシコ南部には母系制に基づくサブシステンス志向の経済システム[2]が存在する．本章の目的は，次項で説明する視座を踏まえ，①ベンホルト゠トムゼンら（Bennholdt-Thomsen, ed., 1994=1996）のフチタンに関する記述を整理・分類するとともに，②フチタンでのムシェ（後述）活動家へのインタビュー内容を紹介し，③多元性・地域固有性を踏まえた内発的発展のあり方を検討する手がかりを提供することである．

　社会における男女間の分業は身体的な違いと労働の経済的価値に基づいてなされる．私達は好むと好まざると「男は外，女は内」という既存の分業形態を所与として，この是非と改善案を問うが，以下の事例はこの思考が唯一の前提ではないと警鐘を鳴らす．

2 フチタンをみる視座

2.1 社会に埋め込まれた生活経済空間

　近年再び注目を集めている歴史経済学・経済人類学者ポランニー（Polanyi, 1957=1975）は，イギリス経済の歴史分析に基づき，経済を形式経済（formal economy）と実体経済（substantive economy）に区別した．前者が貨幣と市場

---

(1) 本章に関する現地調査および原稿の作成には，当時のゼミ生の岩﨑瑞季さんが貢献した．本人の了承を得て，本章に収録した．
(2) イリイチは「市場経済の外部に存在する地域単位での経済活動と，その独自の仕組み」（宮寺，2004：182）をサブシステンスと定義し，食糧の調達，自家消費のための農業，日常の買物・料理・洗濯等の家事労働，育児労働が含まれる．ただしエステバは，サブシステンスという用語よりも，ヴァナキュラーという用語を使うべきだとする．

メカニズムを媒介とする財とサービスの流れを対象とする狭義の経済観であるのに対し，後者は「社会に埋め込まれた経済」と定義され，「生の充足を個人にとりもどさせる」ために市場でなく生活の視点から経済を捉えることを主張した[3]．

経済地理学の中心周辺理論（core-periphery theory）[4]を途上国の地域開発論に援用したフリードマンは，境界なき経済空間（economic space）と地域住民の生活空間（life space）である「なわばり」（territory）を区別する．前者は物財・資本・情報が移動するボーダレスな空間であり，地域を「中心と周辺」に分化させる分水嶺は常に動態的に移動するという世界観に規定されている．後者は固有の物理的環境と歴史・文化に規定された住民の共生・共愉的（convivial）な空間であり，ローカルなポリテイックスに支配される「政治的な存在」である（Friedmann, 1988; Friedmann, 1992=1995）．そこでは商品経済のみならず，道徳の経済（moral economy）や愛情の経済（economy of affection）に基づく地場経済が大きな部分を占める．

歴史的視点によるポランニー（Polanyi, 1957=1975）の生の充足論と空間地理的視点によるフリードマン（Friedmann, 1988; Friedmann, 1992=1995）の生活空間＝なわばり論に共通にするものは，サブシステンス的な生活経済の視点である．

2.2 フェミニズムとジェンダー論の視点

いわゆる北のフェミニズムにおいては，参政権や雇用条件など男女同権の主張（Friedann, 2001=2004），女性差別の根源としての家父長制批判（Millett, 1977=1985），マルクス派による階級問題と関連させた女性問題の分析（Kuhn and Wolpe, 1978=1986）などが主要な関心事である．一方，第三世界の先住民族女性運動の主要な主張には，サブシステンスを重視する立場からの近代化批

（3） 本記述は 2004 年 7 月 10 日，専修大学経済学部公開講座「K. ポランニーの生の充足論」（内山哲朗教授）によるところが大きい（内山（2005）を参照せよ）．
（4） 中心周辺理論の古典的文献として Christaller（1966=1979）があるが，フリードマン自身は世界都市仮説（Freidmann, 1995=1997）により，世界レベルでの都市の序列化と中心・周辺化を主張する一方，地域における生活空間としての「なわばり」の重要性を説いた（Friedmann, 1988）．

判が含まれる．男女同権よりも，植民地主義の遺産と近代化推進のための開発によって固有の文化的アイデンティティと主権・自決権が抑圧された状況こそが新たな女性差別の原因だという主張であり，女性問題と開発問題は一体という立場である（Carmen, 1996；藤岡ほか, 2004）．

イリイチ（Illich, 1982=1984, 2005），ミース（Mies, 1986=1997），玉野井（1990），足立（2001），藤岡ほか（2004）によれば男性が農耕など生産労働に従事し，女性が家事育児労働に従事する等，1つの文化において男女がそれぞれのジェンダーに応じた役割を担うことは，家族やコミュニティにおける「協業」の一環であり，本来そこには役割間の優劣や従属的関係は存在せず，産業社会の到来と浸透により，自然的「協業」が社会構造的・経済的な意味での「分業」へと変質し，女性労働は「シャドーワーク」化，貨幣価値を介した労働の序列化が発生した．「なわばり」での経済活動の社会的価値は周辺化し，地域社会および個々人はよりグローバルな経済空間に近い活動（労働）に上位の価値を見出そうとする意識と実態の両面での二重構造が強化される．

2.3 小 括

そもそも人間の生活とジェンダー概念は密接不可分のものであり，そこには文化に根ざした経済社会の固有性と多様性が存在する．玉野井（1990：180）は「標準経済学の根底にあるのは，単一性の，または中性化されたホモ・エコノミクスである．あるいは，ジェンダーレス（genderless）の人間労働力の世界である」と述べているが，地域の自律性と分かち合いによる共生を志向する内発的発展論の立場（西川, 1989：33）から，本章冒頭の問題提起は重要である．

3 『女の町フチタン』について

オアハカ州東部のテワンテペック地峡地域は太平洋岸と大西洋岸を結ぶ陸路の最短ルートとして古くから交易によって栄えてきた．フチタン市は地域経済の中心で，人口は約15万人，言語はスペイン語とサポテコ語が用いられる．先住民文化が色濃く残る土地で，経済発展に伴い近代化（＝アメリカ化）が進むメキシコの都市のなかでは異色の存在である．マチズモ（*machismo*）と呼ば

写真5—1　ドイツ語版『女の町フチタン』表紙

（出所）　https://www.abebooks.de/buch-suchen/titel/juchitan-stadt-frauen/（2019年9月13日）

れる男性優位主義が支配的なメキシコ文化にあって，母系制が色濃く残るフチタンは二重の意味でユニークな存在である

　フチタンに関するスペイン語以外の文献情報は少ないが，ドイツの人類学者ベンホルト＝トムゼンらは著書 *Juchitán — Stadt Der Frauen*（邦題『女の町フチタン』）で，現地でのナラティヴインタビューで得た情報をもとにフチタンの人々の生活と「4つの性」について分厚い記述を行なった（写真5—1）．

　以下 Bennholdt-Thomsen, ed.（1994=1996）の記述を手がかりに筆者が現地調査で得た視点と解釈を加え，限られた情報に拠りつつも4つの性とそのインプリケーションについて考察する[5]．

4　フチタンにおける4つの性

4.1　4つの性の概要

　フチタンの文化・伝統のなかで最もユニークだと考えられるのは，人間の性は4つあると考えられている点である．

　第1の性は女である．フチタンでは女児の誕生は大変喜ばれる．女性は経済

（5）　以下，特記なき情報の出典は Bennholdt-Thomsen, ed.（1994=1996）である．

写真5—2 市場脇の通りを歩く「フチタンの女」

(注) 後方は大地の大学のスタッフの説明を受ける筆者に同行した学生.
(出所) 筆者撮影.

的にも社会的にも受け入れられ活躍できる場が十分に保障されているからである．女性は生活経済へのかかわりからコミュニティのなかで信用と立場を確立していく．フチタンの生活経済では，住居である家は重要な意味を持つ．彼女らは未婚既婚の区別にかかわらず，住居を建て，家に対し発言権を持つ．女同士の相互扶助と分業のネットワークが確立されているため，育児，商売，公的行事である祭の運営等を両立できる．伝統的にフチタンでは養子をとることが多いが，これも周囲の社会的ネットワークに依存するところが大である．女性の活動の中心は市場である．市場には *enaguas* と呼ばれるスカートや *huipiles* と呼ばれるブラウスといった民族衣装を身にまとった典型的な「フチタンの女」達がいる（**写真5—2**）．公式統計はないが，「フチタンの女」の体格は，一般的なメキシコ女性のそれよりも明らかに大きい．女は道の真ん中を歩き，小柄な男性は端を歩く[6]．フチタンの女は主婦になることはない．出産後40

---

(6) 筆者に同行した女子学生の現地での印象を記す．実際に筆者らが市場で会った中年の女達は大柄で恰幅がよいが，一緒に写真を撮ってもらえないかと頼んだところ，女性らしいかわいらしい笑顔を見せ自分を美しくみせようとしていた．彼女達は逞しいが，自信に満ち溢れ，独特なゆったりした身のこなしは優雅で美しかった．

4 フチタンにおける4つの性

日も経てば仕事に戻り，育児は家にいる者，祖母，姉妹，夫に任せる．授乳の際には子どもを市場に連れて来るか，その時だけ家に帰りその間市場の屋台の店番を家の人に委ねる．

第2の性は男である．一般に「昔からメキシコでは男は酒に溺れやすく自分自身で生活基盤を築くのが難しい」（アマランタ，インタビュー，2004年9月2日）といわれるが，フチタンでは男は女に養われ世話を受ける立場にある．男性は昼間はハンモックで休んでいる．一見，女性だけが労働しているようにみえるがこれは性別による分業がなされていることを意味する．男性は農漁業に従事し，妻または母に収穫物を渡すことにより彼女らから家で世話をしてもらう．日本社会にみられる「自分が妻を養っている」という感覚とは全く異なる．フチタンは母系制社会であり，女が建てた家に配偶者の男が住み込むからである．地域の公的行事である祭で踊りを楽しむことは女の特権で，その間，男は家の片隅で静かにしている．これも公式統計はないが，筆者がフチタンで出会った男性はメキシコの他地域の男性と比べると華奢な印象であった．無論，これは「フチタンの女」の体格が大きいため，視覚的にそのように感じた可能性は否定できないが，市場における筆者の観察では，男性は女性に比べとおとなしかったというのが率直な印象である．

第3の性がムシェ（muxe）である．ムシェは女装をした男であるが，彼らはいわゆるゲイではない．ムシェは普通の女と比べ一般に痩せ型で美しい身なりをしている．ムシェは社会的に「女」として受け入れられている．生まれつきの性別が問題なのではなく，ジェンダーに基づく働き方が問題なのである．ムシェの仕事には，ムシェ固有の仕事（手工芸，祭の飾りの製作等）と女としての仕事（市場，家事，育児）がある．ムシェの多くは自分達の仕事を真剣にするので，生物学的な性は男性だとしても女性またはムシェとしての領域で厚い信望を受ける．ムシェは女の仕事・愉しみである祭に盛り上げ役として参加することができる（Campbell, 1993: 138）．ムシェの結婚のあり方は様々で，男性の夫を持つ場合と女性の妻を持つ場合がある．独身のムシェは両親や兄弟姉妹，兄弟のつれあいなどと一緒に1つ屋根の下に住む．近代的価値観の浸透によりムシェへの偏見が一部の地区で生まれつつある．比較的裕福なミドルクラスが居住する市中心部や北部にはムシェであることを隠そうとする者もいる．従来

のフチタンの価値観では異例だが，彼らの多くがミドルクラスであるが故にフチタンの外で職に就いたり，あるいは域外の人との接触が多いことから，ムシェであることを隠さざるを得ない(7)．筆者がインタビューをしたムシェの市民運動家アマランタは「以前と比べて，ムシェお断りの祭が最近増えてきた．それは外部からの物資がフチタン内に持ち込まれることと同時に，ホモセクシュアルに対する偏見の情報も入ってくるせいだ」と述べている．しかし他地区の住民からは，ムシェであることを隠す彼らは卑怯者で悪人だと言われる．漁師，農夫，女商人が多く住み，伝統的な文化が色濃く残る第7区（セプティマ）はムシェであることを最もあからさまにしていることで知られ，こうしたムシェは共同体に対する連帯感があるとされ尊敬の対象となる．いずれにせよ，外部からの物資・情報の交易が活発になるにつれて，ムシェ達が共有してきた一体感に亀裂が入りつつある．

　第4の性は，マリマチャ（marimacha）と呼ばれる男装をした女である．マリマチャは身体的には女性だが男性として扱われるように望んでいる．彼女らのパートナーは女またはマリマチャである．マリマチャ同士のカップルの場合，一方のマリマチャは同性愛者，片方は両性愛者とみなされ，後者は男とも女とも暮らす可能性がある．夫役のマリマチャは男らしく振舞おうとする．

　マリマチャはムシェ程には明確な社会的信望は得ておらず，ムシェのような独自の仕事の領域も持たない．多くは工具等の肉体賃労働者である．マリマチャは「フチタンの女」の社会的ネットワークには組み込まれない．夫役のマリマチャは妻役のマリマチャに家事を強制し，自らは進んで男の仕事を引き受ける．男性の社会集団に入ろうとするマリマチャは少なくない．彼女らは外出を好み通常の男と同様，居酒屋にいることが多い．産業社会的な意味でマリマチャは「フチタンの男」よりも優れて男性的である．

4.2　経済・政治にみるフチタン型性分業

　4つの性は経済・社会・政治の分野でフチタン独自の分業をしている（表5－1）．以下，経済と政治における男女分業について述べる．

（7）　大地の大学職員ベルトラン（Beltrán）氏，インタビュー，2004年9月3日．

4 フチタンにおける4つの性

表5—1 『女の町フチタン』の記述にみる4つの性の分業

	女	男	ムシェ	マリマチャ
経済活動	商人として地場経済を支える．トルティーヤ等販売物の生産調製も担当．他は屋台経営など．祭を主催運営し物資調達や準備労働・資金を提供．	多くが農業・漁業に従事，他は大工，左官，および家具，金細工師，工芸品等の職人．	男の仕事（農業，漁業，大工等）には従事せず．ムシェ独自の分野（刺繍，刺繍の模様の下絵，チョコレートづくり等）および女の分野でも勤勉に働く．	ムシェのような独自の活動分野を持たない．工員，臨時雇いなどの賃金労働に従事（多くが肉体労働者）．
社会・生活	フチタンは母系制のサブシステンス志向の社会．女が自己資金で家を建て婿をとる．女児不在の場合の養子縁組も盛ん．女同士の強固な社会ネットワークを持つ．	収穫物を提供する見返りとして女の世話労働を手に入れる．ムシェに生活の面倒をみてもらうか女と暮らす．祭では音楽，詩，絵を担当し，主催者となることはない．女が市場に出ているあいだ，育児もする．	家では女と同じように料理，洗濯等の家事を手伝う．夫また妻がいる．一般にムシェは非常に勤勉であるため社会的信望が高い．	女と結婚する場合とマリマチャ同士で結婚する場合がある．男同様に居酒屋を好む．女の社会ネットワークからは疎外．
政治活動	政党によるフォーマルな政治活動には直接（表面）的には参加せず．しかし，地場経済での権限を背景に政治への影響力・発言力は絶大．	地元行政の議会政治は男性が担当．NGO活動も男性が中心．	記述なし（筆者はフチタンで政治の領域にアクセスしているムシェ活動家と面会）．	記述なし．

（出所） Bennholdt-Thomsen, ed. (1994=1996) をもとに作成．

「家庭～市場（いちば）」と「祭」を中心とした地場経済が女の領域である．女達は上述の生活経済空間の担い手といってよい．トルティーヤづくりをする女は家のかまどでトウモロコシからトルティーヤを調製し，魚の燻製をつくり，自ら調製した干海老その他の郷土料理を市場で売る．市場では下拵えあるいは完全に下拵えをしたものを売り，それを買うことにより家での女達の食事づくりが容易になる．市場の食料品の約75％は地場産である．地産地消費がフチタンのサブシステンス経済の前提である．女達がフチタンの地場経済の自立性を支え，強固な地場経済がフチタンの女の立場を保障する基盤となっている．筆者も市場を訪れたが，恰幅のよい女達とムシェらが市場を完全に仕切っていた．

祭は女の領域であり，ここはフチタンの相互扶助の伝統が顕著に発揮される分野でもある．祭は単なるレクレーションでもなければ，宗教的行事でもなく，フチタンの生活経済における重要な役割を果たす．役所の登録によるとフチタンの大祭は600を超える．主催者は特定の女で招待された他の女は手伝いをする．前回の主催者は次回にビールや資金を寄付する．女が生み出す富は，祭という場を転々とすることにより，絶えず分配・再分配を繰り返す．その副産物（あるいは主産物）として，相互扶助の精神，女同士のネットワークが強化される．女は祭を取り仕切り，大いに楽しむが，このことはフチタンにおけるソーシャル・キャピタルの蓄積につながる．

フチタンでは政党をベースにしたフォーマルな政治の領域と女同士の話し合い・相互扶助や祭のネットワークにかかわるインフォーマルな政治の領域が重層的に存在する．Bennholdt-Thomsen, ed. (1994=1996: 151) はフチタンの様々な政治活動について，「市の行政と与党，他方に市場の女達の側と，双方が相まって，政治活動を行なっている．両者はそのときどきの政治観に従って行動し，それぞれの方法で現状の改良に努める」と記述している．

フォーマルな政治活動は，男が専管的に活動できる唯一の公的領域（パブリックドメイン）である．テワンテペック地峡地域は同国内でもユニークな政治風土が存在することで知られる（Campbell, 2001）．第2章でみたCOCEIは当地域における1970年代の草の根労農運動の産物として成立した先住民族系左派政党である．16の民族が住むオアハカでは土地（領土）にかかわる民族間の争いが絶えないが，COCEIは民族を超えた土地の再分配を行ない，PRI（制度的革命党）に代わり首長の座を得た（Campbell, 2001）．フチタン市と周辺の若干の自治体の議会で与党となっている．

政治と接点のある領域として，環境問題，サポテコ文化振興に携わりそれを政治活動に組み入れようとする地元NGOがある（北野，2004a）[8]．フチタンでは民族的アイデンティティの確立と政治活動とは切り離せない．

政治に限れば女性は従属的な立場に甘んじていると理解するのは誤りである．地場政党を支えているのは女達のインフォーマルな政治だからである．男性が

（8）ごみ問題と河川浄化に取り組むある市民団体はフチタンの人間関係と祭に基づいた情報収集と活動の基盤を持ち，メンバーの大半は女性である．

写真5—3 ムシェ市民活動家へのインタビュー後

(出所) 筆者撮影.

行なうフォーマルな政治に基づく何らかの決定が女の権利を害するものであれば女は反発する．たとえば，市場の屋台に対するCOCEIの増税案は結局市場施設の改装とペンキ塗りを条件に当初の増税率の半分に縮小された．これらの市当局と市場側の集会の発言は女が主に主導権を握り女達の意見が通った結果となった（アマランタ，インタビュー）[9]．

5 ムシェ市民活動家へのインタビューから

ムシェ市民活動家へのインタビューで得た内容に筆者の観察を交え紹介し補足情報とする．2004年9月2日，フチタン市内でムシェであるアマランタ（Amaranta，男性名 Jorge Gómez，写真5—3）という市民活動家にインタビューをした．彼は下院議員に立候補・落選した経験を持つ．彼は自分には3つのハンディキャップがあると語る．サポテコ人であること，同性愛者（ムシェ）であること，そして，身体障害者（交通事故で片腕を切断）であること，であ

（9） Bennholdt-Thomsen, ed.（1994=1996: 149-150）にも同様の記述がされている．

第5章 『女の町フチタン』のその後

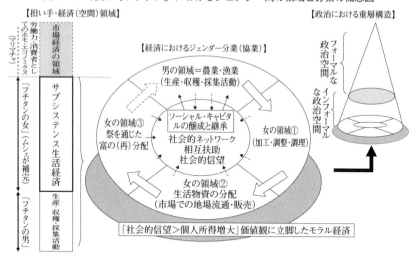

図5—1 『女の町フチタン』におけるジェンダー間の領域と分業の概念図

る.

　時々タバコを吸う仕草がもともとの性を感じさせたが綺麗に化粧された端正な顔立ちがムシェであることを物語る．6～11歳の時，子供の遊びである目隠しっこで自分がムシェだということに気づいた．その時の家族の反応について尋ねると，アルコール依存症にでもならない限りムシェになったことだけで家族の信頼を失うことはないという．しかし，フチタン文化の一部であるはずのムシェを取り巻く環境は Bennholdt-Thomsen らの調査時（1990年7月～91年8月）から変わりつつあるという．フチタンでも外部からの情報で同性愛によりエイズが広がるといった認識（彼曰く「多くが偏見に基づく」）やムシェはただのゲイにすきないという見方も一部で生まれつつある．一方，依然として労働の領域においては差別は少ないようである．アマランタに地場経済への外部の経済・文化の影響に関する意見を尋ねたところ，フチタン経済は地域に根ざしたものであるので依然として強固で，外部からの影響はゲイへの差別意識など限定的なものにとどまるとの見解であった．一般にフチタンはあらゆる面で女性優位社会であるかのように語られるが，アマランタによれば，性別による分業が明確で女性が経済の領域において独立しているだけだという[10]．その一方で，女性は村の（政治的）集会には参加できない，古い価値観により婦人

科(11)に行くことを夫から許されないなどのケースもあるという．

　レストランでの筆者のインタビュー終了後，彼はその場でちょうど同じレストランに来ていた友人（女性）に遭遇した．互いに抱擁・接吻した後，そこには私達が公衆の面前で普通に同性の友人と世間話をして楽しむのと全く同じ光景があった．彼らが公共の場でごく普通に受け入れられていることをあらためて感じたことを付け加えておく．

6　むすび

　フチタンには一般の産業化社会での性別分業とは異なる「協業」が存在するということが分かった．まとめとして，図5—1にフチタンのジェンダー分業の概要を示す．フチタンの地場経済空間はまぎれもなくフリードマンのいう「なわばり」であり，そこに「社会に埋め込まれた経済」の一面をうかがい知ることができる．

　本事例の背景には地峡地帯サポテコ民族の文化的特異性があるが，あえて狭義の文化人類学的な関心を超え，普遍化できる教訓を見出すとすれば，①今日私達が前提としている仕組みが唯一のモデルではないこと，②地場経済という限定的な領域においてであるが女性およびその労働の価値が「経済」という確固たる後ろ盾を持って保障されているという事実，③文化と経済の自立・自律性にみる相関関係，の3点である．

　アマランタラムシェ活動家は，環境，人権，農業など他分野で活動する地元NGOやそれらをサポートする仲介型NGOと連携をとり，南部メキシコの内発的運動の一翼を担っている．今後はフチタンの固有性がグローバル化によりどう変化するかをモニタリングするとともに，内発的発展運動の文脈でも掘り下げた調査が必要である．

---

(10)　この点ではBennholdt-Thomsen, ed.（1994=1996: 52-66）の記述も女性優位を強調していると考えられる．
(11)　多くが男性である医師に診察を受けさせざるを得ないことに対する伝統的価値観に基づく反応であると思われる．

第6章　知識人の対話から実践へ

1　はじめに

　抽象レベルでの「知」の生産と，具体レベルでの「行動・実践」は，相互規定的に対話・交渉していると考えれば，知識人の役割にはこれまでと異なった次元が存在すると考えられる．知識人に関する概念整理と再定義は，本書のまとめの作業の一部となるので，第9章で行なう．したがって，本章おける「知識人」とは文字どおりの意味として理解しておく．この意味で筆者が再評価したいと考える知識人は，イヴァン・イリイチである．第1章で取り上げたポスト開発知識人グスタボ・エステバは，長年にわたり生前のイリイチと交流を重ね，自らの経験と重ね合わせて，メキシコ先住民らにとっての「ポスト開発思想」を追求してきた．彼が行なっているNGO活動や社会運動への支援はその思想・哲学を具現するための実践でもある．

　本章は，主として「個人」に焦点を当ててきた第1〜5章を総括するとともに，第7〜8章で事例横断的に提示される今日のオアハカ州におけるポスト開発志向の社会運動とローカルNGOの活動に関する諸問題を紡ぎ上げる手がかりを探ろうとするものである．本章の目的はイリイチやエステバの思想を評価することではない．2人の知識人の交流を題材として，メキシコの文脈における「異なる知と知の融合」「知と実践との相互関係」に関する論考を展開する．

　筆者には生前のイリイチから直接，話を聞く機会はなかった．筆者の情報源は，イリイチの遺した著書およびイリイチ研究者による解説書，そして，イリイチのメキシコにおける主要な友人の1人であるエステバの言葉（文献，口頭の両方）のなかで言及された「イリイチ」である．筆者は，過去6年間，折に触れてオアハカのエステバの事務所（CEDI/大地の大学）を訪問し，また，電子メールも用いつつ，対話を重ねてきた．特に2006年1月には，イリイチに

関するインタビュー(1)を集中的に行なう機会があった．以上を踏まえ，まず，イリイチ思想のエッセンスを再評価し，エステバ思想のそれと比較検討を行なう．次に，エステバの実践における試行錯誤という時系列的な流れのなかで出会ったイリイチ思想をエステバの証言をもとに紹介するとともに，いくつかのキー概念とエステバの実践との関係について考察する(2)．

2 イヴァン・イリイチについて

2.1 イリイチとメキシコ

　イヴァン・イリイチ（Ivan Illich, 1926-2002）(3)は，オーストリア出身の哲学者，歴史家であり，いうまでもなく，20世紀後半を代表する社会思想家の1人である（**写真6—1**）．イリイチ自身はユダヤ系であった．彼の業績の多くは，現代の産業文明批判である．一見著しい「進歩」の成果として理解される現代の諸制度（学校，文字，医療，交通）および権力によって，人々が物事を財とサービスの「稀少性」というものさしで測るようになり，受動的な消費者大衆へと変質させ，人々が本来発揮すべき自律的・自立的な生活態度から遠ざけられてしまう，と批判した．人間がつくり出した制度や仕組み（言語・文字も含む）が，やがて人間を管理・支配するようになり，人々はそのことに無自覚になるという「疎外」状況に対するラディカルな問題提起である．

　ヨーロッパで哲学，神学，歴史学を修め，1950年代はアメリカで過ごし，ニューヨークではカトリックの助任司祭としてラテンアメリカ系住民と接触する．その後，米領プエルトリコのカトリック大学の副学長となるが，ラテンア

---

(1) 2006年1月のインタビューは計5回（10日〜13日，16日）．1回の所要時間は90分〜2時間程度．言語は英語．各回の大まかなテーマは次のとおり．「イリイチに出会う前のこと」「宗教について」「イリイチの著作について」「教育・大学について」「言語とテキストについて」．
(2) イリイチについては，専門家による膨大な研究成果がある．筆者はイリイチ研究者ではなく，本章で紹介することはイリイチの友人であり，弟子でもあるエステバのイリイチ観や解釈を，筆者の解釈と翻訳というフィルターを通じて記載したものである．筆者自身，既存文献のいくつかには目を通しているが，本章の内容と既存のイリイチ研究書の解釈との整合性は担保されていない可能性がある．
(3) イリイチのカタカナ表記には，イバン・イリイチ，イヴァン・イリッチなどもあるが，本書ではイヴァン・イリイチで統一する．

写真6—1 イヴァン・イリイチ (1926-2002)

(出所) http://www.fujiwara-shoten.co.jp/authors/ivanillich/ (2019年9月14日)

メリカ諸国に派遣される聖職者の育成訓練を行なうカトリック大学のミッションそのものに疑問を感じた彼はメキシコに渡る．彼が疑問を感じたそのミッションとは，1959年のキューバ革命に危機感を募らせたローマ法王の命により，カナダ，アメリカの司祭・修道女の10％を，世界の信者の半数がいるラテンアメリカに派遣し，アメリカをモデルとした近代化を促進すること（「進歩のための同盟」）により，共産主義化（≒無宗教化）を抑制する（山本，1990: 6）というものであった．イリイチはメキシコに渡り，モレロス州の州都であるクエルナバカ市に，1961年にCIF（異文化形成センター）を設立し，後にCIDOC（異文化資料センター）として改組する．CIFは，「北米宣教師の南米派遣を中米メヒコでくいとめる目的」（山本，1990: 6-7）で設立された[4]．以降，20世紀後半における同時代の批評家・知識人として，活発な活動を世界的に展開するが，その彼を世に送り出したのがCIDOCであり，このメキシコ時代（CIDOCは1976年に閉鎖）に，脱学校化，コンヴィヴィアリティ（後述），病院

（4）南米に派遣される聖職者をCIFで訓練することを「口実」に，南米行きを思いとどまらせた．

と医療制度批判など，前期イリイチの主要概念が生み出されたのである．

2.2 イリイチ思想のキー概念

　稀少性という市場価値が社会を支配する現代は「歴史的にみて特殊」であることを，イリイチに気付かせたのは，『大転換』を著し，「社会に埋め込まれた経済」「二重運動」論を展開した経済学者カール・ポランニーであった（イリイチ，1999: 122-123; Cayley, 1992=2005: 46）．イリイチ自身は，地域主義や内発的発展論の生みの親の1人である経済学者，玉野井芳郎を師として仰ぎ，自らを「弟子の1人」だと語っていた（イリイチ，1986）．10冊の単著（日本向けの企画編集物数編と末期の対談集2冊を除く）と4冊の共著に残された膨大なイリイチ思想の全体像や体系を説明することは本章の目的および筆者の能力を超えるものである．ここでは，山中（1981）と山本（1987, 1990）を参考に，エステバとの交流および本書の他章の内容に関係すると思われる主要著書と5つのキー概念（「脱学校化」「コンヴィヴィアリティ」「ヴァナキュラー」「ジェンダー」「文字（テクスト）」）について簡潔に説明する．

　イリイチの最初の著書である『オルターナティヴス』（Illich, 1971a=1985）において，早くも，「カトリック教会」「学校」「途上国への技術援助」といった既存の制度に対するラディカルな疑念が提示される．続けて刊行された『脱学校の社会』（Illich, 1971b=1977）にはおいては，「制度としての学校」が，「学ぶこと」「教えること」というサービスを独占的に提供することにより，本来，自律的な行為であったはずの「学び」が「制度化された価値」へと転換されてしまうと述べた．同書において，筆者の目を引いたのは，「近代化された貧困とは，状況に影響を与える力の欠如と，個人としての潜在的能力の喪失とを統合したものである．貧困の近代化は世界的な現象であり，現在人々の潜在的能力を未開発のままにしておく根本的な原因になっている．もちろん，富裕な国と貧困な国とでは，そのあらわれる姿は異なっている」（Illich, 1971b=1977: 17, 傍点筆者）というくだりである．今日の開発学における大きな潮流となったアマルティア・センの潜在能力アプローチやジョン・フリードマンのエンパワーメント概念が世に出るはるか以前の問題提起である．ただし，イリイチの場合，この「近代化された貧困」の元凶の1つが学校という制度になる訳である．

日本語で，自立共生，自律協働，共愉性などに訳されるコンヴィヴィアリティ（conviviality）は，イリイチ思想の基底概念である[5]．「21世紀は共生の時代」といわれるが，イリイチのコンヴィヴィアリティ概念は共生哲学の源流の1つである．『コンヴィヴィアリティのための道具』（Illich, 1973=1989）において，制度としての学校や医療[6]に象徴される現代産業化社会に対するオルタナティヴとして，コンヴィヴィアルな社会像を提示し，そこでは産業的，経済的な価値を至上のものとはせず，産業社会において失われてしまった「人々のあいだの自律的で創造的な相互扶助を失わずに発現された個人が，個として他者の自由を犯さない孤立の自由をもって人間固有の倫理価値を尊重」（山中, 1981: 241）することの必要性が説かれる．なお，第1章において，エステバが「テレフォン・システム」と呼ぶ関係性概念を紹介したが，これは，イリイチの「自立共生的な道具」としての電話（Illich, 1973=1989: 41）にヒントを得たものだと思われる．

主要概念の1つであるヴァナキュラー（vernacular）な価値は，風土的・地域固有性（「根をおろすこと」（山本, 1990: 332））という意味を持つ単語であるが，この概念が提示されたのは『シャドウ・ワーク』（Illich, 1981=1982, 2005）においてであった．すなわち，貨幣的価値に換算されず，市場での売買に馴染まない家事・育児などの労働は，本来，家族や地域社会にとってヴァナキュラーなものであったが，産業社会において，陰の労働と化してしまう，というものである．制度化された男女間の分業や主婦概念は，実は，近代化の産物であるという立場である[7]．このヴァナキュラー概念は，ナショナリズムやエスノセントリズムとは全く別の次元での問題提起であることに留意しなくてはならない（山本, 1990: 332）．

（5）エステバによれば，類似の単語「サブシステンス」は語源的に問題があるという．歴史的にみれば，異なった言語の異なった文脈のなかで，様々な意味として使われてきたが，この100年のあいだに「生存するに必要な最低限のレベル」の生活というリアリティを示す意味になった．スペイン語でサブシステンスな農業といえば，よい生活のためでなく，サバイバルのため，生きるためだけの農業という意味を持つという（2006年1月16日）．

（6）Illich（1976=1984）等で展開された現代社会における専門サービスの特権的提供者としての「専門家」に対する批判は，後のエステバらの「脱プロ知識人」「生まれ変わった知識人」像に大きな影響を与えたことは容易に想像できる．

（7）第5章を参照せよ．

続く『ジェンダー』(Illich, 1982=1984, 2005) では，生物学的・身体的な性差があって今日の男女間の性別に基づく社会的分業と支配・従属関係が形成されたのはなく，もともと，ジェンダーおよびそれに基づく男女間の役割分担は，ヴァナキュラーなものとして存在していたが，近代化の過程のなかで，ヴァナキュラーなジェンダーが破壊され，セクシズムに満ちたジェンダーのない体制が確立される．性別のない中性化されたホモ・エコノミクス（経済人）という人間像が強調される一方，賃労働（男性）と「陰の労働」（女性）という分業の制度化という実態が発達するという．

最後に，メキシコの先住民族の言語の問題にも関係する文字（テクスト）批判としては，『ABC─民衆の知性のアルファベット化』(Illich and Sanders, 1988=1991) において，文字発明以前の多様な民衆の文化や知性はアルファベットという記録装置の登場により，人為的・社会的なテクストによって制限されるようになったとしている．

イリイチと同時代の知識人として，何かと引き合いに出されるパウロ・フレイレ（第3章参照）が，開発学の分野における住民参加型ワークショップやエンパワーメント概念の隆盛に伴い，21世紀に入り，再評価されつつある．一方，イリイチについては，『シャドウワーク』『ジェンダー』発表後の1980年代のイリイチ・ブーム[8]は，遠い昔の記憶となり，今日では語られることも，引用されることもめっきりと少なくなった感がある．はたしてイリイチは，冷戦期における「同時代」の急進的・反体制的な思想家にすぎなかったのであろうか[9]．

2.3 メキシコでのイリイチ評価

1970～80年代，日本を含む各国でイリイチ言説が一世を風靡した時代があったことは事実である．しかし，彼の活動の拠点の1つであり，30年以上居住したメキシコにおける評価は芳しくなかった．エステバはその理由として，1970年代初頭のエチェベリア政権が展開した開発ポピュリズムやエリート達

---

(8) 原著の出版時期にかかわらず，訳書や解説書の大半が1980年代に刊行されている．
(9) 必ずしも明示的ではないにせよ，この問いに対する答えは，本書の各章に散りばめられているはずだと筆者は考える．

によって語られてきたナショナリズム,「革命の正当な継承者＝政府」観などの言説が支配的な知的風土をなしていたこと，イリイチらにまつわる「赤」「左翼」「反体制の神父」的なイメージが流布され，議論や批判の対象となる機会すら奪われていたこと，結果的にエリート達が語る「幻想」と人々が期待する「夢」がシンクロナイズされてしまったこと，をあげている．また，イリイチの産業社会批判は，先進工業国に向けられたものであり，当時のメキシコはまだその域に達していないといった誤解もあった（Robert, 2000: 13-14）．トルーマン・ドクトリン以来50年にわたる開発（国家）の時代のメキシコにおいて，イリイチ思想は見事に無視されたのである．

　しかし，現代において，開発の時代の限界と終焉は，エリートではなく，周辺化された人々から告げられたとエステバは理解している．その代表的な例はサパティスタである．40年近く前，「開発の時代」の最中に，イリイチが提示したラディカルな問題提起は，21世紀の今日，奇しくも，イリイチを読んだことすらない草の根の人々の行動によって，確認されつつあるという訳である（Robert, 2000）と，エステバは語っている[10]．結果的にイリイチは，今日，新しい社会運動と呼ばれる草の根からの社会変革運動を予知していたことになるし，それが，構造調整，NAFTAを通じたアメリカへの経済統合を経た現代メキシコの文脈における市民社会論として可視化されつつあり，この意味において，21世紀の最初の10年はイリイチのディケード（la década de Illich）とも呼べる様相を呈しているとする（Robert, 2000: 18）．

　イリイチの読者で彼の思想を支持する者でさえ，彼には，現実世界とのつながりが弱く，具体的な実践のための理論が欠けていると理解する向きがみられるが，エステバによれば，それは「大きな革命」の物語を前提にしているからであって，実際にはそんなことは起こりえないとする．むしろ，日々の草の根レベルにおけるオルタナティヴ実践こそが，現実的な選択肢であり，その意味でイリイチは現実主義者だったとエステバは理解する（Robert, 2000: 24）．

---

(10) エステバはイリイチとサパティスタについて話し合ったことがある．イリイチは，当初 EZLN に対して好意的であったが，ある点では疑義を持っていたし，彼らの成功に驚いていたという．基本的に EZLN は，古典的なマルクス・レーニン主義のゲリラにすぎないと誤解していた．イリイチの興味をひいたのは，パワーの関係，そして主たる武器となった「言葉」の認識についてであり，運動のスタイルとアプローチに関心があったという（2006年1月12日）．

3 エステバの「語り」におけるイリイチとオアハカでの実践

3.1 知識人の対話・省察・実践

　メキシコおよびラテンアメリカを代表する知識人の1人で，オアハカにおいてNGOネットワーキングや異文化間の対話を促進する草の根活動家でもあるグスタボ・エステバの遍歴と思想については第1章でみたとおりである．エステバのポスト開発思想を形成した要素を，筆者なりにあげるとすれば，①基底としての自身の境遇，②イリイチとの対話，③サパティスタの3つではないかと考えられる．「イリイチのことを最も理解するメキシコ人」(Robert, 2000: 13) であるエステバのポスト開発論とイリイチ思想には共通する点が多い．エステバは，友人であり，ちょうど10歳年上のイリイチとの対話を通じて自身の考えを省察し，実践の方向性を形づくってきた．国際的な思想家であったイリイチに対し，メキシコ人であるエステバはメキシコの文脈に基づいて，「実践」を重視する．思想家イリイチと活動家志向のエステバという2人の「知識人」の出会いから，その後のエステバとその仲間によるローカルNGOネットワークの形成とそこにおける実践への展開の流れを考察し，社会運動という公共空間の形成（曽良中ほか，2004）における知識人の対話が有する意味と可能性について考えてみたい．

3.2 活字を通じた最初の出会い

　1960年代後半から1976年まで，エステバは大衆消費物資供給公社（CONASUPO）などの政府高官として，農民支援や食糧政策の企画立案の最前線にいた．その一方で，1950年代から十数年ににわたり独学で修めてきた社会科学や哲学の理論研究の論文を発表したり，大学の経済学部で講義をする等，実務・学究の両面で，国内有数の存在となっていた．研究面ではマルクスの疎外論に没頭していた．1970年代後半からは官職を辞し，在野の知識人としてNGO活動に従事する．しかし1980年代初頭まで，エステバはイリイチと面識はなかった．

　初めて，イヴァン・イリイチの名前を目にしたのは，1971年に新聞に掲載

された論文で，彼の思考のエッセンスに関する短いものだったという[11]．当時のイリイチは，1960年代に発表した論文をまとめた処女作『オルターナティヴス』(Illich, 1971a=1985)を出版した頃であるから，イリイチとの出会いはリアルタイムではあった．エステバにとって，その内容は印象的[12]で，その後，講演で言及したり，論文で引用をしたこともあった．しかし，当時，社会主義者であったエステバは，社会主義を実現すれば，教育なり，経済なりの問題は解決すると愚直に信じていた．つまり，問題は開発（≒近代化）を推進する体制にあり，開発という概念自体に対する疑念，ポスト開発という発想はなかったという．したがって，「1970年代，イヴァンとは，例の論文を読んだ以外に何のつながりもなかった．私の考えはそうだった．イヴァンに会う機会もなかったし，その後，さらに他の著書を読み進めることもしなかった」（エステバ，インタビュー，2006年1月11日）ということになった．

3.3 セミナーでの出会いと交流の始まり

エステバがイリイチに初めて会ったのは1983年であった．当時，エステバはNGOの仕事のかたわら，『エル・ディア（*El Día*)』という新聞の編集を週1日程度のパートタイムの仕事としていた．それは，友人や自分の主義主張を活字にできる機会だった．また，メキシコ社会計画協会の理事長として，開発政策に対する主要な論客の1人となっていた．1983年に，知人の社会学者ロドルフォ・スタベンハーゲンの勧めで，ドイツ人のヴォルフガング・ザックス[13]とともにメキシコ大学院大学（El Colegio de México）で開催されたイリイチが主催する「社会的構成物としてのエネルギー」に関するセミナーに参加する機会を得た．エステバは，そこでメキシコの農民問題に関する報告を行なった．初めてイリイチ本人に会い，すぐに意気投合し，長時間の会話をした[14]．

---

(11) Robert (2000) における対談では，初めてイリイチの論文を読んだのは1970年だと述べている．
(12) 「その記事は，社会そのものに対する批判で，資本主義社会も，社会主義社会の両方を批判していた．経済社会に対する批判だったんだ．マルクス主義者の私は近視眼的にこれらの批評は資本主義に対する批判だと思っていた．悪いのは資本主義だと．イヴァンはもっと普遍的に経済社会そのものを批判していることを見抜いていなかった」（2006年1月11日）．
(13) ザックス（Wolfgang Sachs, 1946-）は，ドイツの環境問題・文明批評家．邦訳された編著書に『地球文明の未来学』『自動車への愛』『脱「開発」の時代』がある．

3 エステバの「語り」におけるイリイチとオアハカでの実践

イリイチに惹きつけられたのは，彼の主張に，エステバがそれまでの実務経験で感じてきたこととの符合が次々に見出されからであった（Robert, 2000: 19）．

> 「セミナーの晩，イヴァンは友人と私を自宅に招いてくれた．あの時，イヴァンの考えは圧倒的に魅力的だった．彼の本を読み，夢中になった．これが草の根における経験の根拠だったと，読み始めてから直感した．（中略）コンヴィヴィアリティは「活き活きとした」というような意味だが，開発に関する明快な説明を私にもたらした．1～2週間後，私は再び彼の家を訪ね，自分の本を渡した．彼の個人図書館の蔵書に加えてくれたことは，とても名誉なことだった．」（エステバ，インタビュー，2006年1月11日）

「闇夜を照らす光のようだったと形容しよう．すべてが闇に包まれていたとき，誰かがすべてを照らしてくれたようだった．それは，一種の幻覚であり，啓示でもあった」（2006年1月10日）とエステバが回想するイリイチのセミナーは，左翼的リアリズムを前提として展開されていたエステバの開発観を打ち砕いたのである．セミナーは，この100年間でエネルギーやそれに関する制度が言葉（言説）として，社会的にいかに構築されたのかという内容であった[15]．それまでエステバは，「開発」「職業」「貧困」という概念を，アプリオリのカテゴリー／フレームとして，そこにおけるリアリティを分析・考察してきたが，イリイチはその「カテゴリー」「フレーム」の設定自体が，人々をリアリティから遠ざけるというラディカルな批判をした．

自然とイリイチの書斎に出入りするようになるが，それはエステバ自身の意思であった．イリイチは，メキシコ以外にドイツやアメリカ（ペンシルバニア州立大学）を活動の拠点として，講義やセミナーを行なっていた．イリイチは，エステバをペンシルバニア，ドイツの会議にも招き，エステバはイリイチを通じて世界中のラディカルな思想家，実践者，研究者と知己を得ることができ

---

(14) 一連のインタビューでエステバはイリイチに最初に会ったのは1983年のセミナーだと再三発言している一方で，Esteva（1985=1991: 307）において，1982年当時イリイチの許に出入りしていた，と述べている．しかし，Robert（2000）では，1983年と発言している．いずれにせよ，イリイチと直接の知己を得たのは1982～83年頃だということになる．

(15) Illich（1974=1979）を参照せよ．

た[16]．エステバはすでに有数の論客ではあったが，彼の学問は独学であり，会社員，政府官僚，NGO代表と，実務畑出身であったことから，心のなかでは絶えず劣等感と自分の問題意識に対する自信のなさと格闘していたという．メキシコ国内では別として，国際的に名の知れた同時代の思想家と親密な友人になったこと自体がレジテメシーであり，その人物から認められるということは，自分の学問は間違ってはいない，という大きな自信となった（2006年1月10日）．

当時，すでにCIDOCは閉鎖され，イリイチはアメリカやヨーロッパで精力的に仕事をしていた．「もし，イヴァンがずっとメキシコに留まって活動していたとしたら，私は彼との交流を続けたか分からない．1980年代，私達は別々なところでも仕事をしていた．（中略）彼は家を3軒持っていたが，どの家でも深いホスピタリティを持って歓待してくれた」（2006年1月10日）というように，基本的に国内畑のエステバにとって，国際的知識人イリイチは，知的な部分だけでなく，物理空間的な部分（活動範囲・交友関係）でも，視野を広げる契機となったのである．

3.4 開発観のラディカルな転向

イリイチに出会ってからの3年間は，エステバにとって，自己の開発批判の確立に集中する時期となった．それまでの10数年間，特に最初の著書（1980年刊行）の原稿を何度もリライトした10年間，「開発」にかかわり，みつめてきて，「何かが間違っている」と思いつつも，依然としてはっきりとしない部分があった．また，エステバも活字メディアを通じてメキシコ国内では決して知名度が高くなかったイリイチを紹介することに尽力し[17]，論文集の前文を書いたり，後には，『ジェンダー』のスペイン語の監訳もした．イリイチはエステバに教師として振舞うのではなく，対話の相手として接した．決して質問に答えることはせず，常に，自分で考えることを要求したという．

---

(16) イリイチ経由で玉野井芳郎の考えに触れ，坂本義和，C・ダグラス・ラミスの各氏との交流もあったという．
(17) メキシコでの知名度に関しては，エステバが編集長をしていた新聞の読者の反応で多かったのは，「彼は今も生きている人物なのか」「どこに住んでいるのか」であったという．

3 エステバの「語り」におけるイリイチとオアハカでの実践

「私は，いつもイヴァンに具体的な質問を投げかけていた．イヴァンは決して直接的な答えはくれなかった．ある時は自分の本を読むように勧め，ある時は話をしながら思考の経路について説明してくれた．彼は，自分の問題意識を確信してはいたが，自分のフォローワーは望んではいなかった．自律した思考者であることを要求した．答えやレシピをくれなかった．自分自身の意見をつくることを期待した．重要な情報を提供してくれはしたが，イヴァンの考えではなく，自分自身で考えることを望んだ．彼が教えたのは，（彼の学理ではなく）各自が自分の学理に到達することについてだった．（中略）彼の本のなかにも確かにレシピはある．でも，それは「こうしなくてはならない」というものではない．」（エステバ，インタビュー，2006年1月10日）

エステバが，「経済そのものを批判するのではなく，依然として理論を批判していた．経済は所与のものとして捉えていた．人間や社会の本性により，経済は悪くなるが，それも私達の存在の証の1つだと考えていた．私は，経済を1つの変数として理解していた」（2006年1月10日）と述べるように，彼が1970年代を通じて追求してきたことは，開発を改良するための「体制」「理論」であった．イリイチのヴァナキュラー，コンヴィヴィアリティという概念は，元来，現場志向であったエステバにとって目から鱗が落ちるようなものだった．そして，1980年代末になると，開発を進めることを所与とする経済社会という概念そのものに対する批判を展開するようになる．第1章でみた脱開発・ポスト開発論への転向である．すでにみたエステバの「ポスト開発論」は，自身のサポテコ人としてのアイデンティティや企業・官庁における経験を土台に，イリイチとの対話と並行させながら発展させたものである．エステバ自身，「これはイヴァンの影響ではない．私の領分だ」（2006年1月10日）と明言するように，イリイチの思想をそのまま採り入れたものではないのである．

イリイチから，「もし開発という言葉に代わる言葉を1語あげなくてはならないとすれば，君は何をあげるか」と尋ねられたことがあった．1980年代後半のことである．エステバは，すぐさま頭に浮かんだ「ホスピタリティ」という言葉をあげた．従来，開発とはユニバーサルで画一化された「よい生活」を提供するという意味を包含していたが，単独のスタンダードがあるわけではなく，国や地域による違いに対して「寛容」でなくてはならないと考えたからで

ある．やがて，プエルトリコやペンシルバニア，その他の場所での，沢山のグループや人々の勉強会へと発展した．最終的に，その仕事の成果は『脱「開発」の時代』(Sachs, ed., 1992=1996) として出版された．

3.5 人にとって信条とは何なのか

イリイチとの交流や共同作業により進むべき道をみつけたエステバだが，それと引き換えに再び自身のなかで問題を抱えることになった．それは信条である．エステバにとって，ポスト開発論者への転向はマルクス主義者であり続けることを許容するものではなかった．若かりし頃，カトリック信仰と決別した彼にとって，マルクス主義は宗教に代わる存在であった．さらに，エステバは，イリイチとの交流から，それ以外の既存の社会科学にも疑義を持つようになるのである．そこで，「私の思考のプリンシプルはいったい何なのか．」(2006年1月12日) という疑問に直面した．

> 「1980年代，私がイヴァンと逢ってから，私は祖母のことについて考え始めていた．(サポテコ人の) 祖母の思い出は，私にとっての「草の根」の記憶を呼び起こさせるものだ．周囲の人々 (先住民を念頭) に対する親近感は，私を，もはや西洋思想の支持者であることを止めさせた．(中略) もし，私が西洋の信条と定理を持たず，その支持者達も信じないとすれば，私の信条は何なのか．私の思考の土台は何なのか．(中略) それまで，私は，すべての人々は1つの中心的なシステムに属するという考えを前提としていた．カトリック，マルクスについても同様だった．そのことが西洋的なものの考え方であり，それを私は排除した．(中略) もし，自分が，カトリックでも，仏教徒でも，サポテコ人でもない[18]とすれば，私の思考の基礎は何なのか．」(エステバ，インタビュー，2006年1月12日)

エステバはここに，自分とイリイチとの違いをみる．なぜならば，イリイチはたとえバチカンから絶縁されても，基本的にキリスト教の信条の上に立脚する神学者だったからである．エステバはイリイチに，「(神学を) 追求して面白

---

(18) 母方のサポテコの血に深い親しみを感じつつ，自分自身は西洋人として育ったと認識している (2006年1月16日)．

いのか」と尋ねたことがあった．イリイチは「一番，興味深いことだ」と言い，ラディカル・オーソドキシーに関するものを含む3冊の本を読むように勧めてくれた[19]．エステバは，ラディカル・オーソドキシーについて，横断的に異なるスクールを扱った基本的に西洋哲学に関する優れた考察であるとしながらも，「優れた哲学者の基本はみな，キリスト教の恩恵の一部として理解できる」と解釈し，最終的には同意できなかったという（2006年1月11日）．イリイチは，キリスト教の信条を捨てて教会を批判したのではなく，体制・システムとしてのそれを批判した．イリイチが最後の著書（Carley, 2005=2006）のなかで，根源的な信条と神学的な教義と批判的分析としての仕事とのつながりについて述べた部分には賛成することはできないという[20]．

制度的な宗教（カトリック），非制度的な宗教（彼にとってのマルクス主義）を捨て，サポテコ人の血を引きつつも，彼らのプリンシプルも信条も持ち合わせていないエステバにとって，信条の問題は思考プロセスにおける迷宮であり，そのことがインスピレーションであるという（2006年1月12日）．

3.6　先住民族とジェンダー

イリイチの後期の仕事に『ジェンダー』（Illich, 1982=1984, 2005）がある[21]．1970年代，エステバは進歩的なフェミニズムと同じ立場から，先住民のコミュニティのなかの女性の役割を問題視していたという（2006年1月13日）．男女の同権と平等の観点から，コミュニティの後進性を問題としていたのである．抑圧と搾取の対象という女性像である．エステバがイリイチと出会った頃は，ちょうど，英語圏で『ジェンダー』が刊行された直後だった．

「1980年代初頭，ジェンダー（社会的性差）の問題は私にとってブラックホール

---

(19) エステバは，カトリックとのつながりを再び取り戻せるという期待も込められていたと理解している．
(20) イリイチは常に自分が西洋的な人間だということを自覚し，西洋思想が外側からどのようにみえるのかを知りたがっていたという（2006年1月12日）．
(21) 男女の社会的性差を意味するこの単語は，今日では，広く市民権を得た概念となった感があるが，1980年代初頭の状況は大きく異なり，名詞の前に置く冠詞としてのみ理解されていた．イリイチのジェンダー論には賛否両論があるが，この単語の普及にはイリイチの貢献が大である（Cayrey, 2005=2006: 386）．

のようなものだった．理解できなかったし，考えもしなかった．イヴァンに出会ってから，『ジェンダー』を読んだ．それは，私にとっては，ジェンダー関する本というよりは，壮大な経済学書として映った．冒頭の一文を読んだその瞬間から，それは私の心に刻まれた．」(エステバ，インタビュー，2006年1月13日)

この冒頭部というのは「第1章 セクシズムと経済成長」のことを指すが，ここでイリイチは，通常，資本主義への移行と呼ばれることを，ヴァナキュラーなジェンダーの時代から稀少性原理の経済に基づくセックスの体制への移行と定義した．エステバは，『ジェンダー』において記述されたこと，すなわち，女性が置かれた状況とジェンダー関係の変化は，近代社会における最も重要な人類学的変化であると確信し，同書のスペイン語訳を引き受けた．難解で知られるイリイチの原文の持つニュアンスを的確に翻訳に反映することは非常に難しかったという．翻訳作業は，英語が堪能なプロの女性翻訳家がドラフトの訳文を用意し，1語1語2人で議論しながら進められた．つまり，翻訳作業を通じて，内容を真剣かつ徹底的に勉強することになったのである．

このプロセスのなかで，エステバは自分が最もよく知るメキシコの村々のコミュニティについて熟考した．イリイチは，近代化により基本的にジェンダーは破壊されてしまい，後戻りはできないとしたが，メキシコにおいても，近代化された都会においてはイリイチの指摘どおりかもしれないが，先住民族の村々では，ジェンダーはまだ生きているはずだと考えた．1970年代に自分が後進的とみなしたものを，ヴァナキュラーでコンヴィヴィアルなものの要素として，今一度，積極的に捉えようという転換である．

「（ジェンダーは）イヴァンがリアリティに光を当てた完璧な例だ．以前，私にはみえなかった多くのことがみえるようになった．私にとっての闇とは，自分側の世界はみえていたが，（相手側の）リアリティがみえていなかったということだと思う．（中略）イヴァンは（先住民族の村ではジェンダーは生きているという）私の見解に何か疑いを持っていたと思う．村々でのジェンダーに関する経験やみたこと彼に話したことがあったが，よく分からなかったようだ．彼はもはや村でもジェンダーは存在していないはずだ，と考えていたのかもしれない．」(エステバ，インタビュー，2006年1月13日)

エステバの今日のジェンダーに関する問題意識は，メキシコの農村の女性達が，古典的な家父長制と近代的な性分業による二重の抑圧にさらされているという立場である．先住民族の女性達は，男女平等の追及ではなく「ジェンダーの再生産」というアプローチで，それに対抗しようとしているという．1996年，サパティスタがメキシコ国内から招いた人々と議論をする場を設けた際，メキシコ市からフェミニズムの専門家らも参加した．彼女達は専門家であり，たちどころにセッションの主導権を握り，ドキュメントや結論をつくり上げたという．2日後，先住民族の女性グループが彼女らのところへ出向き，こう告げた．「あなた方は議論を続けてもいいが，それは私達が抱える問題には全く関係ない．私達は議論をする別の場所に行きます」．エステバは，サパティスタ運動は，女性が「女性の問題」にだけでなく，運動そのものにおいて，中心的役割を占める最初の社会運動だとみる[22]．伝統を擁護する立場にありながら，ラディカルな多元主義にとっては，あらゆる種類のジェンダーに対して寛容であるべきだと主張する．

> 「村を長年にわたりみてきているが，そこでの男と女の区別は，我々が馴染んでいるセクシスト社会における「男」「女」「ホモセクシャル」のような明確なものではない．アブノーマルな関係，これは男同士，女同士の何らかの関係を意味するのだが，そうしたものは特異なものとして捉えられていない．愛し合う2人の男同士，女同士が一緒に暮らすことが，とんでもないこと，アブノーマル，あるいは恥だという感覚はない．異性間，同性間の関係はかくあるべきだとする現代社会のリジッドな性の捉え方を解放できればと思う．」（エステバ，インタビュー，2006年1月13日）[23]

3.7 制度としての教育と脱制度化された「学び」

現在のエステバの実践で最も大きなウェイトが置かれているのは，自由な「学び」にかかわるものである．その中核は，第4章でも触れた大地の大学

---

[22] EZLNの3割は貧しい農村出身の女性兵士であり，公的な場での発言も行なう彼女らの存在は新たな先住民フェミニズムのパイオニアであるとみる向きもある（北條，2006: 44-45）．
[23] エステバ自身は2度結婚した．ゲリラ時代に出会った現在のパートナーは，フランス出身（幼少時にメキシコに移住）のエコノミストであり，現在はエステバとともに村に住み，もっぱらオルタナティヴな建築や自給のための農業活動に従事している．

(2001年3月に開設手続き）である．

それに先立つ1960年代，エステバはいわゆる「オルタナティヴな教育」の実践者であった．教師をしていた最初の妻とともに，長女が就学年齢になったとき，当時の学習法に疑問を持ち，オルタナティヴな教育実践の場としての学校を1962年に設立したのである．当時の筆記体とブロック体の文字の読み書きのキャンペーンに携わった夫妻は，公の学校に疑問を持ち始めていた．そこで，フランスの教育者フレネ[24]が小学生向けに開発した教育システムを採用したフレネ学院（Institut de Freinet）をつくった．フレネによれば，子供の好奇心やインスピレーションを尊重し，彼らの質問に応じ，クラスは子供の興味を中心に構築する必要があるという．そこでは，フレネのメソッドにのっとり，子供は印刷機を使って，読み書きとブロック体の文字を学ぶ．子供は最初に読む単語を自分で印刷をする．閉じられた教室やカリキュラムの代わりに，校庭で勉強することもできる．このほかにも，モンテッソーリ教育[25]，シュタイナー教育など，オルタナティヴな教育が注目を集めていた時代であった．基本的に教師のいない学校で，子供達は完全な自由の下で学ぶという考えを提唱したイギリスのA.S.ニイルの『サマーヒル』（Neil, 1960=1971）も当時有名だった．

「学校では知識の移植の計画が課されることにより，子供に対する一種の無関心を生み出す．そこでは，何が悪いのか，彼らの将来に何が必要なのか，大人が理解していることが前提となっている．でも実際20年後に，何が必要となるのかは誰にも分からない．私にとって最も重要だと考えられる点は，子供達のより自由な状況での学びを発見することだった．」（エステバ，インタビュー，2006年1月12日）

エステバ夫妻は，何を学び何を学ばないかについての子供達の意思決定について，フレネのみならず，いくつかのオルタナティヴ教育の要素をミックスし

---

[24] フランス人の教育者セレスタン・フレネ（Célestin Freinet, 1896-1966）は，詰め込み型の学校教育へのオルタナティヴとして，生活に根ざした自由教育の実践を行なった．第2次世界大戦前のヨーロッパでフレネ教育運動が展開された．
[25] イタリア人の医師・教育者・平和運動家のマリア・モンテッソーリ（Maria Montessori, 1879-1952）が開発した自由教育．筆者は，フレネ教育とモンテッソーリ教育の関連について論じる知見を持たないが，ここではエステバの発言をそのまま記載している．

た学校を開校し，娘が進級するたびに学年を追加して拡充していったのである．私立学校として，文部省にも認定されていた．児童は25人程度の小規模な学校だった．しかし，娘が初等教育を終えるとき，学校の質が問題なのではなく，学校そのものが問題だと結論付け，1972年に閉校した（2006年1月12日）．当時のエステバにとっての主要な論点は，「教育」は悪くないが，教育の「システム」に問題があるということだった．教育のシステムが不可避的に内包する官僚制であると．

この問題意識は，後にイリイチと出会った後も，しばらく続いた．しかし，1980年代末になって，イリイチの脱学校論を共有することになる．つまり，学校という制度にこだわらず学びたいという意欲を持った者が，学びのプロセスを変革すべきだという立場である．この背後には，イリイチの指摘にあるように，学校はもはや「学び」の場所ではなく，近代社会の通行手形である制度的な証明書を発行する機関にすぎなくなってしまったという訳である（Esteva, 2004: 6）．エステバは，教育分野においては，自分はイリイチの弟子だと自覚する．そして，その実践の場として大地の大学を構想するのである．

大地の大学の構想については，以前からイリイチと議論をしていたが，ドイツで闘病生活を送っていた最晩年のイリイチに，エステバは大地の大学の具体的な構想を手紙で相談していた．しかし，イリイチからの返事は，「大学の構想は成功するだろう．でも，どうして君はそんなことにかかわりたいのか．それは依然として「学校」なのか」という懐疑的なものだった（2006年1月13日）．エステバの案は，現行の大地の大学よりも既成の大学のイメージに近いものだったようだが，このイリイチの最後のアドバイスに後押しされて，再検討を経て，大地の大学は2002年2月に本格的にスタートした．結局，イリイチは大地の大学を訪れることなく，その年の12月2日に亡くなった．

大地の大学のコンセプトは，かつてコミュニティのなかで行なわれてきたヴァナキュラーな生活実践と一体化した「学び」を，皮肉を込めつつ，大学というメタファーでパッケージして提供するというものである．したがって，すでに第4章でみたように，大学という名称を冠しながらも，そこで行なわれる学習活動は，企業への就職やアカデミックな研究のためのものではなく，地元コミュニティの若年メンバーとして貢献するためのものである．昨今の経済社会

状況の影響により，今日，オアハカの男性の約半数は，メキシコシティやアメリカへの出稼ぎを経験するようになり，コミュニティのなかで若者が大人から学ぶことが難しくなってきているという（Esteva, 2004: 11）.

なお，CEDI/大地の大学においても，内外の研究者との研究会やセミナーが行なわれ，その成果は出版物として発行される．このこととエステバやイリイチのシステム批判の議論とに矛盾はないのだろうか．彼は次のように述べる．

「誰がやっても同じ結論が得られるシステマチックで公共的なものとして，研究成果は取り扱われる．主観ではなく，客観的なものとして．私は科学に興味はあるが，今日「科学」と呼ばれている何かには興味はない．今日，「科学」とは，ジャーナルに公表され，国家によってサポートされている．ジャーナルは通常のその分野の専門家に管理され，知の構築を遂行する．国際的なジャーナルに掲載されない限り，出版されない限り，論文は「科学」の一部とみなされない．300年前の科学とはメダル（の鋳造）に関することだった．（中略）今では，自然科学，社会科学のいずれにおいてもメダルは1つではない．20もの異なるメダルが互いに競い，社会全体のメダルなど存在しない．この意味で，私はフォーマルな「科学」には興味がなくなった．（公の科学をすることは）権威を持つことを意味するし，自分を偽らなくてはならない時もある．研究が有する厳しく，かつシステマチックな部分だけに，私は興味がある．」（エステバ，インタビュー，2006年1月16日）

3.8 オーラリティとテクスト文化

イリイチの産業文明批判のエッセンスは，本来，道具であるはずの技術・制度・システムに組み込まれているロジックが1人歩きして，人間を隷属させるということである．その批判の対象には，ABCすなわち，西欧の文字文化の根本であるアルファベットも含まれている（Illicih and Sanders, 1988=1991）[26]．エステバによれば，「彼のテクスト批判に対する立場は他の技術に対するもの

---

[26] 人間の精神の枠組みには3種類あるとする．1つはオーラルな人間のそれであり，モラリティの世界の住人のそれである．2つはテクストに依拠した西欧的なそれであり，アルファベットを基礎につくり上げられた意識である．3つは漢字文化やアラビア文字文化の住人のそれである．12世紀の西欧で始まった「文字（ABC）によって考える精神」は，個の創出であり，記憶の創出であり，後世の資本主義の発達の土壌となったという（2006年1月13日）.

と同じだ．（中略）技術に対するこうした批判的な立場と同様に，アルファベットに対しても，批判的になるべきだ．アルファベットとは，私達の精神のなかに無許可で導入されたものだ．私達は文字によって考える精神を持った」(2006年1月13日）ということになる．「考える」「記憶する」ことは人間特有の能力であり，ABCが現代人の行動規範（コード）にとって，どのようなバイアスになっているのか考えてみる必要がある．文字，とりわけ，アルファベットを使って考え，記憶する行為は今日，地球上の多くの社会で日常的なこととなり，普遍的なアプリオリと理解されがちである．このことについてのイリイチの議論の詳細は紙幅の都合上避け，ここではエステバのメキシコでの経験のエピソードを2つ紹介する．

「イヴァンが気に入っていたエピソードがある．私が友人と一緒に，ある村で農民間の土地紛争の問題について話し合ったことがあった．長老グループがやってきて，17世紀から伝わるスペイン王室の文書をみせてくれた．その文書によって，彼らは（スペインとは）対等な関係でなく従属的な関係に置かれていた訳だ．もはや，17世紀の政治用語であるそのテクストを読むことのできる者はいない．私ですら読めない．だが，「文字によって考える精神」の産物であるこの文書は，村内の人々の生活と関係を規定している．もはや，それはオーラルな伝統や相互理解に基づく合意でもない．たとえ誰も読めなくとも，（当時の）政府から垂直的に課せられたものだ．これは，社会関係が「文字によって考える精神」によって影響され，変容したことを意味する．（中略）記憶[27]というものは，若者のスタンダードとなったABCによる創出物だ．記憶とは凍りついた精神だ．」（エステバ，インタビュー，2006年1月16日）

「イヴァンは，オーラルな人々は死滅していたと考えていた．（中略）ある村から（大地の大学に）来た学生はサポテコ人で，（家では）サポテコ語を話す．彼は毎週のゼミに参加して，私達と一緒に学んでいる．彼は祖父と暮らしていて，祖父は村，コミュニティ，家族の生活の話を彼にしてくれる．（中略）彼は，（大地の大学でのゼミに使用するため）祖父の昔話をノートに記録させてほしいと頼んだ．

---

[27] ここでいう「記憶」とは個人のノスタルジックな想い出ではなく，不特定多数の人間や社会に共有されることが義務付けられた，文字や活字によって記録された情報というニュアンスをもって理解すべきである．

すると，祖父は気が狂ったみたいに大笑いして，「それは本当に馬鹿馬鹿しいことだよ」といった．「今日，私はお前にこの話をした．来月は別のやり方で話をする．私は，お前だからこそ，この話をする．別の人には別の話をするんだよ．お前の記録として残るものは一体何だ．機械（録音機）のなかに入っているものは何なのか」といった．つまり，その（サポテコ人の）学生は ABC を信じ始めていた．それが祖父との違いだ．情報を記録し，蓄積するという発想だ．自分の経験を登録することができる．祖父は依然としてオーラルな世界の住人だった．ストーリーは生きていて，相手との相互交渉次第で変わり得るということを自覚していた．」(エステバ，インタビュー，2006 年 1 月 16 日)

これがイリイチの議論である．ある文明は別の文明に属すことを強いられ，さらには，他の新しいものへの服従していく．オーラリティが ABC に，そして，ABC がコンピューターやインターネットにとって代わられる．ここで注意しなくてはならないのは，技術それ自体の時代と社会へのフィージビリティを問うのではないということである．変わりゆく技術によって，思考や精神のヴァナキュラーで根本的な枠組みが変質することを問題視しているのである．ABC という活字に支配された本の世界には沢山の限界があるが，現在の進行中のサイバーネティックな文明に比べればまだましだと考える[28]．イリイチは，アメリカの学生を例にあげて，若者の精神は改変してしまい，もはや文字によって考える精神すら持たないことを指摘している．道具としてのインターネットではなく，インターネットのもたらす象徴的な予期せぬ破壊的な結末についてである[29]．コンピューターによる文書作成が普及し始めた頃，それを採り入れることは，イリイチにとって重大な決断だった．エステバは次のようなエピソードを話した．

「彼がコンピューターを使うことを決意した時，コンピューターとそれに関するあらゆる本を購入し，1 週間かけて，インストールやらワードパーフェクト（WP）の使い方を勉強した．この道具を個人的に使いこなすために，(素人であ

---

[28] 関連する文献として，Illich (1987=1991) がある．
[29] エステバは，基本的にメール以外にはインターネットを利用しない．インターネットが「テレフォン・システム」として機能する可能性は認めつつも，膨大な情報の波に流されないような賢い使い方が必要だと考えている．

りながら）ソフトウェアのロジックを理解しようとした．彼独自のやり方で WP の作業環境を整えた．ある日，ペンシルバニア州立大学で専門家を招き，WP の講習会を行なった．講師がイヴァンに質問はあるかと尋ねると，彼は自分流の WP の設定について話し始めた．講師は，「それは不可能ではないが，それを自分 1 人で設定できたなら凄いことだ」と驚いた．（中略）これは彼が，コンピューターに対して批判的な距離を保ち，道具に使われるのではなく，本当に道具として使いこなしたことを意味する．」（エステバ，インタビュー，2006 年 1 月 16 日）

大地の大学および CEDI の研究活動として，過去 1 年半（2006 年 1 月時点）にわたり，セミナーが開催されてきた．村からの人々を招待した．オーラル文化を再生し，そうした人々の能力（世界，宇宙，自然に対する洞察と価値）を再評価するための活動である．オーラル文化には，西欧的な「個人」(individuals) は存在せず，社会に埋め込まれた「人物」(persons) が存在するという．村で，宗教について尋ねたとすれば 90％ はカトリックだと答えるだろうが，彼らはカトリックと距離を保っているという[30]．

「ローマ法王は，彼らはカトリック教徒ではなく，教会によって認められていない悪い行ないをしていると宣告した．カトリック教会にとっての基本的なポイントは個人の救済だ．死んだ時，人は神の許に召される．美しい死の目的に沿って行動しなくてはならない．しかし，多くの先住民族は個人の救済の意味を理解しない．彼らは「個人」でないからだ．彼らは伝統的なコミュニティの成員としての「人物」だ．このような形での存在が劣っているとはいえない．彼らも西洋の衣服を試すことはある．西洋的なものを食べたり飲んだりもするし，制度の一部を取り入れたりもする．（中略）樹木のアナロジーでいえば，服や食べ物などは西洋的な要素として，1,000 枚もの「葉」として身にまとい，「幹」にも西洋的なものを取り込む．だが，「根」はそのままだ．」（エステバ，インタビュー，2006

---

[30] エステバの木のアナロジー，光のアナロジーを紹介する．木の幹は目にみえる．根は目にみえないが，全体を養う要素であり，木はそれなしでは存在できない．根にあるものは，素因（predisposition）であり，その意味は，「重力がある」「地球は丸い」といった前もって考えられた概念（preconceived notion）がある．それは自分の信条の基底となる．素因は理解できること（intelligibility）の地平であり，目にはみえないが，自分のすべての思考プロセスを支持する場所だ．同様に，光があることによって人は事物をみることができるが，光そのものをみることはできない．精神は目にはみえないが，それによって私達は考え，世界を経験する．誰かの精神性をラベリングするのは，他の文化からやってきた者である（2006 年 1 月 11 日）．

年 1 月 16 日）

　エステバは，西洋人として育てられた．「個人」であることを信じてきた彼にとって，個人性を否定し，「人物」[31]となることは，非常に困難なことだった．特に，一旦，「文字によって考える精神」を備えた後，本のテクストに対して批判的な距離を確保することは容易ではない．イリイチ流にいえば，読書を始めた途端，ABC に支配された特殊な思考回路に接続することになる．

> 「私達が追求していることが，非常に難しいことだということは分かっている．このことはクエスション・マークを付けておく．ただ，ABC の世界あるいはサイバーネティックな世界と調和して共存することに対する希望は持っている．」
> （エステバ，インタビュー，2006 年 1 月 16 日）

3.9　晩年のイリイチとの交流

　1990 年代を通じて，年に数回はイリイチとエステバは直接会い，対話や議論をしてきた．イリイチは亡くなる 10 年程前に癌を発病した．一貫して近代医療制度を批判してきた立場から，抗がん剤投薬による治療を選択せず，自分でアヘンを使いながら激痛と闘った．病状が悪化するにつれて，親しい知識人達との親交をさらに大切にした（コーリー，2003: 30）．エステバも，イリイチの人生の最後の 5 年間，セミナーなどの公的活動抜きで，友人として接した．最後にイリイチを訪問したのは 2001 年の 1 月頃だったという（2006 年 1 月 13 日）．イリイチは亡くなる年の年末にメキシコ行きのチケットを予約していた．そこでエステバと，大地の大学のことや以前からイリイチがエステバに執筆を勧めていた経済学に関する著書の内容について，意見交換をするはずだった（2006 年 1 月 12 日）．

　エステバは，イリイチは友人であり，コラボレーターだったと考えている．もちろんある部分において，彼はイリイチの弟子であった．イリイチは貴方の人生において何だったのかという問いに，エステバは次のように答えた．

---

(31) 社会によって形成された自我と人格を伴った人間のことと推察される．「個＝インディビジュアル」とは対極にある人間観．

「(イヴァンがいなくても)私の人生の経路や方向性は変わらなかったと思う.(しかし)あれ程,混乱していたのに,私はなぜ自分の経路を進むことができたのかといえば,イヴァンが私のアイデアに説明を与えてくれた存在だったということだ.私に安心を与え,私がやってきたことに論拠を与えてくれた.(中略)一番重要だったことは,人々の英知を信頼できるようになったことだ.村の人々の話に耳を傾け,ともに生活し,彼らの才能を認めることは,以前から私がやってきたことだが,常に疑問があった.考えてみると,無知というよりは,偏見が私にあったのだと思う.イヴァンと出会ったことにより,彼らを信頼し,彼らの英知をみることができるようになった.イヴァンに出会わずとも,人生の基本的な方向は同じだったかもしれないが,物事のみえ方は違っていたはずだ.(中略)彼は人生の最後に私にこういった.それ(突然の変革)は起きない.それは1つの出来事ではあり得ない.しかし,現実の世界で,数百万の人々が彼ら自身で自分達の生活を変える(ことによって可能となる,と).」(エステバ,インタビュー,2006年1月16日)

4 むすび

以上,イリイチとエステバというメキシコを拠点に活動した2人の知識人の対話をみてきた.対話といっても,もっぱらエステバの側から言及されたイリイチ像,エステバの思考と実践にどう作用したのかについての記述となった[32].イリイチにとって,エステバとの交流がどのような影響をもたらしたかについて確認する術はない.エステバはイリイチのメキシコにおけるアクセプタンスに尽力し,エステバとの交流から得られた先住民族の社会や文化に関する具体事例に関する情報は,著書における言及はなくとも,イリイチの批判思想に論拠としてのフィードバックとなったものと推察される.いずれにせよ,イリイチとの対話・交流を通じた「学び」を経て,エステバというオアハカを拠点としたローカルNGOネットワークのキーパーソンが「形成」されたことは,本章の1つの結論として確認することができよう.この場合,イリイチが直接エステバに作用したのではなく,初めにエステバ自身の経験と学習があり,

---

(32) 山脇(2002: 19)は,グローカルな公共哲学には,理想主義的現実主義(理想→分析→実践)と現実主義的理想主義(現実社会の分析→理想社会実現の検討)があるとする.筆者は,イリイチは前者の立場に近く,エステバは後者の立場に近いと考える.

そこで得られた知見や考え方がイリイチとの出会いにより，①確かなものとして認識されたとともに，②強化・変容されたことを確認したい．その到達点として，大地の大学やCEDIといった「学び」やネットワーク・交流機能に特化したローカルNGOという「実践」があるのである．

ただし，本章および本書の立場は，イリイチの産業社会批判やエステバのポスト開発思想を無批判に受容し，テワンテペック地峡地域における普遍的な価値として存在するとは捉えていない．彼らの主張は多分にユートピア的であるし，西欧近代産業社会と非西欧社会の伝統的コミュニティを極端な形での二項対立として提示する手法に恣意性を感じる向きもあるだろう．たとえば，筆者としても，メキシコの先住民族コミュニティが持つおおらかなジェンダー観を第三世界に普遍的なものとして一般化できるかについては，大いに議論の余地があると考える．公教育の否定も一般性と現実味に欠ける．イリイチ思想は1980年代末にフェミニストらによって徹底的に批判されている[33]．また，エステバやイリイチ，さらにはイザベル（第2章）やヴァンデルホフ（第3章）らが依拠するナイーヴともいえる「伝統認識」の正統性・構築性に対する議論の余地があることも分からない訳ではない．しかし，トゥレーヌが指摘するように，この種のユートピア思想は，新しい社会運動に親和的であり，社会的・文化的変化のインスピレーションとなり，価値が現実に行為者の行為を規定することも忘れてはならない（Touraine, 1978=1983: 32-33, 93）．第1～6章でみた歴史・地理的文脈に規定された個々人の経験に基づく思想・哲学は，第7～8章でみる組織化，ネットワーク化，実際の事業展開におけるインセンティブ，モチベーションであるとともに，行為者（個人・組織）の行動の指向性へのバイアスと考えられる．

もう1つ強調しなくてはならないのは，エステバ1人がオアハカのローカルNGO，ポスト開発社会運動のネットワークの中心ではないということである．これは，第2～3章でみた，イザベルやヴァンデルホフについても同様であり，彼らはサンプル事例にすぎない．また，知識人の理念・思想が先にあって，それが草の根の若者・女性・農民らに上から降りてきたわけでもない．仮説の域

---

[33] イリイチのジェンダー論への批判としては上野（1986）が，包括的な批判としては萩原（1988）がある．

4 むすび

を出ないが，草の根レベルにおける潜在的不満（ニーズ）と模索はもともと存在し，それと知識人らが出会い，実践が生まれるというシナリオを想定することもできる．

エステバによれば，農村や都市スラムで始まった人々のイニシアチブは，インディビジュアルとしての個人や知識人によって開始されたものではなく，常に，社会的土壌の上に形成された社会的，政治的な運動（Robert, 2000: 26）だという．草の根の人々自体を主たる分析の対象とはしていない本書において，このことを検証することはできないし，それは目的ではない．本書でみる「構造」と「草の根」を結び付ける仲介者としての知識人や活動家達が「個人」であろうと，「社会に埋め込まれた存在」であろうと，リアリティに対する一定の距離感とともにヒューメインな視点も保持しつつ，オルタナティヴな実践と社会運動とそこにおけるNGO組織化のプロセスの諸相を抽出し，描き出してみる．このことを念頭に以下の各章を展開したいと思う．

第7章　ローカルNGOと市民社会，そして政府

1　はじめに

　本章では，社会開発，人権問題，有機農業，森林保全などの具体的な問題領域で，今日，オアハカ州で活動するローカルNGOに焦点を当てる．ここでの重要な視点の1つは，政府と市民社会という経済社会の2つの領域のせめぎあいの構図におけるローカルNGOという存在という捉え方である[1]．これらのNGOは，個々の問題領域に限定してみれば，末端におけるサービスや活動の遂行者にすぎないとみる向きもあるだろう．しかし，これらの団体や事象を横断的に捉えることによって，ポスト開発志向の対抗運動としての内発的発展の担い手と位置づけることができると考える．そのためには，単に団体や事例を列記するだけでなく，各団体の設立の背景，契機，展開過程，活動内容といった歴史的な視点が重要である．そこには，内発性のみならず，国家・政府・マクロ経済といった外的要因からの規定的関係に絶えずさらされながらも，都市在住の専門家や学生，コミュニティのリーダーらの自己防衛と自発的意識が作用していると考えることもできよう．以下，4つの節において，ローカルNGO，市民社会，政府の相互関係の諸相を検証する．
　まず，「2　教会系NGOの発達と社会運動」においては，ラテンアメリカ社会において強い影響力を有する「制度」としてのカトリック教会組織が，1960～70年代という時代を意識しつつ，上からの官僚的オリエンテーションで開始した社会開発・貧困対策が，結果として，1990年代以降のネオリベラリズムの時代における対抗運動の主体としてのローカルNGOや専門的サービスを担う人材の育成に寄与したという報告である．1990年代以降，カトリック教

---

[1]　メキシコ全体の市民組織の発展の展開過程については，畑（2004, 2005）が詳しい．

1 はじめに

会組織自体は保守化していたが，現場で仕事をするローカル NGO や専門家（知識人）による自律的・自発的な組織化に，第三世界における市民社会論とローカル NGO の新しい解釈の可能性を見出すことができる．

次に，「3 農村ラジオ局によるアイデンティティ戦略」においては，森林の商業伐採に対する地域住民の反対運動が，その後，地域のヴァナキュラーな文化を再評価しようという若者の文化運動へと変化した事例を紹介する．ローカル NGO によって運営されるコミュニティ放送局というオルタナティヴなメディアの可能性と限界について考察する．

さらに，「4 カタリストとしての農村青年 NGO」においては，地元出身の青年によって結成された 2 つのローカル NGO が，地元や近隣のコミュニティにおける環境保全や農業技術指導などの実践活動を通じて，周囲の大人達に対してポスト開発に向けた意識醸成を働きかけるという事例を報告する．彼らの理想は多分にユートピア的ではあるが，第 2 章でみた 1960〜70 年代の当該地域の社会運動・政治運動の担い手達の息子・娘の世代に当たる現代の活動家らの実践は，当該地域の歴史と地政学的な文脈と併せて考えてみると興味深いものがある．

最後に，「5 政府と NGO の関係の二面性」においては，2 つのローカル NGO の事例における人材と資金の流れから，政府とローカル NGO の関係の二面性を検討する．1990 年代以降，メキシコでは NGO 部門の量的拡大がみられるが，その原因として，補助金や援助による資金的インセンティブおよび政府部門から非政府部門への専門職人材の移動による人的資源インセンティブからなる依存・従属的な要因が存在するのである．オアハカ州のローカル NGO は，国家の政策・インセンティブ，市民社会の関心など様々な要因に規定されながら，社会運動の組織的主体として，同時に政府事業の下請的な団体として存在しているのである．

このように，ローカル NGO の出自や活動内容について様々な角度からの検討を行なうことにより，ポスト開発志向の内発的発展運動の担い手としてのローカル NGO の位置づけを複（多）眼的に理解することができると考える．

2 教会系 NGO の発達と社会運動

2.1 問題の所在

ネオリベラリズム全盛の今日，アダム・スミスの「神のみえざる手」という言葉の意味が再び注目されている．一方，世界各地で市民団体や NGO のグローバリズムへの反対行動が報告されている．しかし，市民社会の反乱を 1990 年代以降に始まった新しい現象と理解するのは正しくない．地域開発の文脈においては，歴史的視点に立ちつつ「市民社会のみえる意志」に注目する必要がある．本節では，今日，ポスト開発志向の社会運動（Esteva, 1998; Esteva, 2001）が展開されているメキシコ南部オアハカ州を舞台に，カトリック教会組織の社会開発への取り組みとその落とし子ともいうべき NGO の活動の検討を通じて，教会という宗教的権威の影響を受けつつも，本来，市民社会のエージェントである NGO の役割（北野，2002b）が時代とともに変化する性質を実証することにより市民社会と NGO の関係について新たな解釈を試みる．関連して，途上国の内発的発展において宗教の果たす役割（西川，2001）についても，新たな視点を提供する．

2.2 方 法

この目的に資するため，まず文献サーベイに基づき，途上国の文脈における市民社会と NGO の概念の整理を行ない，事例検討の仮説的視点を提示する．次に現地での聞き取り調査から得られた情報をもとに，オアハカ州における教会系 NGO 活動と社会開発運動の変遷について述べ，その意義について検討する．

オアハカ州での現地調査は 2002 年 1 月および 8～9 月に実施し，現地の市民運動家，NGO 開発ワーカー等に対する聞き取り調査を行なった．本文中，引用先が明記されていない情報は，すべて聞き取り調査で得られたものである．特に事例に関する情報の大部分は，長年現地で教会系 NGO 活動に従事してきた 2 人の女性活動家からのものである[2]．

2.3 分析的視点と仮説
(1) 南の文脈における市民社会とNGO

　本節の分析的視点は，南の文脈における市民社会である．1990年代以降，地域開発の様々な文脈で，市民社会論が注目を浴びている．しかし，市民社会という言葉に普遍的な定義があるわけではない[3]．ここでは，第1章でみたエステバの現代における市民社会の意味の3類型を再度引用しておく．

　①東欧やラテンアメリカでの独裁的支配体制に対する民衆運動としての市民社会．国家からの自立・対立，民衆組織の自立性が特徴である．

　②現代経済社会システムにおける第3セクターとしての市民社会．政府セクターと市場セクターから独立し，それらを監視・コントロールする社会ネットワーク，市民活動が主たる役割である．

　③グローバリゼーション，ネオリベラリズムへの反応として，地球各地で起きているコミュニティの権利の回復と自治等のための民衆運動や草の根レベルでのイニシアチブとしての市民社会．

　このうち，②は主として先進国の文脈で，③はメキシコを含む途上国の文脈で議論されている概念である．3つに共通するものは，資本や国家の統制とは独立した存在であること，自発的意思（ボランタリズム）に基づく自己組織化であること，市民に対立する何か（独裁政権，政府・企業の腐敗，市場原理主義等）への対抗の意味合いを持つことである．市民社会は，それを取り巻く政治・経済・社会的環境に自発的に反応し，自己組織化や草の根レベルでの活動を開始し，社会の変革を促すものと考えられる．

　ここで強調したいのは，市民社会とは成熟した近代西欧民主主義社会におけるヘーゲル哲学的な意味でのそれだけを指すのではなく，非西欧文化圏の途上国にはその地域ごとの「市民社会」が存在するということである．この考えを以下に述べる南のNGOの分類および変遷に照らしてみれば，NGOの役割のより積極的な解釈，すなわち市民社会の自発的意思に基づき，人々を助け，よ

（2）聞き取り調査は，semi-structured open-ended方式で行ない，通訳（スペイン語⇔英語）を介して行なった．所要時間は1人当たり90分．内容は筆者の責任において日本語に翻訳した．
（3）過去に，ホッブズ，スミス，グラムシ，トクヴィル等の思想家が市民社会の定義をしてきた（小倉，1999）．上記エステバの③の市民社会のイメージはグラムシのそれに近いと思われる．

りよい生活と社会を求めて活動する市民社会のエージェントとしてのNGOの姿が想起されるのである．

(2) 南のNGOの分類

日本では，用語が輸入された時期・経緯により，国際協力に従事する非政府組織はNGO，国内で様々な社会サービスを行なうものをNPOと呼ぶことが多い．これはあくまでも便宜的な区分にすぎず，諸外国のNGO研究では，国内・国際の業務を問わず，非営利・非政府団体の一般的呼称としてNGOを用いる場合が多い．このことはメキシコでも同様であり，本節においてもNGOと呼ぶことにする[4]．

NGOの目的・役割に基づく定義・分類については，PACT（1989），Korten（1990=1995），Clark（1991），Fisher（1993）（以上Suzuki（1998）からの引用），Farrington and Bebbington（1993），Hudock（1999=2002）等，途上国開発の領域においてNGO研究が注目され始めた1990年代に多くの研究がなされた．これらの多種多様な分類に共通するのは，先進国のNGOすなわち北のNGO（Northern NGOs）と途上国のNGOすなわち南のNGO（Southern NGOs）に大別し，前者は国際NGOも含んだ大括りな区分であるのに対し，後者は政府・市民との距離や関係，目的等に応じて詳細な分類がなされていることである．一般に日本では，ODA等政府の活動とのパートナーシップや関係性の文脈で北のNGOが語られることが多いのに対して，海外のNGO研究の主要な論点の1つは，途上国の地域開発の様々なアクターとの関係性の文脈における当該国の市民社会のエージェントとしての南のNGOを取り巻くポリティックス，管理・運営等である．表7—1は，Suzuki（1998: 219-221）をベースに，筆者の解釈を交えて南のNGOの分類を整理したものである．本節が対象とするカトリック教会系の社会開発団体は中間レベルのNGOで，草の根支援組織，ボランタリー組織，仲介型NGO等に相当する．

(3) NGOの世代と役割の変遷

NGOの役割は，初期の緊急支援的なものから，持続可能な開発の支援，新

---

(4) メキシコでは，法人格を得た非営利・非政府団体はA.C.（市民団体法人の意味）と称される．これには同業者団体も含まれており，法人格がA.C.であるからといって，ただちに「市民のための（による）団体」であるとは限らない．

2 教会系 NGO の発達と社会運動

表 7—1 南の NGO の分類

想定される活動範囲	Fisher 1993	Korten 1990	Clark 1991	Hudock 1999
草の根・コミュニティレベル	草の根組織(GROs)：コミュニティ支援を主目的とするローカル組織	民衆組織(POs)：協同組合，水利組合等互恵的・民主的・自立的な当事者組織	草の根開発組織(GDOs)：貧困層の人々自身がメンバーとなって自分達の開発を行なう組織	会員組織型 NGO（地域社会集団）：ある特定の開発課題に対応するために形成された地域的組織
中間レベル〜	草の根支援組織(GRSOs)：GROs を支援する国・地域レベルの組織	ボランタリー組織(Southern VOs)：人々に共通の価値観・社会的使命を有する組織	民衆開発組織(Southern PDAs)：先進国 NGO の途上国でのカウンターパート・仲介組織として草の根レベルでの社会開発や民主化を支援する組織 技術革新団体(Southern TIOs)：特定領域において新たなまたは革新的なアプローチをもって自らのプロジェクトを実施する団体	仲介型 NGO：援助団体からの資金等を会員組織やその他の NGO に提供する仲介者の役割を果たしている組織
〜国家レベル		政府系 NGO（GONGOs）：ODA や補助金の受け皿として政府によってつくられた団体 公共事業請負団体(PSCs)：GONGOs 同様政府に奉仕する団体であるがより市場論理と企業的性格を有する団体	アドボカシー団体・ネットワーク(Southern AGNs)：実際のプロジェクトは行なわないがロビー活動と教育活動に専念する団体 公共事業請負団体(PSCs)：先進国政府によりつくられ途上国政府や援助団体とともに開発プログラム遂行に従事する団体	財政的支援の受け皿 NGO：北の NGO からの財政支援を受けるため先進国がつくった団体または「南」の会員組織が発展した団体

(注1)「想定される活動範囲」は筆者が便宜的に設けたカテゴリーである．
(注2)「Southern」とあるカテゴリーは，それと同様のものが「北」にも存在するものである．
(出所) Suzuki（1998），Hudock（1999=2002）．

表7—2 NGOの4つの世代とその戦略

	第1世代	第2世代	第3世代	第4世代
（戦略）	救援・福祉	地域共同体の開発	持続可能なシステムの開発	民衆の運動
問題意識	モノ不足	地域社会の後進性	制度・政策上の制約	民衆を動かす力を持ったビジョンの不足
持続期間	その場限り	プロジェクトの期間	10〜20年	無限
対象範囲	個人ないし家庭	近隣ないし村落	地域ないし1国	1国ないし地球規模
主体（担い手）	NGO	NGOと地域共同体	関係するすべての公的・民間組織	民衆と諸組織の様々なネットワーク
NGOの役割	自ら実施	地域共同体の動員	開発主体の活性化（触発）	活動家・教育者
管理・運営の方向性	供給体制の管理・運営	プロジェクトの管理・運営	戦略的な管理・運営	自己管理・運営的ネットワークの連携と活性化
開発教育のテーマ	飢える子供たち	地域共同体の自助努力	制約的な制度と政策	宇宙船地球号

（出所）Korten（1990=1995: 145）.

しい市民社会づくりに向けた社会変革のための意識化等，多様化してきた．コーテン（Korten, 1990=1995）は，NGOを4つの世代に分けその戦略について説明している（表7—2）．

NGOの第1世代は，短期かつ緊急的で直接的な物資の供給を主たる使命としていた．第2世代は，「地域の自立に向けた小規模な地域開発」（Korten, 1990=1995: 148）であり地域，自助努力，エンパワーメントの概念が登場する．第3世代は，個々の地域やコミュニティの範疇を超えて，地域の自立的な開発活動の阻害要因となっている制度・政策の転換を働きかけるものであり，筆者の理解では，アドボカシー，よい統治（good governance）の概念にも関連するものと考えられる．第4世代は，市民中心のオルタナティヴな開発の実現のための社会変革実現という未来のビジョンにおけるNGO像である（Korten, 1990=1995: 144-159）が，当面はその実現に向けた種々の社会変革という運動

論におけるNGOのあり方として理解したい．筆者は，市場，政府，市民社会の3つのセクターの相互バランスのとれた持続可能な経済社会システム構築のための社会変革運動の開発観を「プロセスとしての開発」として提示するものであるが（北野，2002b），このビジョンのなかで市民社会のエージェントとしてのNGOの役割の高まりが期待されるのである．

このNGO世代論について，内海（2002: 9-13）は，NGOの活動は複数の領域にまたがっており，直線的発展段階として単純化することは適切でないと批判する．本節ではこの区分を時代と開発観の変化に対応したNGOに求められる機能と役割の多様化の1つの指標として理解したい．

(4) 視点としての仮説

筆者は次のような仮説的な考えを提示する．本来，市民社会のエージェントであるNGOは，地域の歴史・宗教・政治経済的状況に影響されつつも，市民社会の関心に合致した形で進化し，その目的・活動において，自己（再）組織化を遂げるのではないかということである．無論，僅か1～2の事例の検討をもって，この命題に接近することは不可能である．したがって，上述の分析的視点とこの仮説はあくまでも事例解釈のためのガイドまたは視点として用いる．

2.4　オアハカ州の教会系社会開発運動の変遷

一般に，1960年代以前のラテンアメリカでは，NGO活動はキリスト教会系とアメリカ系財団の行なう慈善活動や緊急援助のみ（上述の第1世代NGO）であったが，1960年代後半～70年代に草の根レベルの開発に従事するNGOが大量に生まれた（狐崎，2002: 136-137）．1980年代以降，ラテンアメリカはNGOブームを迎えている（狐崎，2002: 143-149）．この根底には，ネオリベラリズムによる急激な構造改革が進展するなか，政府のサービス領域が縮小しNGOセクターの活動領域が拡大したこと，政府の腐敗およびグローバル化への反発があるものと考えられる．オアハカ州の状況も同様である（ローカルNGOスタッフ談）．

1960年代後半のカトリック教会組織の一部での社会開発への問題意識の高まりに端を発したオアハカ州の社会開発運動は，やがて教会の手を離れ市民運動へと変化していった．以下その概要を記す．

(1) ラテンアメリカ司教会議

1960年代のラテンアメリカでは，軍事政権による民衆への構造的暴力に対する反発として市民運動が勃発していた．関連して貧困問題に対する意識も高まりつつあった．この時期，ラテンアメリカのカトリック教会関係者の間に，貧困の現実をみつめようという機運が高まるとともに，草の根レベルでも貧困への問題意識が生まれつつあり，貧困対策を念頭においた社会運動が起きたのである．これが刺激となり，教会組織の上層部にも貧困対策への意識を促すようになった．

その結果，ラテンアメリカ司教会議（Consejo Episcopal Latinoamericano (CELAM)）で，貧困問題が議論されるようになった．第2回CELAMが1968年にコロンビアで，第3回CELAMが1979年にプエブラで開催され，主題は社会正義をいかに実現するかであった．そのなかで「貧困者への方策」（options for the poor），教会組織の貧困問題への取り組み方策が司教達によって議論された．会議では社会正義に関する幅広い事項について議論が行なわれ，不正義（injustice）は社会の恥であり，教会は貧困者のために何かをしなければならないという結論に達した．

すでに1970年前後の時点で，ラテンアメリカ中で，教会内部の雰囲気と市民運動の両面で，貧困問題に対する意識が高まっていたのは事実であり，この会議が貧困問題への意識向上に直接的に寄与したわけではない．一連のCELAM会議の意義は，現実に起きている運動に教会組織が耳を傾けざるを得なくなり，会議の開催により教会組織の上層部が貧困問題へ正式に門戸を開いたことである．

(2) オアハカ州の教会組織による上からの意識化

この時期，メキシコにおいても，教会組織内部に様々な運動が生まれており，教会には都市と農村の貧困者，特に小農民に対して何かをする義務があるはずだという認識が教会関係者の間に醸成されつつあった．そして，上記CELAM会議の結果，カトリック教会組織の最上層部のお墨付きをもらって，既存教会組織とその他諸団体の連携を強める働きをしたのである．

メキシコのカトリック教会組織の教区としては，オアハカ州，チアパス州が1つの教区となっている．それが，さらにいくつかの小教区に細分化されてお

り，1つの小教区は1〜2人の司教によって管理されている．オアハカ・チアパス教区の多くの司教も上記のCELAM会議の結果に高い関心を持っていたため，会議の報告書を管内の組織に配布し，様々な社会組織と教会が一緒に貧困問題に取り組むよう奨励したという．

もちろん，地域のすべての司教が同じ考えであったわけではなく，反応は司教個人によって異なったのは当然である．貧困問題に特に熱心だったのは，オアハカ都市部を担当したバルトロメ・カラスコ・ブリセニョ（Bartolomé Carrasco Briseño），同州南東部を担当したアルトゥロ・ロナ・レイェス（Arturo Lona Reyes），チアパス州のサムエル・ルイス・ガルシア（Samuel Ruiz García）の3司教であった．しかし，司教自身が率先して草の根レベルで実際の救援等の活動をしたのではなく，司教の立場と権威をもって，種々の社会活動の許可，特定の活動の禁止をしたのである．司教は貧困問題に対する見解をまとめた文書を多数管内に配布した．これらは教会関係の文書ということで，傘下の教会活動に非常に大きな影響力があった．司教文書の内容例としては，教会として初めて麻薬問題に言及したもの，教会が貧困問題に前向きであることを示したもの，社会正義と富の分配・貧富の差について教示したものがあった．

以上，CELAM会議の成果は，1960年代後半〜70年代にオアハカ州でも上からの影響力という形で末端に伝播されたのである．

(3) 教会組織による貧困対策の開始と拡大

上記の3司教による貧困，社会正義に関する問題意識の指示は，管内の教会内外の様々な人々や団体にこれらの問題について考え，社会開発に取り組むきっかけをつくった．しかし，これまで貧困者対策について教会が前向きにならなくてはならないということは，再三，文書で示されていたが，具体的に何をすべきかは示されていなかった．具体的な活動としての貧困者支援を打ち出したのは，オアハカ市のカラスコ・ブリセニョ司教であった．オアハカ市は1つの教区の中心地となっているが，1970年代に入り司教は管内の教会の活動を支援し，より明確な貧困者支援活動を生み出す努力を開始した．司教は自分の教区における貧困者の組織化を奨励した．貧困者のための生産組合，村落における共同購入，金融組合，土地の集団化の推進等，経済面・農業部門に特化し

た内容だったが，教会組織として初めて具体的なプロジェクトが開始された．これまで理念・方針の面で貧困問題への対応を叫んできたカトリック教会組織において，教会が実際にプロジェクトを実施し，直接的に貧困層を支援するようになったことに意義がある．

　当然，司教自身はその地位を生かして文書等により活動の方向性を示し，活動の許認可をするのにとどまり，具体的な活動は分野別の司教区委員会に委ねられた．先住民委員会，青少年委員会，農業信用委員会等いくつもの委員会が組織され，これらが事業計画，資金調達，ワークショップの開催等の業務を行なった．委員会が当該分野の現場の組織化を進め，プロジェクトに必要な資源を調達・供給する役割を担った．実際のプロジェクト活動は住民自身により行なわれていたが，委員会が資金調達・供給の手助けをしたのである．

　これらの活動は1980年代に入っても，引き続き，州全域に広がっていった．この拡大の理由の1つとして，オアハカ州との州境に近いプエブラ州にあるセミナリオ（聖職者養成学校）の存在があげられる．同校は貧困者救済のための社会活動の重要性を特に強調した教育を行ない，オアハカ州全域に聖職者を送り出していた．また，1980年代から1990年代にかけて，コミュニティ・レベルの組織をつくるだけでなく，より広い地域をカバーする団体がつくられた．

　しかし，教会組織内の古い世代からなる保守派はこうした教会主導の貧困対策・社会開発の動きを歓迎しなかった．彼らは社会活動に積極的な司教，司祭らを共産主義者，左翼イデオロギーの提唱者と呼び批判した．

(4) オアハカ司教区委員会の活動例

　以下，オアハカの司教区青少年委員会（Comisión Diocesana de Pastoral Juvenil）の活動について，青少年委員および委員長として15年間かかわった元メンバーからの聞き取りをもとに説明する．

　委員会は青少年向けのワークショップを企画した．対象範囲は生産に特化したものから，抽象的な精神論に至るまであらゆる分野に関連する．青少年向けワークショップ活動は，①個人のアイデンティティレベルで自己尊重（self-esteem）に関するもの，②グループづくり，③地域社会への奉仕活動（植林，子供の世話等），④建設的批判精神（constructive criticism）の育成と社会現象分析能力の向上，⑤宗教教育，の5分野に分かれている．この5分野で，どのよ

うに青少年を組織化しコミュニティに貢献するか，という目的に沿った指導がなされた．また，州全域の青少年団体の連携強化と他司教区の組織とのコミュニケーション促進のための会合も活発に開催された．

　委員会活動の反省点は，「こうすべきである」という上からの指導は多くなされたが，コミュニティでの具体的な活動が少なかったことである．一方，評価できる部分は人材の育成である．かつてのワークショップ参加者が，現在，地域の青少年組織，市民団体，NGO のリーダーとなって活動しているのである．

(5) カトリック界の保守化と地元司教の交代

　オアハカ司教区の場合，司教1人の下に90人の司祭がいた．1988年にその社会開発運動に熱心だったカラスコ・ブリセニョ司教が病気のため一線を退いたため，もう1人の司教であるエクトル・ゴンザレス・マルティネス（Héctor Gonzáles Martínez）司教が来て，2人の司教を持つこととなった．カラスコ・ブリセニョ司教は依然として社会活動に熱心だった．しかし，新しい司教は世界のカトリック界の動向等外部の動きには敏感であったが，地域の社会開発にはあまり熱心ではなかった．人々の生活や社会条件よりも，教典解釈に興味を持つ保守的な人物であった．国際カトリック界も，1978年のローマ法王の交代以降，保守化が進んでいた．

　しかし，依然としてその時点のオアハカ州では社会開発運動は州政府に影響のある中上流階級の人々のあいだでも盛んだった．一方，新しいゴンザレス・マルティネス司教も歓迎され，やはりカトリック界全体としては社会開発運動への関心は低下する方向が定着しつつあった．1993年カラスコ・ブリセニョ司教は75歳で定年を迎えた．

(6) NGO による社会開発運動の自主独立化

　1993年以降，司教による方針転換がなされ，教会組織のイニシアチブで結成された多くの組織は教会から独立した団体になった．もともと金銭面で多くを教会組織に依存し，活動も教会の活動方針に沿った形で行なう等，教会との関係が緊密であったが，独立団体となった後，多くの団体が自分達の組織をNGO として再編成し，当然，教会以外の多様な資金調達先を探すことになった．時を同じく，経済破綻と構造調整プログラムにより全廃された農産物買い

上げ，大衆消費材供給等の政府系の社会サービス業務が自発的に発生したNGOに引き継がれたのと似たような状況が，1990年代前半のオアハカ州の教会系団体にも当てはまる．

　正確な数の把握は不可能だが，現在，同州の比較的規模の大きなNGO，特に「地域〜州」レベルの組織を調べると教会によってつくられた組織がルーツにあることが多い．有力NGOのうちの25団体は旧教会系であり，人権分野（5団体），農業生産部門（コーヒー組合，有機農業団体等7団体），エコロジー，人種（黒人）問題，文化問題，ジェンダー等様々な分野の有力NGOが含まれる．コミュニティ・レベルで活動する各種団体も同様である[5]．

　カトリック教会組織の落とし子であるこれらNGOは，一連の構造調整プログラムで政府サービスが撤退した隙間を埋めるような活動を展開するとともに，ネオリベラリズムおよびそれを支持する政府，さらに皮肉なことには，カトリック教会を含む既存権威への批判勢力として変質しつつある．

　1994年のチアパス州でのサパティスタの武装蜂起は，旧教会系NGOに既存のカトリック教会組織のあり方，特に先住民と教会の関係において，大きな疑問を投げかけた．そこには，政府・教会組織がこれまでやってきたことは，本当に正当化されるのか，開発とは何か，宗教とは何か，先住民を中心とする同国の最貧層はメキシコの開発と宗教という文脈でどのような扱いを受けてきたか，という大きな問いかけが含まれている．多くの旧教会系NGOはサパティスタを支持する姿勢を打ち出しているという．

　結局，教会の限界と矛盾，すなわち，貧しい人々への支援や先住民の文化と自由の尊重ということと，上からの宗教的指導という根本的矛盾が市民運動家の間で認識されるようになり，これが構造調整プログラムやカトリック界の保守化といった環境要因とは別の市民社会の意識という次元で，内部からも社会開発運動と宗教的権威との決別を促したものと考えられる．

（5）　現実には，具体的な行動を伴わないまま，ただ住民に意識化の働きかけをやっているNGOも多い．コミュニティで活動するNGOは少数であり，その多くは資金面で脆弱なため解散するものも多い．地元教会と関連した組織の場合，神父が交代すると解散してしまう場合も多い．

2.5 旧教会系の社会開発NGO（SIFRA）の事例

事例として，司教の命で発足した後，独立のNGOに変化したSIFRAを取り上げる．前身の発足は1993年で，教会組織の社会開発運動の流れでは最末期に属する．現在，食生活改善，女子識字教育，保健等の社会開発の分野で活動している[6]．

(1) SIFRAの概要

1993年，オアハカ州で初めてジェンダー問題に取り組むプロジェクトの検討を行なうため，エラディオ・ラミレス・ロペス（Heladio Ramírez López）州知事がドイツのドナーからプロジェクトへの資金援助を得た．知事はカトリック教会組織の1つであるPastoral Socialに相談を持ちかけ，司教の指示[7]により教師，医師，弁護士，栄養士，心理士等の専門職として別々の場所で働いていた8人の女性が召集された．8人は異なる教会系組織で働いていた．調査検討のためのプロジェクトチームがつくられた．

当初から州政府および教会側の関心は，今日でいうジェンダー問題というより，女性による経済活動・生産活動の支援策の検討という非常に直接的なもので，初期段階はこれに沿った検討が行なわれた．州政府・教会が即物・速効的な経済振興に執着したのは，政治的な意図があると考えられる．しかし調査検討やフィールドワークを重ねるにつれ，都市および農村の女性達は，複雑な問題を抱えており，単に収入創出のための経済活動に必要なスキルを教えればよいものではないということが明らかになってきた．

そもそも，養鶏技術，薬草栽培法といった技能を教えるだけでなく，販売経路，販売方法等にも精通していなければ意味がない．当初は技能的な部分だけを検討していたが，チームは女性達の教育を行なうに当たって，彼女らが直面している本当の問題は技能的，経済的なものではないことに気付いた．実際の問題の多くは，ジェンダー問題に関連しており，たとえば，家庭内での夫による妻への暴力の問題があること，多くの女性が学校に行かず読み書きができな

---

(6) 畑（2004: 96-97）によれば，ローカルNGOを含むメキシコの市民組織は，1980年代に多様化・ネットワーク化の時代を迎える，ジェンダー，環境，農業開発などの分野での専門性を持った団体が多く誕生したという．本事例もこの流れにも合致する．

(7) 上述のとおり，1993年当時オアハカ市には2人の司教が並存していたが，どちらの司教の命によるものかは不明．

いということが分かってきた．女性の身体についての知識や健康，いかに男性を家庭内でコントロールするかなどに関する学習会をフィールドで開催すると同時に，チーム自身，ジェンダー問題に関する専門的知見を向上させるべく学習会を重ねた．

このため，チームはジェンダー教育と人権への対応を盛り込んだ形でのプロジェクトの内容の変更を促す提言を行なった．そのなかで，①健康問題（伝統的で自然的な薬の導入，薬草の普及），②教育（読み書きだけでなく，性問題，ジェンダー教育の導入），③収入機会創出，のプロジェクト活動の柱が提案された．政府と教会は依然として，③の分野がプロジェクトの中核であると主張したが，チームは①と②の分野を加えるよう要請した．収入が十分でないことのみが問題なのではなく，女性達が置かれている状況を十分に認識し，直面している本当の問題に取り組む必要があったからである．

しかし，再三にわたるプロジェクト対象分野の拡大の要請にもかかわらず，州政府・教会はこれを聞き入れず，チームは1996年に州政府・教会との関係を断ち切った．ドナーからの資金を使ってできることは，州政府・教会が主張する女性の収入創出活動だけであったからである．チームはNGOとして活動することを決め，1997年にColectivo SIFRA. Promoción y Capacitación a la Mujer（女性に対するプロモーションと訓練，略称SIFRA）という名称で法人格を得て今日に至る[8]．現在，SIFRAのメンバーは10人で，以前は全員女性であったが現在は男性が3人，プロジェクトチーム残存組は3人である．今日，SIFRAと教会組織とは資金面も含め公的な関係はない．

現在のSIFRAは，上述の南のNGOの分類に照らせば，草の根支援組織（Fisher, 1993），ボランタリー組織（Korten, 1990=1995），民衆開発組織（Clark, 1991），仲介型NGO（Hudock, 1999=2002）に相当する典型的な中間レベルの組織の性格を有する．資金は通常の南のNGOと同様，先進国ドナーおよび自国政府の資金援助に依存しており，SIFRAの場合はドイツとスペインのドナー，

（8） メキシコでは，1997年を境に沢山の団体が法人格を得ているが，これは市民団体への税制の改正があったためである．法人格がなければ，政府その他外部ドナーからの財政的支援を受けることはできない．手続きは，連邦の内務省と外務省への許可申請をクリアした後，州政府の担当部局，市当局からの許可を得る．

州政府機関である開発計画委員会（Comité de Planeación para el Desarrollo del Estado de Oaxaca（COPLADE））からのプロジェクト予算である．次に仲介型NGOとしてのSIFRAの活動を2例紹介する．

(2) 食生活改善プロジェクト[9]

ソソコトラン（Xoxocotlan）は，オアハカ市から車で20分程度の都市近郊の自治体である．同市のエル・ロザリオ（El Rosario）地区（200〜300世帯）の女性を支援するためワークショップを開催してほしい，という地元の神父からの要請を受け，女性達の学習が始まった．

3つの集落から27人の女性が参加し（母娘の参加者を含む），ワークショップを重ね，1年が経過した後，ようやく生産活動に関連した活動に着手することになった．ほとんどの計画と決定は基本的に女性達自身で行なわれた．学習プロセスのなかで，女性達は自分達の意思で，ある1つのことについてしっかりと学習することを決めた．それは子供達の栄養不良の問題であった．今日，オアハカ郊外では都市化が進み，伝統農法は行なわれておらず，加工食品，輸入食品，特にキャンディー，フライドポテト，ファーストフード等，子供の食生活のアメリカ化が進んでおり，栄養面や安全面での懸念が母親達から提起された．

SIFRAのプロジェクトチームは，地域の祖父母の世代を対象に，過去の食生活・栄養に関する調査を行ない，祖父母の時代には必要なビタミン，蛋白質等すべての栄養は日常の身の回りで採れた食物で賄われていたことを発見した．この調査はミルパ（*milpa*）生産物といわれる伝統的な食生活を見直すことになった．ミルパとは先住民の伝統的な畑で，トウモロコシ，豆類，ズッキーニ，カボチャ等を生産し，これらの作物を組み合わせることにより，作物が必要とする土壌中の養分を相互に供給することができる．一連の活動を通じて，女性達は，すべての栄要素は伝統的なミルパから得られていたことを知るとともに，現代の生活においてそうした農法が失われていることを悟った．また上記の3〜4種類の作物だけでなく，ミルパの周囲には，チェピル（*Chepil*），キントニル（*Quintonil*），ベルドラガス（*Verdolagas*）等いくつもの有用な薬草が野生し

---

(9) 本プロジェクトの開始時期は不明だが，法人格を取得した1997年以降の活動と推測される．

ており，これらの薬草もメキシコにおける伝統的な食の一環を形成していたことを知った．もう1つの発見は，伝統的な農法は栄養面での評価ばかりでなく，地力保持にも優れているということだった．

この学習が契機となり，女性達は失われてしまった自分達の伝統的な食を再評価し，どうしたら伝統的な食生活を再び取り入れられるのかを考え始めた．次に女性達は，伝統的で自然なオアハカ地域の食材リストをつくって本にまとめ，輸入農産物・加工食品に代わるものとして，地域にある安価で比較的入手し易い食材の紹介を行なった．

女性達の要請を踏まえ，プロジェクトチームが紹介したものは，ソハ(Soja)豆とアマラント(Amaranto)で，特に後者は地域の伝統的な食品であり，栄養補助食として一種の菓子のように嗜好されていた．より多くの家庭にプロジェクトを理解して参加してもらうため，子供の体重，栄養状態の測定に関する調査やアンケートを各家庭に行なった．最初は新しい栄養源としてのアマラントを生のまま導入しようとしたが，アマラントから豆乳やチーズのようなものがつくれることが分かった．この伝統的な食材を活用した新しい食品が開発され好評を博した．この加工プロジェクトは「幸せを食べる」(Comiendo Alegría)プロジェクトと名付けられた．現在はこの食品加工が村の女性達が運営するビジネスとなっており，スープその他の食品を製造・販売している．また，伝統的な食材を見直し牛肉の摂取を減らすため，豆でつくった肉を徐々に牛肉に代替させ，家族の嗜好を新しい食品へ徐々に慣れさせていった．その結果，牛肉への支出が減り，自給できる伝統的な作物を利用することにより，家計が楽になったこと報告されている．

(3) **女性人権擁護プロジェクト**

次に，オアハカ市から約20km離れたサチラ(Zaachila)という町で2002年1月から始まったプロジェクトについて紹介する．以前SIFRAがこの町に別のプロジェクトでかかわったことがあり，住民はSIFRAをすでに知っていた．地域の人（被害者の父親だと思われる）から支援要請を受けたSIFRAは，子供の性的虐待問題にかかわることとなった．

被害者の家族との話し合いで，両親は自分の娘に何が起きているかを知っているにもかかわらず当局にそれを伝えることをためらっている実態を知った．

被害者が一番困っていたのは，問題に直接アプローチすることができないということだった．犯人は近所に住む1人の男だったにもかかわらず，地域内に自分の娘に対する悪い風評が広まることを非常に恐れていたため，当局にそのことを告げることができない深刻なジレンマがあった．

　SIFRA は被害者と両親に自信を持たせるため，5か月の間，毎週土曜に被害者達とワークショップを開いた．最初は人権，セクシャリティ，体の知識について，さらに性暴力，虐待について，非常にシリアスなワークショップが重ねられ，このなかで「子供の人権と暴力」という命題にたどり着いた時，被害者と家族達は事件の重大さをあらためて認識するに至った．そこで初めて，被害者らは SIFRA が外部から専門家（sexologist）を招いて活動することに合意した．専門家を招き，さらに3度のワークショップが持たれた．この結果，両親達はついに法的手段をとることを選択するに至り，現在は法的対応が進められている．

　これは SIFRA の典型的な仕事の進め方であり，最初に地域の人々と活動をともにして，彼らが自信を付け納得した時点で，必要があれば外部の専門家を呼び，住民自身が解決策を見出すことができればそれに委ねるというものである．

(4) 小　括

　小括として途上国における内発的発展と宗教の関係について述べる．現在，SIFRA は宗教的権威としてのカトリック組織とは距離を置いているが，草の根レベルでの開発ニーズ把握の面では，依然として教会と密接な関係にある．これは，フォーマルな関係というよりも，社会開発に熱心な末端の一部の神父達と SIFRA メンバーとの永年の関係によるところが大きい．たとえば，現在実施中のソソコトラン市サンタ・ロサ・デ・リマ（Santa Rosa de Lima）地区の識字教育プロジェクトも地元神父からのコンタクトによって始まった．上記で，1994年のサパティスタ武装蜂起以来，草の根レベルで社会開発に取り組む市民運動の文脈でカトリック教会への批判が高まりつつあると述べたが，依然として，末端の心あるカトリック神父達が現場の「声なき声」を代弁し，仲介型 NGO とコンタクトを取るという関係性のネットワークが存在するのも事実なのである．ここに宗教的権威としての教会組織と住民の開発ニーズに前向

きであろうとする草の根レベルでの教会という二重構造を見出すことができる．この教会組織の「建前」と「本音」のような二重構造と市民社会およびそのエージェントであるローカル NGO の関係性は，上述の歴史的変遷という大きな流れに規定されつつも，時と場合には互いに支え合うという複雑な関係があるということを事例から読み取ることができる．

2.6 考 察

先に市民社会の意味の 3 類型を示したが，本事例で市民社会が見出されるのは，第 1 に 1960～70 年代のラテンアメリカ全域における市民運動 (A)，第 2 に 1980～90 年代のカトリック界の保守化と構造調整への反応としての NGO ブーム (B) である．これは前段でみたエステバの市民社会の意味のうち，①と③の意味に相当すると考えられる．「A＝①」の市民社会はラテンアメリカ司教会議の開催を通じて，教会組織上層部に社会開発へ目を開かせた．「B＝③」の市民社会は現在のオアハカ州における草の根市民運動の担い手である NGO を生み出した．これを「市民社会の意志」と安易に断定する前に，2 つの要因に注目しなければならない．

第 1 は，筆者が提唱する「プロセスとしての開発論」における「ある種の人的資源の賦存状況」(北野，2002b: 52-53) の問題である．一時期，ラテンアメリカ・カトリック界に上述の空気があったことは事実だが，当該地域での教会組織の社会開発運動への関心と取り組みは，3 人の司教の存在という偶発的な出来事によるところが大きい．基本的に過去 30 年間に同州で起きたことは，カトリック全体の歴史のなかでみれば例外であり，彼らは所詮ローカルマイノリティであった．カトリック界全体が保守化するなか，一部の司教と司祭達が引き続き社会開発運動を支持し続け，教会組織上層部がそれをコントロールできなかったにすぎない．

第 2 は，1980 年代以降，カトリック界の保守化，メキシコ経済の破綻と構造調整プログラムの受入れという急激な環境の変化である．人々は自らとコミュニティの生存のため自己組織化し，NGO を立ち上げざるを得なかったのである．

2.7 結語

　教会組織の種まきにより生み出された様々な団体・組織は，その後の環境変化で消滅したり，表7—1の公共事業請負団体（PSCs）や政府系NGO（GONGOs）へと変質したものを除外しても，SIFRAの例にみるように，権威と人々のあいだの中間組織・仲介型NGOとして進化し，適度なバランスをとりつつ市民社会のエージェントとしての機能を身につけたものも少なくない．現在，こうした州内NGOのネットワーク化が進展しており，2000年に「市民社会によるオアハカのための計画」が策定される等，グローバリズムや政府の画一的な政策に反対し，地域固有の発展のあり方を提唱するオルタナティヴな自律的地域づくりの運動が活発化しているのは事実である．この文脈も押さえつつ上記事例を解釈すれば，筆者が冒頭で提示した仮説の意味を見出すことができると考える．

3　農村ラジオ局によるアイデンティティ戦略

3.1　問題の所在

　本節では，オアハカ州の山岳地域における青少年の文化創作活動とそれを支援する農村放送を事例として，内発的発展の1つの側面を明らかにするとともに，その道具としてのコミュニケーションおよびメディアの役割と可能性を検証する．オアハカ州での現地調査として2002年8〜9月に農村放送の関係者2人，現地の市民運動家等に対する聞き取り調査を行なった．事例に関する情報は聞き取り調査で得たものである[10]．

　オアハカ州においては，市民・農民らによる自己防衛的反応としての組織化・共同化，自らの文化的アイデンティティの見直しの動きも活発化している．政治経済，社会文化，環境，人権等あらゆる分野において，国家政府セクター，市場セクターから自立した自己組織化の動き，具体的には市民組織やNGOの台頭やネットワーキングがみられる．

---

(10)　調査はsemi-structured open-ended方式で行なわれ，通訳（スペイン語⇔英語）を介して行ない，スペイン語部分を含めてすべての会話はテープに録音した．内容は筆者の責任において日本語に翻訳した．

途上国の内発的発展論を展開する西川 (2001) によれば,内発的発展とは「ある地域の住民が,自己の文化伝統に従い,自らのイニシアチブの下に自己資源を基盤とし,ある地域の発展に努めていくこと」であり「民衆参加,自立的な市民社会の興隆と不可分なもの」であるという.そして文化の面では,外部の文化に追従するのではなく,地域固有の文化を重視しなくてはならないと説明する(西川,2001: 13-14).筆者が主張する「プロセスとしての開発論」(北野,2002b)においては,開発本来の担い手は住民・市民であり,政府セクターや市場セクターから独立した自立・自律的な存在としての村落共同体・コミュニティの役割に注目する必要がある.この世界観において,内発的発展とは,地域の人々の意識啓発・能力開発のプロセスであり,究極的には新たな経済社会システム再構築のための社会変革運動のプロセスであると理解できる.

3.2 内発的発展の道具としてのスモールメディア

途上国の開発プロジェクトにおけるコミュニケーション,メディア,教育普及等に関する方法論,教材・機材の開発および活用を研究領域とする開発コミュニケーション (development communication) の分野[11]では,開発の概念の変遷とともに開発・発展のコミュニケーション・ツールとして,従来のマスメディア重視からスモールメディア重視への流れがみられる(久保田,1999).

表7—3 は,プロセス重視の内発的発展(オルタナティヴなモデル)と従来型の経済成長重視の開発(主流モデル)の特徴と開発コミュニケーションおよびメディアの役割等をまとめたものである.内発的発展のプロセスを強化するには,オルタナティヴな開発コミュニケーションが重要な役割を果たすものと考えられる.それは「人々の横のつながりを強め,ボトムアップの形での情報の流れを重視」することにより,地域の特色を活かしつつ「コミュニティの人々が主体的に参加し,自主的に計画を立て,実践」する機会を得ることができるからである(久保田,1999: 48-50).この結果,地域住民のエンパワーメントが

---

(11) 日本では馴染みのない分野であるが,コミュニケーション(学)は,欧米の社会科学では人・組織・社会のコミュニケーションを研究する確立された分野として広く認知されている.開発コミュニケーションは,その一分野であると同時に,学際研究領域としての「開発学」における普及教育啓蒙にかかる技術を研究する分野である.

表 7—3 開発モデルとコミュニケーション／メディアの関係

		従来型の開発パラダイム「外来型開発」	オルタナティヴな開発パラダイム「内発的発展」
開発モデル	目標	経済開発，結果（経済成長）重視	人間開発，プロセス重視，文化・環境との調和
	開発主体	政府，企業，外国ドナー	地域住民，市民社会
	諸アクターの関係性	垂直的，ピラミッド型，従属関係	水平的，パートナーシップ，対等
開発コミュニケーション	メディア	ビッグメディア	スモールメディア
	例	通常のテレビ，ラジオ，雑誌，新聞	コミュニティラジオ放送，情報誌，ワークショップ
	期待される役割	上からの「開発」の加速化	下からの「発展」の支援
	情報伝達形態	一方通行，トップダウン	参加型，双方向性
	情報伝達範囲	マクロレベル，国家レベル	ミクロレベル，コミュニティレベル
	その他の特徴	・技術に依存（施設・機材）する部分が大きい ・いかに「効率的」に沢山の人間に同じ情報を伝達するか ・外部の「進んだ」考え方，技術を知り，吸収することができる	・伝統文化を基礎にコンテンツを重視する ・いかに「効果的」に特定の人々の間で情報伝達・交換・共有を実現するか ・自分達の文化，能力の再発見から自信を得ることができる（エンパワーメント）

（出所）　久木田（1998: 15），久保田（1999: 18, 21, 26），北野（2002b）を参考に作成．

促進されることが期待される．

　オルタナティヴな開発コミュニケーションの一種であるスモールメディアの例として，ラテンアメリカで 1950 年代以降広く発達したのが農村地域におけるコミュニティ向けのローカルラジオ局である（久保田，1999）．本節で事例として取り上げるラジオ局もこの一種であるが，一般に過去のローカルラジオ局プロジェクトの多くがカトリック教会の神父らのイニシアチブによって始まったのに対し（White, 1984: 289；久保田，1999），本事例は地元の森林伐採反対運動と先住民の若者の音楽創作活動に端を発したまさに内発的な取り組みである．

　本事例はまだ歴史も浅く，地域経済社会へのインパクト等の具体的な評価をするには時期尚早といえるが，内発的発展論との関連を念頭において，現代メキシコにおける新しい社会運動の一環として，運動論の側面から紹介・検討す

る意義は十分に認められると考えられる．

3.3 コミュナリティ財団の取組事例

コミュナリティ財団（Fundación Comunalidad）はオアハカ州シエラ・フアレス地域で活動している市民団体である．名称に「財団」とあるものの，いわゆる助成団体ではなく，メディア事業を行なう小規模なNGOである．いわゆる南のNGOの分類では，草の根組織（GROs）(Fisher, 1993)，民衆組織（POs）(Korten, 1990)，草の根開発組織（GDOs）(Clark, 1991)に相当するものである (Suzuki, 1998)．

ある意味，コミュナリティ財団は非常にユニークな団体である．多くの市民団体やNGOが所得機会創出に直結したプロジェクトを行なうなか，彼らはコミュニケーション技術とスモールメディアによる文化創造活動を通じた地元の青年のキャパシティビルディングをメインの仕事にしている．コミュニケーションはコミュニティと外部の世界を結ぶものであると同時に，異なる文化を持つコミュニティのあいだを結び，関係を調整・改善・強化し，地域における内的なダイナミズムに働きかけるものである．以下，コミュナリティ財団の理念，歴史，活動の概要を紹介・検討する．

(1) シエラ・フアレス地域とゲラタオ

オアハカ州には東西に2つの2,000〜3,000km級の山脈が走り，その谷間のオアハカ盆地バジェス・セントラレス（Valles Centrales）に州都オアハカ市がある．シエラ・フアレス地域は，2つの山脈のうち北部内陸側にある山岳地域である．主な産業は小規模で自給的な農林業で，メキシコで最も経済的に貧しいオアハカ州[12]のなかでもこうした山岳地帯は相対的に貧しい地域である．

ゲラタオ（Guelatao）は，オアハカ市から北東175.6 kmの所に位置し，標高1,800 m，1つのコミュニティが単独の自治体となっている（**図序—2参照**）．人口は約1,000人程度である（ローカルNGO職員談）．当地はメキシコの国民的英雄であるベニート・フアレス[13]の生誕の地であることから，歴代の大統領は就任するとこの地を訪れる．この政治的理由から小さな山村にしては公共投

---

[12] 同州の労働者の50％以上は最低賃金（日当34ペソ）を満たしていない．
[13] メキシコ史上唯一先住民族の出身の大統領（1806-72）．

資が多い[14].

(2) 「コミュナリティ」という概念

後述するようにコミュナリティ財団は運動である．運動論としてのその理念・哲学を知るには，団体の名称にも用いられている *comunalidad*（英訳は communality[15]．以下「コミュナリティ」）という概念を知る必要がある．コミュナリティとは「先住民コミュニティが存在し，そうであり続ける理由」を意味する言葉である（マルティネス・ルナ談）．この単語はスペイン語圏あるいはメキシコで一般的に使われているものではない．コミュナリティ財団の創設者でミュージシャンであり文化人類学者であるハイメ・マルティネス・ルナ（Jaime Martinez Luna）が自分の著書で使用したのが最初といわれる．現在ではオアハカ州で先住民運動にかかわる人々および一部の人類学者のあいだで用いられているキーワード，概念である．そこには，コミュニティが守り続けてきた政治的・社会的構造[16]，共同体民主主義，教育，さらには，外部からの文化・価値観・制度の導入（imposition）への反発（resistance）と適合（adaptation）といった広い意味が含まれている．モダニティとコミュニティの衝突から適合へのプロセスについて，コミュナリティを用いて次のように説明することができる．

歴史的にメキシコでは，コミュニティにおける自然と人々との関係は，資本主義の浸透により時代とともに変化し，新しい関係が生まれてきた．これは次の３つの出来事に象徴される．最初は，砂漠のサボテンに住むコチニール（grana cochinilla）というコチニールカイガラムシ科の昆虫からとれるえんじ色の染料の商業化とヨーロッパへの輸出である（16〜18世紀）．次は，商品作物

---

[14] このため早くから幼稚園から高校までの教育機関が揃い，山村にもかかわらず，大学のキャンパスを誘致しようという話すらあった．学校が早くからあったため，先住民言語を話せない人口が多い．

[15] Communality という英訳語も造語であり，commons（共有地・コモンズ）と polity（市民・政治的組織体）というこの言葉が内包するニュアンスを表す２つの英単語に綴りが似ていることからこの言葉の英訳として使われている．

[16] 「コミュナリティ」のフォーマルな要素，つまり先住民の共同体（コミュニティ）を形成する５つの重要な制度的特徴は，①共同体委員会，②コミュニティ内の政治的な役職・役割分担（*cargos*），③コミュニティ内の賦役（*tequio*），④祭（*fiesta*），⑤エヒード（*ejido*）である（マルティネス・ルナ談）．

としてのコーヒーの導入と大規模なプランテーション農場である（19世紀）．最後は，以下で述べる20世紀中葉の森林伐採の商業化である．これらの出来事は新しい経済的関係をつくり出したばかりでなく，人々とコミュニティ，人と人，コミュニティとコミュニティ，人と環境のそれぞれの関係を変容させてしまう強力なものであり，その結果，人々の世界観は大きく変化した．

同時にそれは新たなるものへの適合化のプロセスであったともいえる．たとえば，オアハカにも大規模なコーヒー・プランテーションがあり，そこの労働者は村の人々だった．その後，彼らはコーヒーの苗や種子を村に持って帰ってしまい，小規模なコーヒー生産者がそこら中にできた．依然として農業の中心はトウモロコシであり，彼らは自給的小農であり続けた．コーヒーはそれに代替するものではなく，エクストラとしての収入を得るための換金作物として，生活を向上させるための手段として定着していった．この過程で，新しい作物は在来農業に「代替」したのではなく，住民によって「適合」されたのである．コーヒーはコミュニティの経済社会の一部となった．

コミュナリティには，外部からの新しいものに適合化し生き残るためにコミュニティ自らを再構築する能力という意味が含まれている．コミュニティが本来的に有する環境適応能力ということである．ある意味，コミュニティが自らを再構築するプロセスは，コミュニティが直面する世界のシステム（かつての植民地パワーや今日のグローバリゼーション等）によって規定されている．コミュニティは環境の変化に応じて生き残るために，あたかも外部からの考え・制度・技術などを一旦受け入れた*ふり*をして，その後，元の状態に戻す努力をし，結局，以前とは異なった新しいものが生まれる．コミュナリティ財団メンバーの言葉を借りれば，ちょうど，カメが全力で走ってウサギと競争してどんなに速く走っても物事（ウサギとカメの関係性）は変わらないように，コミュニティは外部からの影響を拒絶することはしないが，守るべき*何か*を守るため，それを以前と同じ状態にするために色々なことをする．その結果，様々な運動や組織化という現象が生まれるわけである．

この説明に照らせば，オアハカ州における現代版の新しい社会運動も，コミュナリティに基づく自己防衛・適合プロセスの表現と考えられるのである．

(3) 前史としての商業伐採反対運動

　コミュナリティ財団の歴史はその前史としての1980年代初頭の森林伐採反対運動にまでさかのぼることができる．シエラ・フアレス地域で，伝統的に森林を所有し管理してきたのはコミュニティであった．しかし1955年頃，州政府は民間伐採業者に操業許可を与えてしまった．このことは地域には何の便益ももたらさなかった．それまで人々は森林の所有者であったにもかかわらず伐採業者に雇われる労働者になってしまった[17]．商業伐採はその後20年続き，環境にとって好ましくない影響を与え続けた．さらに，州政府は森林を開いて高速道路を建設した．これらの出来事は，社会的・文化的な文脈において，人々と森林の共生関係を変えてしまった．かつて人々は生活に必要な最小限の森林資源を活用し，持続的かつ共生的な関係があったが，森林は「商品」であり「消費」するものだという考えが普及した．

　商業伐採開始から25年経った1980年頃，伐採業者は州政府から操業期間の延長許可を得た．しかし地域住民はこの企業が地域に学校を建設したにもかかわらず，操業延長を歓迎しなかった．各コミュニティの代表が集まり，シエラ・フアレスの自然資源を守る会（Organización para la Defensa de los Recursos Naturales de la Sierra Juárez）が結成された．コミュニティ横断的な組織で，各コミュニティから選出された代表がメンバーとなり，州政府と企業に平和的に働きかけを行なった．その結果，州政府を相手に操業許可を企業から剥奪させることに成功した．目的を達成した「守る会」は解散した．この政府への働きかけの過程で誕生したいくつかのプロジェクトは継続され，その1つがラジオ局であった．

　1989年にゲラタオに開設され，国立先住民庁（INI）によって運営されることとなったラジオ局は，翌1990年から先住民言語によるAMラジオ放送を開始した．以前から住民は先住民言語によるラジオ放送を望んでいたが，番組の内容は官製放送そのものであった．

---

[17]　伝統的に森林の所有・管理者は地域住民（コミュニティ）であったが，これはあくまで慣習上の話であり，法的にこうした先住民の権利が保障されていた訳ではない．政府の立場からは，業者に操業権を与えることができるのは政府であり，住民は勝手に森林を利用した存在にすぎないということになる（ローカルNGO職員）．

(4) 若者による創作活動と地域活性化

これと前後して，1985年に地元の先住民の若者によって，*Trova Serrana*（山の人々）という音楽バンドが結成された．彼らが10年後にコミュナリティ財団を創立する．彼らの音楽は現代楽器による演奏と伝統的なスピリットをミックスした音楽で「我々はいったい何者か」「我々はどこに行くのか」「誰が我々を必要としているか」等，地域に住む先住民の若者の疑問を代弁するようなメッセージ性のある曲をつくり演奏した．ある意味，それは近代的な経済，伝統的な経済の双方ともうまくいっていないというその地域の現実へのジレンマに通じるものであったと考えられる[18]．彼らの音楽はこの地域で好評を博し，やがて若者による文化創作活動が活発化した．

コミュナリティの概念に照らせば，伝統とはコミュニティの内側から来るものと外側から来るものの双方から構成され，実際にはそれらが融合したものであると理解できる．音楽も同様である．つまり，民族楽器でなく現代の電気楽器で曲をつくり演奏したとしても，スピリチュアルな部分ではしっかりと伝統は守られているのである．「すべてのものはいずれかの場所から来るわけで，どれが自分達固有のもので，どれがそうでないか等，物事のある一面をみて区別することに何の意味があるのか」とコミュナリティ財団のメンバーは説明する．音楽だけでなく，実際には，ワークショップ，ダンス，絵画，演劇等，地域の若者の多様な創作活動が行なわれた．

音楽，映画等の文化は常にアメリカやグローバル化の影響に従属してきたが，地域の若者の文化的創作活動は自分達の若者文化とコミュニティをもう一度活性化したいという運動になったのである．一方，運動の担い手である草の根団体・ローカルNGOが資金面では，皮肉にも政府の社会サービス廃止と民営化の促進という構造調整路線の政策的要請に合致した形で支えられている現実も指摘しなくてはならない[19]．

---

[18] メンバーはバンド結成以前から音楽活動をしており，森林伐採反対運動と彼らの音楽活動にも関連性があったものと推察される．

[19] 草の根団体・NGOの様々な活動や運動を財政面で支援した「仕組み」の1つが，本章の後段で取り上げるオアハカ・シエラ・フアレス組織連合会（Unión de Organizaciones de la Sierra Juárez de Oaxaca（UNOSJO））である．UNOSJOは当時のサリーナス政権のイニシアチブの下，1990年頃に当該地域で社会開発等に従事するNGOに効率的に資金を支給するために設立された

(5) コミュナリティ財団の設立とテレビ番組制作プロジェクト

1995年に *Trava Serrana* のリーダーのマルティネス・ルナを含む地元出身で外部での専門教育を受けた有志により「コミュニティと自然を結ぶ仕組みの本質を人々に理解させ普及・啓蒙すること」を目的にコミュナリティ財団が設立された．1990年代前半の若者の創作活動運動の一環として，そしてコミュナリティ財団の活動として，テレビ番組制作プロジェクトが1994年に始まった．

上記の文化的創作活動に携わってきた若者の多くは，当然ながら高等教育を受けていない．この若者達を対象にビデオ機材の使用方法，番組制作などの研修が実施された．彼らは州政府とテレビ番組制作のための契約を結び，機材を借りることになった[20]．若者達は機材の使用方法について十分な知識と技術を身に付けた．しかしこの取り組みの本当の成果は技術ではない．最終的な成果は若者達が自分達である程度の質を伴ったテレビ番組の制作ができたという経験から得た自信である．これが契機となり，彼らは祭りや地域の重要行事，各コミュニティの独自の文化をビデオに記録して42本の映像作品を制作した．対象とした視聴者は地域住民で，この活動が自分達の文化に光を当て再評価することになった[21]．短期間で彼らの番組制作技術にはさらに磨きがかかり，番組はよりプロフェッショナルなものになった[22]．地元テレビ局から30分の枠をもらい，シエラ・フアレス地域の様々な文化を紹介する非常に質の高い番組を制作した．その後，国際コンテストで表彰され番組制作を職業にする者も現れた．また，メキシコでは地域によっては教師が十分におらず，文部省が衛

事実上の官製NGOである．UNOSJOは確立されたビジョンもなく無数の団体に資金を供給し，NGOの活動に「政府の影響力」を与え続ける一方，コミュナリティ財団を含む多くの零細団体はこうしたルートからの資金に依存せざるを得ないのが現実である（マルティネス・ルナ談）．

(20) コミュナリティ財団として契約を結んだのか，若者の任意グループとしてなのかは不明．

(21) 一般にメキシコのメディアに先住民が出演することは非常に少ない．ニュース，ドラマ等には人口比率では少数派のスペイン系白人が多く出演しており，多数派を占めるメスティーソ（混血）ですら人口比率に比べればメディアでの登場頻度は少ない．加えてこれまで二流市民として差別されてきた社会的状況等により，先住民には自分達の文化的アイデンティティを否定し劣等感を持つ者が多い．

(22) 機材は様々なルートで調達された．カメラは青年海外協力隊が持ってきた．編集機材，コンピューター等は放送局との契約によるレンタル，その他内外のグラントなどである．

星放送で遠隔教育を行なっている所もあるが，彼らは政府と契約を結びテレ・プレミアル（Tele Premiar）という小学校向けの衛星放送の教育番組を制作した．パソコンでアニメーションを製作する者も現れた．

番組制作面だけでなく，地元向けの州公共放送のテレビ放送プロジェクトもあった[23]．山の高い所に放送用アンテナ施設を設置し，オアハカ市から受信した電波を，それまで電波の届かなかった山岳地域に向けて発信（リブロードキャスト）するものであるが，オリジナルの番組も流した．地形や気象条件（風，気温）など技術的にも容易ではなかったという．また，故障した機械のペアパーツが手に入らない等，その都度，自分達で何とか乗り切るだけの技術・知識を会得してきたのである．

しかし，こうした技術面や番組・作品の質の面での進歩とは裏腹に経営面では深刻な問題を抱えていた．この放送は3～4コミュニティしかカバーしておらず，視聴者が少ないため，広告収入も十分でなく，電気代を賄うのがやっとという有様であった．さらに，同じ地域でリブロードキャストする別の民間放送局との競合の問題もあった．結局，午後のリブロードキャストを除きテレビから撤退し，2000年，50WのFMラジオ放送プロジェクトとして再スタートした．

(6) コミュニティ・ラジオ・プロジェクト

ラジオ放送はコスト的にも安く，より地域に密着した参加型の番組制作・運営が可能となった．ラジオ放送を聴き興味を持った若者が，自由に番組制作に参加できるようになったのである．実際，番組づくりへの参加希望者も増えているという．当時放送局は「山」の上にあり，興味のある若者が「山」に行って番組づくりをしたいといえば，メンバーが機材の使い方も教える等，一種の「オープンコミュニティ」ラジオ局の役割を果たすようになったのである．1995年から6年間，コミュナリティ財団の活動に携わったメンバーの1人は，コミュニティの若者に焦点を当てることが重要である理由は，放送の技術を若者に身近なものにするということで，単に番組を受動的に「消費」するのではなく，誰もが自分達の番組づくりを「経験できる・参加できる」という精神的

---

[23] オアハカでは夜間しか映画を放送せず，農村部の人達は寝るのが早いので，午後の時間帯に映画放送するなど，住民のライフスタイルに合わせたプログラムの工夫をしたという．

エンパワーメントだと述べている.

　番組で使用する言語として，スペイン語と先住民言語の1つのサポテコ語が一部使われている．この地域には上述の公共放送局があり，現在4つの先住民言語で番組を放送しているが，コミュナリティ財団は番組の内容面で官営放送との差別化を図っている．つまり，コミュナリティ財団は青少年が興味を持つような商業音楽，ファッション等も放送するが，商業音楽でない音楽も放送するし，地元のニュースも放送する．特に番組でのトークの部分では，自分達の地域について再確認し，活性化につながること，1人1人が文化的イニシアチブの一部であることを意識した番組づくりを心がけている．

　2001年に入り技術面で大きな変化が起きた．州の社会開発局（Secretaría de Desarrollo Social（SEDESOL））の補助により，古いトランスミッターを300Wのものに置き換えたのである．これで同年12月から電波が届く範囲が，3～4コミュニティから，30～40コミュニティへと広がった．1つのコミュニティは平均で1,000人程度であるから，一挙に4,000人以上の潜在リスナーを得たことになる．これに伴いスタジオが山頂からゲラタオ中心部（**写真7―1**）に移転し，そこから山頂にあるアンテナに電波を送る方式に改められた．番組制作のために「山」に行く必要がなくなり，人々がより参加しやすくなった．

(7) ラジオ以外の活動と人員

　ラジオ以外の活動としては，音楽や写真のワークショップにより山村の青少年に創作活動を通じた文化面での教育啓蒙活動を行なっている．

　コミュナリティ財団は「山」にデジタル録音スタジオを所有しており，サポテコ語で「our people」という意味の名前を持つ独自レーベルで，地元の若者音楽活動をプロデュースし，これまでに200～300本の音楽CDやテープ作品を製作してきた．「山」に写真の暗室とスタジオも持っており[24]，2～3年前に12～18歳の若者を対象に写真のワークショップを開催，彼等の作品展等も催した．また，地域の文化やイベント等の記事を載せた雑誌をこれまでに第7号まで発行した．地域の手工芸品の展示会，販売も促進している．

　近年は，共同体ラジオ世界協会（AMARC），持続可能な開発のための国内

---

(24) 写真スタジオは，1989年頃，青年海外協力隊員の協力によって立ち上げられた．

写真7—1 ラジオ局の外観（左写真）と放送中のDJ（右写真手前）とマルティネス・ルナ氏（右写真奥）

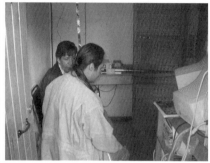

(出所) 筆者撮影.

ネットワーク（Red's），カナダ・インド・米国・北シエラ原住民ネットワーク等の国内外の団体のネットワークに参加し，外部との交流に努めている（CEDI, 2001b）.

最後にコミュナリティ財団の人員について述べる．現在，コアとなるメンバーは5人である．うち2～3人がラジオスタッフである．加えて10人程の準コアメンバーがいる．さらに約20人の地域の若者がラジオにかかわっている．人員はプロジェクトに張り付いており，プロジェクトが多ければ参加者は多くなるが，彼らは専従者という訳ではない．雇用形態というものは存在しない．メンバーの大部分は地元出身者である．

(8) 小括：双方向コミュニケーションとオーナーシップ

図7—1はコミュナリティ財団の活動と役割をモデル化して表したものである．コミュナリティ財団はスモールメディアの特徴を活かした双方向コミュニケーションを地域内の青少年の間で展開する．音楽，写真等の創作活動，番組づくりへの参加とメディア（ラジオ，雑誌）による情報のフィードバックにより，コミュニティに活動のアウトプットとして，伝統と調和した新しい文化・価値観を生み出し，精神的なエンパワーメントにつながる．このアウトプットには，個人に帰属するものと地域に帰属するものがあると考えられる．前者は，①放送，写真等に関する技術・知識，②自分達の文化的アイデンティティの再発見，③個人レベルでの自信などであり，後者は，④地域の将来を担う人材の

3 農村ラジオ局によるアイデンティティ戦略

図7—1 コミュナリティ財団の双方向コミュニケーションモデル

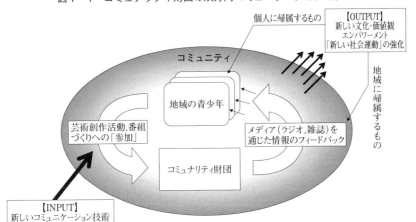

育成, ⑤外部への情報発信や交流を通じたネットワーク, ⑥地域レベルでの精神的エンパワーメントなどである.

しかしながら, 本節ではこれらアウトプットおよびそのインパクトの定量的把握は行なっていない. 重要なことは, 導入された技術は外来のものであっても, 取り組みとアウトプットのオーナーシップは地域および人々に帰属しているということである.

3.4 考察：運動としての意義とそれゆえの課題

コミュナリティ財団の目的は, スモールメディアや文化創造活動に関するコミュニケーションを通じて, 文化・精神面での地域活性化を支援することである. コミュナリティ財団は自分達で地域のあり方を考えるための道具（ラジオ, ビデオプログラム, 情報誌, 写真展等）を地元の青少年に提供している. したがって, コミュナリティ財団は確固とした市民団体組織というよりは, 文化・芸術・放送活動を通じた地域活性化を図ろうとする若者の集まりであり, 組織あるいはビジネスというよりも運動としての性格が強い. 運動としてのコミュナリティ財団の活動から, 2つのメッセージを読み取ることができる.

第1は, グローバル化に対するローカルな視点からの反応である. メンバーの言葉を借りれば,「文化のグローバル化とそれへの従属といった状況のなか

から，自分達がおかれている場所と地域のあり方を考えるべきであり，これは，「自分達は何処へいくべきか，何処へ行きたいのか」ということを個人として，地域として考えていくための活動」であるといえる．すなわち，メディア産業によるグローバル化（近代的・欧米的なもの）を何の疑問もなく一方的に受け入れるのが当然という「文化における思い込み」を克服するための活動なのである．文化的にも経済的にも遅れた山村地域の若者にとって「文化」とは常に外から来るものであったが，本来は自分達で発信するものだということを知ってもらうことが重要なのである．彼らはグローバル化をすべて否定する偏狭な民族主義者ではない．しかし，それと同時に「自分達らしさ」をいかに保持していけるか，という質問への答えを模索しつつ，地元の青少年を対象とした「運動」を展開しているのである．

第2は，コミュナリティである．当然のことながら，放送のための技術は外部の産業的なロジックから来たもので，コミュニティのロジックとは大きく異なる．しかし，コミュニティがその技術を会得・活用して，自らの生き残りに役立てるというニッチのようなものが依然として存在するのである．上述のコーヒーの話と同様，外からの「何か」を自分達のものへ，生活の一部へと消化してしまう能力を人々とコミュニティは持っている．これは，まさに現代におけるコミュナリティの一例といえる．

次に，コミュナリティ財団が現在抱えている問題点を検討する．大きく3つの問題があると考えられる．

第1は財政基盤である．一般論として脆弱な財政基盤は南のNGOにとっての大きな問題であるが，コミュナリティ財団も全く同様である．コミュナリティ財団は当初から，政府や海外の基金のプロジェクトグラント，つまりソフトマネーに依存していた．放送，録音，写真現像の機材は一通り揃っているが，これらは日本の青年海外協力隊員を含む過去にコミュナリティ財団にかかわってきた人々が残していった機材のストックである．機材のメンテナンス費用は恒常的に発生し，現在は地元相手の広告収入でラジオ機材のメンテナンスと電気代を何とか賄っている状態である．当然メンバーは無料ボランティアである．今後は放送エリア拡大に伴う広告収入の増大が期待されるが，引き続きコミュナリティ財団のアイデンティティを理解しつつパートナーとしてのサポートを

提供してくれるドナーを探すことは非常に重要である．

　第2は，運動としてのアイデンティティと商業化とのジレンマである．受信者の数が多くなればより多くの広告収入が期待でき経営は安定する．同時に，番組の質の面ではよりプロフェッショナル性の高い番組が求められる．3～4コミュニティを対象にしていた時には，非常に親密でオープンな雰囲気を売りにできたが，今後はよりシリアスな仕事としての取り組みが求められるようになる．プロフェッショナルでありつつ，運動の面からは，取り組みのオーナーシップをコミュニティの手に残して，地元への開放性を維持することができるかが大きな問題となる．

　第3は，法律面の手続きである．メキシコの小規模なコミュニティ放送局の多くと同様，コミュナリティ財団も非合法の放送局である．非合法の放送局に州政府が助成するのはおかしな話だが，メキシコではよくあることだという．1994年の隣州チアパスでの先住民族の武装蜂起（サパティスタ）の影響もあり，国内で先住民人口比率が最も高いこの地域では政府に対する反発が強いため，この雰囲気を意識しつつ政府は市民団体にアメとしての助成金を支給する一方で，州内で警察が別の非合法放送局に乗り込み機材をすべて没収するという事件も発生している．調査に応じたメンバーは合法化の必要性については検討の余地があると示唆した．

3.5 結　語

　内発的発展論の先駆者，鶴見は「内発的発展とは，西欧をモデルとする近代化がもたらす様々な弊害を癒し，あるいは予防するための社会変化の過程」と述べ，その過程（プロセス）には「伝統文化の再創造」が含まれるとしている（鶴見，1989: 43, 57-59）．この意味において，コミュナリティ財団の取り組みはまさに内発的発展運動そのものといえる．しかし運動の財政的基盤は極めて脆弱であり，政府および内外ドナーに依存せざるを得ない矛盾とジレンマを抱えている．

　本検討は，現地の人々がコミュナリティと呼ぶモダニティと伝統文化の衝突から生まれる内発的な変化についての事例とその今日的意義を提供した．無論，人々は文化のみで生きることはできない．北米自由貿易協定（NAFTA）加盟

に伴う主要穀物の関税引き下げ等の影響が及ぼすであろう巨大な経済的インパクトはコミュナリティのキャパシティを越えた変化あるいは破壊をもたらす可能性がある(25).

4 カタリストとしての農村青年NGO

4.1 問題の所在

内発的発展とは民衆参加と市民社会の興隆を不可欠な条件として地域固有の文化に立脚した自立的かつ持続可能な発展であり（西川, 2001: 14）, 究極的には下からの社会変革のプロセスと理解できるが, 実際には外部からの働きかけと内部者である住民との協働によって変革が始まるのが一般的である. 外部から地域内部に資源（知識, 技術, 情報, 資金）へのアクセス等に関する情報をもたらし, 住民に変革への内発的動機付けを行なう外部エージェントはカタリストと呼ばれ, 近年, 地域開発分野での重要性が認識されつつある. 本節は, 農村青年NGOに下からの社会変革の仕掛け人とも言うべきカタリストの意味を実証的に見出そうとするものである.

いわゆる開発協力プロジェクトの文脈で農村青年というカテゴリーが着目されることは少ない. ターゲットグループとなるのは, 女性, 土地なし農民, 都市の貧困層, 作目別の農業者等である. 下からの社会変化という内発的発展論の本来の視点に立てば農村青年というカテゴリーに注目する意義はある. いつの時代でも変革の担い手は若者だからである.

4.2 理論と仮説

経済社会システムの基本的な領域として, 第1セクターとしての市場, 第2セクターとしての政府に加えて, 市民的公共性という概念をもって第3セクターとしての現代の市民社会に注目をしたのはハーバマスであるが, 彼の議論における市民社会はもっぱら成熟した西欧民主主義におけるそれであった（狐崎,

---

(25) このことに関し, ゲラタオの町内でたまたま食事をともにした中年男性（昼間から酔っていた）が,「テロによる殺人はよくないが, 自分にはアルカイダの気持ちも分かる」と語っていたことは, 非常に印象的かつ衝撃的であった.

2004).

メキシコを含むラテンアメリカでは，新自由主義的改革が進行するなか，西欧先進国とは異なった形での新しい市民社会の形成が進みつつある（北野，2003d）．市民社会は政府や市場の領域から自立した公共空間であり，ハーバマスがいう第1，第2セクターに対する批判・監視的機能のみならず，人々に共通（common）で開放的（open）な公共性を有する領域（市民的公共空間）である（狐崎，2004: 218）．市民社会の構成体であるアソシエーションとしてのローカルNGOは，草の根レベルでのネットワークづくり，環境・人権等に関する住民学習活動，先進国NGOとの連携，政府・国際機関等へのアドボカシー活動などを通じ，新しい公共空間の形成のための変革のエージェントとして位置付けることが可能である（狐崎，2001；北野，2003b）．社会変革論としての開発観と関連する諸概念を表7−4に示す．

以上により，南部メキシコのローカルNGOの活動に内発的発展運動におけるカタリストとしての役割を見出せるのではないかという仮説が得られる．

4.3　分析的視点

(1)　内発的発展における外部エージェント

外部者の働きかけなしに草の根レベルで自然発生的に自己組織化が生じ，地域の社会と環境が改善されるとすれば，それは究極的な内発的発展だが，こうした例は稀である．他事例に関する情報アクセスの欠如，住民のリスク回避志向，時間的余裕のなさ，リーダーの不在，資金・技術の不足により住民が周囲の資源だけを動員し変革が始まる可能性は低い．1980〜90年代に入り，それまでの途上国での地域開発の経験から，外部エージェントによる働きかけが地域住民による自立的・自律的な開発活動にとって不可欠という認識が高まった（Friedmann, 1992=1995: 143-146）．彼らは地域のささやかな変革への意識化と動機付けの種まきを行なう仕掛け人であり，技術・資金・運営に関する外部情報を提供する仲介者である．

(2)　カタリストの定義

元来，カタリスト（catalyst）とは触媒を意味する化学用語だが，近年，開発学でのキーワードになりつつある．地域開発におけるカタリストには，プロ

表7—4 一般的な開発パラダイムと社会変革論としての開発の比較

	一般的なパラダイム (国家(等)プロジェクトの一部としての「開発」)	社会変革論パラダイム (内発的発展運動としての「開発」)
全体概念	政策サイドによって描かれた青写真に基づく上からの政策の実施および知識・技術の移転伝達 / 政府・市場・市民社会 既存の経済社会における3つのセクターの位置関係	新しい公共空間の形成 / 内部者の社会学習と連帯 / 自立支援のための外部からの働きかけ 仲介者・カタリスト
アクター間の関係・プロジェクトとコミュニティの関係	A "over" B アンチ対話的な関係 / プロジェクト(外部者) コミュニティ(内部者) (垂直型・動員的伝達)	テレフォン・システム ☆ A"with"B ○ 水平型・対話的な関係 / (学習と変化を刺激する働きかけ) (自立後の情報発信)

(注) 「テレフォン・システム／対話の関係」における☆印はNGO,○印はコミュニティを念頭におく.実線・点線はそれぞれ1次的な関係・2次的(派生的)な関係を示す.
(出所) Carmen (1996) と北野 (2002b) をもとに筆者作成.

ジェクト管理論における狭義の意味と国際交流・異文化交流の文脈で語られる変革の担い手としての広義の意味がある.

第1は,プロジェクト管理論におけるカタリストである.地域開発における狭義のカタリストは政府組織,援助機関等が実施する制度化された開発プロジェクトの文脈で用いられる.開発管理学のUphoff (1986: 207) は地元行政,協同組合等と連携し,住民の各種資源へのアクセスを改善し,組織・制度づくりの任務を担う人材をカタリストと定義する.今日,住民参加型プロジェクトで専門的訓練を受けたfacilitator, community organizerがこれに相当する.実際の立場は,現場行政職員,プロジェクト雇用者,村外の現地国青年,大学研究室の学生等様々だが,①地域の状況をより深く理解でき得る立場にある現地国の人間,②地域住民にとっては「よそ者」であること,が共通点である(中村, 2003: 189).一般的なカタリストのイメージを図7—2に示す.近年,参加

4 カタリストとしての農村青年NGO

図7-2 カタリストの一般的な概念図

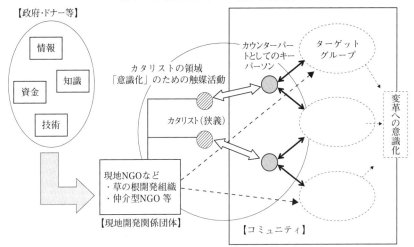

型開発の原型として再評価される戦後日本の生活改善普及員の役割にも類似の機能を見出せる（佐藤, 2002; 水野, 2003）．韓国のセマウル運動でもカタリストを用いたアプローチが用いられた（Uphoff, 1986: 208）．

　第2は，「内発的発展＝下からの社会変革」図式におけるカタリストである．プロセスとしての開発論（北野, 2002b）によれば，究極的な開発とは地域において民主的なガバナンスを構築する内発的な社会変革プロセスだと解釈できる．厳密に制度化されていない内発的活動にもカタリスト的な役割を見出すことが可能だと思われる．この種のカタリストの定義として「新しい崇高な理念や思想・価値観・計画に基づき活動を行ない，人々や社会に刺激を与え，変革を行なう人」（伊藤, 1996: 159）というものがあり，社会変革，知識誘発，共同体変革の役割を担い得る可能性がある．

4.4 目的と方法

　本節の目的は，事例の検討を通じて，上記仮説を実証することである．具体的には，①上記のカタリストの機能を地域におけるささやかな変革の仕掛け人という広義の概念に読み替え，オアハカ州の運動におけるローカルNGOの活動，より内発的かつ自律的な取り組みのなかで，その機能と役割を実証し，カ

タリストの新たな意義を見出し，②上記作業仮説に接近することにより，下からの社会変革としての内発的発展運動の文脈での新たなカタリスト理論の形成に資することである．以下の各節では，取り組みの背景と成立過程，事業内容，外部者（NGO）と内部者（コミュニティ）の関係，事例の問題点について検討する．事例の情報はすべて現地調査から得た．Bibaani は 2002 年 9 月 12～13 日，2003 年 9 月 4 日にイクステペック（Ixtepec）で，Covorpa は 2002 年 9 月 4 日にレイエス・マンテコン（Reyes Mantecón）で調査した．

4.5 仲介型 NGO（Bibaani）による外部からの働きかけとネットワーク化

代替技術推進センター（Centro Promotor de Tecnologías Alternativas, Bibaani (Bibaani)）は，南の NGO の分類では仲介型 NGO・草の根支援組織（GRSOs）に相当する団体（Suzuki, 1998; 北野, 2003b）で，伝統文化再評価，有機農業，環境保全，青少年の訓練と交流等の活動を行ない，従来型開発に代わるオルタナティヴな社会変革を草の根レベルで追求している．外部資金でプロジェクトを請け負うのではなく，モダンな生き方に対するオルタナティヴを提示するという思想性の強い NGO である．

(1) 地域概要

オアハカ州でチアパス州に隣接する南東部の太平洋岸部低地はイスモ（Istmo）と呼ばれチマラパス熱帯林（残存面積 463ha）がある．Bibaani の本拠地であるイクステペック市は同熱帯林の入り口に位置する人口約 2 万人の小都市である（図序―2 参照）．当地は南北アメリカ大陸で最も細い地峡部に位置し，古くから両岸の港町を結ぶ国鉄（1889 年開通）と交易の町として栄えた．1985 年頃には鉄道経営が悪化し，1996 年にアメリカのユニオン・パシフィック（Union Pacific）社に売却された．経済的停滞・人口減少により駅周辺の町には廃屋が目立つ．

(2) 活動背景

1990 年代の中頃，放棄されていた市立図書館の再建運動が契機となって，イクステペック青年共同運動（Movimiento Ixtepecano Unificación Juvenil）というグループが生まれた．大学生を含む 15 人の青年は図書館再建後もサポテコ語の読み書き教室，美術教室等，地域の若者が参加できるイベントを企画した．

目的は若者が集い表現する場をつくることとプロジェクトの資金集めである.

メンバーは「この町に住む若者は小さな町の生活と既存のシステム（グローバル資本主義）の鎖につながれているようなもの」と表現し，「モダンなものが，決まった生き方，消費形態，金の稼ぎ方を規定している」と説明する．彼らの思想的オリエンテーションが確立されたのは輪読会であった．ラテンアメリカ文学，マルクス，ガンジー，アマゾンの環境問題，イスモ出身者の文学を輪読した．一部には政治思想の色彩が強いものも含まれた[26]．この過程でメンバー間にイデオロギー的対立が起きてグループは分裂した．一方は図書館再建運動やサラマンダー保護活動[27]を単に文化や環境保護活動としてみる者，他方はモダンな産業化社会そのものに対するオルタナティヴを探す社会運動の文脈で活動を定義する者であった．1998年のことである．結局，後者がBibaaniの核となりイクステペックに事務所を設けた．2000年に法人格を取得，現在の名称になる．

(3) 活動内容

Bibaaniの目的は農業開発，社会開発等の特定分野での援助ではない．イスモでは，若者の社会参加の機会の少なさ，高失業率等に起因する無気力の蔓延，犯罪の増加，先住民族の若者の文化的価値観の喪失による離郷が憂慮されている．Bibaaniはこれらを孤立した問題としてでなく，常に「グローバル対地域」という社会的な文脈に置き換えて考える．この種の反グローバル化地域主義的イデオロギーにはユートピア論が多いといわれるが，Bibaaniはこの批判を受け止め，現場での実践と行動を特に重視する．住民自身，特に若者が現場で考えボトムアップの活動をするための草の根レベルでの意識化，究極的な内発的発展の追求といえる．

Bibaaniのアプローチは通常のNGOの開発プロジェクトとは異なる．外部者のNGOが共同体に技術と知識を持ち込み普及するのではなく，コミュニティとのコミュニケーションを通じ，イスモ全域をカバーする青少年ネットワー

---

[26] 政治的にイスモでは地元左派政党COCEIが強く，イスモのNGOはCOCEIとつながりを持つものが多い．当初，BibaaniもCOCEIから資金・土地の供与を受けた．

[27] 最初の活動は食用のため絶滅の危機にあるサラマンダー（イモリ，サンショウウオの一種の両生類）の保護で，現在近郊の4村で養殖場が稼動している．

クの形成を目指している.

(a) 有機農業と地場市場づくり

　グループが割れた際に農作業の実践という提案は合意をみたが，一方は化学肥料・農薬を投入し生産性を高め販売収入（活動資金）向上を主張した．他方，現 Bibaani メンバーは有機栽培展示を行ない，住民に「市場がすべてではない」ことを示したいと主張した．結局，Bibaani の活動は販売目的でなく，自給自足と地域住民への啓発効果（伝統的なものを再認識すること）を重視する立場を選んだ．Bibaani はイクステペック郊外に 1ha の農地を有し 1999 年 12 月以来，野菜の有機栽培の展示を行なっている．2003 年 1～7 月には青年 150 人の労務提供により同地にコミューナルセンターが完成した[28]．過去，政府は農業技術者をコミュニティに派遣し，近代農法を奨励したがイスモの小農の多くは，これを受け入れず新品種の栽培には消極的だったいう．地元の人々は自らをサポテコ語でイスモの馬鹿者という意味のメニョロテと呼ぶ．しかし，Bibaani の価値観では馬鹿者でなく賢明な人々になる．

　もう 1 つ農業面で Bibaani が目指すのは NAFTA およびグローバル経済に対抗する地場市場の構築である．NAFTA により国内市場にはアメリカ産農産物が急増，国産品は苦しい立場に追い込まれつつある．今後，主食であるトウモロコシの関税の引き下げ等さらに自由化が進展し，伝統的な小農は大きな変化にさらされることが予想される（北野，2003a）．無論，弱小 NGO には途方もない挑戦であるが，Bibaani は NGO19 団体が参加している Mexhico 13 という国産品購買ネットワークに参加し，販売促進のための地域通貨を発行している（**写真 7-2**）．現在はキャンペーン主体だが，将来は新しい団体を立ち上げ イスモのすべての青年団体をつなぎ，国産品の消費促進を目指す．食の安全面だけでなく，先住民コミュニティからの若者の人口流失が大きな社会問題化する状況で地場市場の構築を通じた経済基盤の活性化により，若者に地域および農業の価値の再認識を促すねらいがある（CEDI，2001b）．

---

(28) 養魚場，ヤギ，豚，鶏，ウサギ，ウズラの飼育設備がある．当初，国の機関から建物を建てる資金援助を得たが，それだけでは十分ではないので，メンバー各自が様々なイベントを開催し資金調達に当たった．2003 年にイラン人から 10 万ペソの資金援助を受けた．

写真7—2　Mexhico13の地域通貨（1米ドル相当）

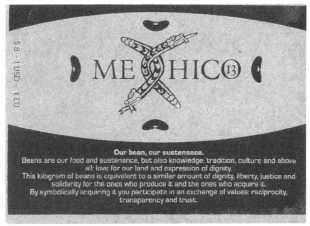

（注）　裏面はスペイン語.

(b)　美術ワークショップ

　先住民文化が色濃く残るイスモでも近代的な消費生活とモダニティが子供に与える影響は大きい．モダンな生活に憧れ自分の文化的アイデンティティがトラウマになる先住民族の子供が増えている．Bibaaniは美術ワークショップでこの問題にアプローチする．

　絵画・陶芸が専門の女性メンバーは，もともとは芸術家としてギャラリーでの展示販売，美術館での展示会を主な活動の場としていたが，輪読会に参加して自らの芸術活動とこれらの社会活動は本質的に同じと考え始めた．やがて彼女は作品を市場で売るだけではなく，Bibaaniメンバーとしてコミュニティで子供のための美術ワークショップを担当する．現在，彼女は油絵具等一般の素材は使用せず，泥，木といった材料を使って創作をする．ワークショップも同様である．身近にある土は美術や建築の材料となるが，それを通じて子供に土地の自然や文化を再評価させる．たとえば子供に木の絵を描かせ，祖父母に木の名称を尋ねさせ先住民言語を学ばせる．ワークショップでは芸術を通じて子供がコミュニティの文化とかかわる場を提供する．

　既成の価値観に浸かっている大人に政治的・経済的見返りのない活動に興味を持たせることは容易ではないが，子供を重点に活動すれば将来は強力な基盤

を持つことができる.

(c) 代替技術の促進

　Bibaani は土,煉瓦等の地場建材を活用したオルタナティヴな建築の実践・普及をしている.上述のセンターには,太陽エネルギー設備,乾燥トイレ,ロレーナ・ストーブ[29]等が展示され,代替技術に関する小規模な図書館もある.地域内外から学習に来る青年のために宿舎も用意されている.

　Bibaani は展示を通じて代替技術が自然に普及することを重視する.近代的な技術を買うことができない貧困層にとって,代替技術とは近代的なものより優れた賢い生活法だということを体験を通じ学んでもらう.他者から与えられ援助されるものでなく,従来型の押し付けの発想でなく,住民自身がよりよい生き方の選択肢として自らの意志で導入することを目指す[30].

(d) 外部とのネットワーク

　オアハカ青年人民フォーラム（FOJO），イスモ文化のための行動地域調整機関,オアハカ市民組織フォーラム,テワンテペック・イスモ調査セミナー,私達の村を改善するローカルなイニシアチブ（Local Initiatives of Improving Our Village）等の各種ネットワークに参加し,外部との情報交換を行なっている（CEDI, 2001b）.政治色の強い活動としては,フォックス政権によって開始されたプエブラ・パナマ開発計画（PPP）に反対するネットワーク（The Resistance Against Plan Puebla-Panama）に参加し,Bibaani は地元 NGO と連携をとり知識人,ジャーナリストを招聘し学習会を開催するなど間接的に反対運動にかかわる.

(e) 組織と活動範囲

　専従メンバーは現在 8 人（うち女性 1 人），年齢範囲は 19～32 歳である.小規模な南の NGO が大人数スタッフを抱えることは資金面で困難である.8 人も Bibaani のプロジェクトにだけに従事しているのではなく,芸術,建築等各々の専門分野を持つ.当面,内外のドナーの支援を誘発するようなプレゼンスのある取り組みを目指している.Bibaani が関与するコミュニティの数は約

---

(29) Lorena Stove. かまどの一種.
(30) ある先住民の村で乾燥トイレのつくり方のワークショップを開いたところ,25 人の参加者のうち 7 人が自宅に乾燥トイレを導入した.

40か所, うち5か所はチマラパス熱帯林内, 4か所が平地地帯, 残りは太平洋岸の山脈である.

4.6　都市近郊農村での農業実践による内側からの意識化（Covorpa）

再植林と環境保護のためのボランティア委員会（Comité de Voluntarios para la Reforestación y Protección（Covorpa））は都市近郊の村で内部からの働きかけを行なう青年NGOである. 南のNGOの分類において, Covorpaは草の根支援織（GRSOs）の性格が強いが, メンバー全員が地元コミュニティ出身者であることから, Covorpa自身が草の根組織（GROs）の性格も併せ持つ.

(1)　地域概要

州都オアハカ市は急速な人口増加という途上国の大都市に共通する問題を抱え, 公式には40万人の人口が実際には70万人以上といわれる. 周辺部に不法占拠者の住宅がつくられ, 法律上7年居住すればその土地を手に入れられる. 人口は年率約6％で増加している. 近郊の農村では, 都市の水需要増大による農業用水不足, アメリカへの出稼ぎの通年化・恒常化による男性労働者不足が深刻化している. NAFTA加盟に先立ち, 農産物の価格支持制度が1993年に廃止され, エヒードの農地を個人が売ることが合法化されるとともに, 都市的土地利用の増大と小規模農業の衰退の受け皿としての農外転用・農地集団化が奨励されている.

レイエス・マンテコン（Reyes Mantecón）は, オアハカ市から南へ19kmに位置する都市近郊平地農村である（**図序—2参照**）. 現在, 近隣のサン・バルトロ・コヨテペック（San Bartolo Coyotepec）市に州政府機関（議会を除く）の移転計画が進行中で, すでに公務員住宅が建設される等, 急速に郊外化・都市化が進むが, 一歩村内に足を踏み入れればのどかな農村風景が広がる. 人口は約1,000人で, 約3割が農業に従事, 残りは離農し建設業に従事する者と教員が多い[31]. ここ20～30年に夫婦当たりの子供数は8～10人から2～3人へと減少, 特に過去10年間青年層の減少と流出が顕著である.

---

(31)　かつて村には1960～70年代に教員養成校だった有名な公立高校があり教員が多く住む.

(2) 活動背景

Covorpa 設立の契機は 8 人の若者の個人的なつながりであった．農学，生物学等を専攻する村出身の大学生が在学中から連絡を取り合い，村に戻り大学で学んだ近代的な知と家族やコミュニティから学んだ伝統的な知を統合して何かをしたいと考えた．1994 年 Covorpa を結成した．全員が大卒である．

村内の大人，特に長老達に若者の社会的な存在を認知してもらうため，Covorpa は最初にテキオ（tequio）と呼ばれるメキシコの結いに参加した．メキシコ農村では伝統的に長老の発言力が大きい．従来，農村では結婚年齢が低く比較的若く父親になるのが一般的で父親になれば年齢にかかわらず大人として扱われる．既婚者は若者とはみなされず，もはや「誰々の息子」と呼ばれることはない．しかし近年，結婚年齢が高くなり，30 歳近くまで「若者」でいるケースも珍しくなくなった．「父親」でも「若者」でもない新しい階層の出現は，先進国では普通のことだが，たとえ都市近郊でも伝統が色濃く残るオアハカ州の農村では新しい現象である．彼らは村内の大人にとって「みえにくい」存在であるが，テキオに積極的に携わることにより「若者も日々の生活で地域に貢献することに関心を持っていることを示す」（メンバー談）ことができる．

Covorpa は 1997 年 12 月に法人格を取得した．申請には活動領域を明らかにする必要があり「農村および都市部の若者活動支援」が目的として謳われた．

(3) 活動内容

(a) Covorpa 農場

Covorpa は村内に約 5ha の農場を有し，トウモロコシ（2ha），飼料のアルファルファ（1ha）が主な作目である．飼料を自給化し，メス豚 10 頭，オス豚 1 頭，年間 25 頭程度の子豚の生産をする．卵生産目的のウズラ飼育と肉牛生産を行なう[32]．Covorpa は家畜飼育が環境に有害なものとならないようにするためには，小規模生産，有機肥料としての土地還元が重要だと考える．レイエス・マンテコンの土地はすべてエヒードなので，村委員会から使用許可をもらい農場として使用，活動の拠点としている（写真 7-3）．事務所棟，家畜施設 2 棟はメンバー自ら建設した．放棄されたレストランの建物が集会場として利

---

[32] 1995 年から飼育を始めたウズラは 1 日約 1,000 個の卵を生産している．肉牛頭数は不明だが，8 か月で 10 トンを生産する．

写真7—3　Covorpa農場風景　　写真7—4　Covorpaの家畜用医薬品販売所

(出所)　筆者撮影.　　　　　　　　(出所)　写真7—3に同じ.

用される．直営の家畜用医薬品販売所を有し，村の若い女性が就労している（写真7—4）．Covorpaの理念に賛同する人は誰でも参加できる．

　農場の主な役割は3つある．第1はメンバーの生産と生活の場としての役割である．以前はCovorpaからメンバーが給料をもらうシステムをとっていたが，現在は工芸，建築等メンバー別に生計を立てている．第2は村内外の若者への展示機能である．離農して都市に出なくても農業で村に定住する方策を示すのである．これには収入の確保と環境への配慮が実現されなければならない．第3は村人に話し合いの場を提供することである．メンバーは「すべての人々，特に若い人々へのオープンスペース，誰でも集まって話し合える場所，若者同士，若者と年長者が自分達の経験や知識を分かち合えるような場所をつくることが目的」だと語る．

(b)　環境ワークショップ

　対外活動の柱はワークショップである．ワークショップの目的は，①若者の社会・政治・環境の諸局面での現実に対する意識の向上，②若者が現実の問題解決に当事者として関与するスキルの習得である．環境や営農の技術的知見だけでなく，村の長老達と対立を避け連携を保ちつつ問題に取り組むマネジメント・交渉スキルで伝統社会に生きる若者の現実的な疑問に応えるのである．活動はアトヤク川（Rio Atoyac）流域に拡大している．

　村の長老，農業者，若者リーダーの3者を集め，土壌・水質問題について話し合い，解決策を考えてもらうため，Covorpaは話し合いの場づくりと調整機

能に集中する．もちろん，場合によっては行政を巻き込まなければならないが，まず住民とCovorpaが問題意識と当事者意識を醸成・共有することを重視する．最終的に行政や外部の支援を要したとしても，まず村ぐるみでの解決策に近づく努力を重視する．

ワークショップの結果，2つの問題が明らかになった．第1はエロージョン（土壌流亡）と土壌汚染による農業生産性の低下，第2は地域のこうした問題への若者の無関心である．このため，小規模農業生産の可能性の若者へのデモンストレーション⇒地域の村々の若者のネットワーク化と問題意識共有の面的拡大⇒若者に加え長老や行政等関係者の対話の場づくり，という戦略がとられているのである．

(c) 水フォーラム

法人としてのCovorpaは州政府からの事業委託も受けている．Covorpaは地域住民の意識と問題解決能力の向上を望んでいるが，政府からみても住民ニーズのまとめ役の機能を果たすことになる．その一例として，水フォーラムについて触れる．

オアハカ市周辺では急速な都市化により水問題が深刻化している．これには不足と汚染の両方の問題が含まれる．汚染源は産業排水でなく家庭排水である．水需要は急増する人口に比例するが水道サービスへのアクセスは市内でも居住区によって大きな格差と不平等が存在し，これは社会階級に比例している．貧困層の居住区では日常的に1日20リットルの取水制限が実施されるところもある．都市の水需要の増加に伴い地下水位は下がりつつあり，農業用水は慢性的に不足している．Covorpaのイニシアチブで「水フォーラム」という委員会がつくられ，地域の複数の団体（行政，市民団体等）の参加を得て活動している．フォーラムを通じた住民学習により乾燥トイレの導入等，身の丈に合った小規模技術，社会的解決法が提案された．州政府はただちに専門家を派遣し，遠方の水源から水を引くための水路建設を解決策として提示する傾向にあるが，Covorpaは安易に解決策を提示する姿勢は住民の学習の機会と可能性を奪いかねないと指摘する．憲法上，水は国家資産だが伝統的価値観から住民はコミュニティの資産だと考えている．政府とコミュニティとの距離感は日本人には理解しづらいがメキシコの地域開発を知る上で重要である．行政とCovorpaと

の対話の今後の動向を注目したい.

(d) 職業訓練プロジェクト

ラ・シエネガ（La Ciénega）村での職業訓練プロジェクトでは，若者に自転車修理の技能を教えている．目的は，①習得した技能を収入に結び付け若者の村内就業に役立てること，②Covorpaの理念である環境に配慮した生活という観点から環境に優しいクリーンな移動手段の奨励である．

オアハカ盆地を囲む山岳部の先住民の女性を対象にしたプロジェクトでは，複数の副収入源の確保を目的とした取り組みを行なっている．当該地域は販売目的の農耕には適さないため，魚の養殖や伝統的な玩具の製作販売を行なっている．Covorpaは複数の活動を同一地域に導入し，収入源の多様化を図る．手工芸だけで生計を立てることはできないが，複数の活動の組み合せで相互補完機能を持たせる．これは専門的な技術や知識を持たない小学校卒の若者・女性を対象としたものである．Covorpaのメンバーのように大学卒業後村に戻った若者を対象に地域の家畜の品種改良を目的とした人工授精プロジェクトも実施する．いずれも究極的な理念は地域の若者への普及教育を通じた伝統的な知と近代的な知の統合である．

Covorpaは必要に応じ外部専門家を活用するが，単に費用を払い知識移転を受けるのではなく，関係者のキャパシティが広がるような関係を求めている．受益者とCovorpaの関係でも，初期費用はCovorpaの資金で賄われるがその後受益者が生計を立てる段階で返済する．支払いが終われば受益者がオーナーであり，すべての便益は彼らに帰属せねばならない．受益者は取り決めで他所への普及やワークショップに協力してもらう．

(e) 外部とのネットワーク

州内の青少年を対象にした類似の団体（8団体），海外のNGOとのネットワークづくりを行なっている．基本的に州内のこの種の活動は，25～30歳代がCovorpaのように組織運営にかかわる世代で，その活動のターゲットになる世代は10～20歳代ということになる．

(f) 当面の成果

第1は，伝統的な価値観のなかで長老からはネガティヴな視点でみられがちな10～20歳代の若者の役割と可能性の再認識と若者と長老の協働が建設的な

活動をもたらすことを住民に示すことができたことである.
　第2は，実態把握・問題解決のプロセスに地域住民が参加する条件と仕組みを提示すれば，住民側からも提案できることを示したことである．行政への丸投げでなく住民が提案を持つことも必要で，それにより初めて行政に住民の声が届く．究極的には地域における新しい参加型のガバナンスの仕組みの構築につながる．

4.7　考　察

　以上で地域の文化・環境への意識を高め，代替技術，小規模農業でそれを具現し，コミュニティ内部での若者の参加，実践，ネットワーク化を促す触媒役としての青年NGO像が明らかになった．各々のカタリスト的機能に注目し，Bibaaniモデルの外部からの介入者型カタリストとCovorpaモデルの当事者型の内部からのカタリストの役割を図7—3，図7—4に示す．双方を含む多様な現地団体が重層的にネットワーク（①〜③）を形成し，下からの内発的発展運動の担い手を形成・育成している．以下，農村青年NGOのカタリスト機能に関する条件，教訓，問題点を考察する．

(1)　よそ者としての存在

　両事例に共通するのはよそ者の要素である．

　Bibaaniの主たる活動対象はイスモの農村の青少年だが，一口にオアハカ州といってもサポテコ，ソケ，ミヘ等16の言語が存在し各コミュニティの文化的・精神的独自性は高い．Bibaaniメンバーはイクステペック市在住の青年でスペイン語で活動している．たとえローカルNGOであっても，コミュニティの視点からは「よそ者＝アウトサイダー」である．Bibaaniのリーダーが「英語よりも，まずサポテコ語を勉強したい」と述べたことが印象的であった．

　Covorpaのメンバーは本拠地のレイエス・マンテコンの出身者であるが，全員が大学進学のため村を離れた経験を持つ．大学で学んだ知識がすべて現在の活動に反映されている訳ではないが，村に新たな価値観と行動を持ち込んだという意味で彼らも外部者的な存在であると理解できる．Covorpaも他のコミュニティに対してはBibaaniと同様の役割を果たしている．

4 カタリストとしての農村青年NGO

図7—3 Bibaani活動にみる外部からのカタリスト機能とネットワーク化

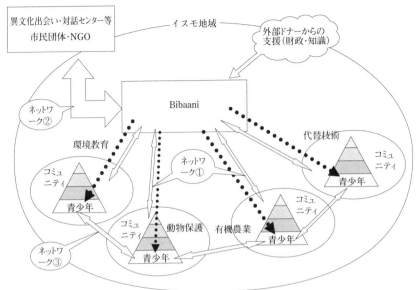

(注1) 「W/S」「D/S」はそれぞれ，ワークショップ，デモンストレーションの略である．●●●▶はそれらを通じた情報提供，外部資源へのアクセス支援を示す．
(注2) 環境教育，動物保護，有機農業，代替技術等の活動分野は必ずしも1コミュニティ1分野とは限らない．
(注3) 図のレイアウト上，青年NGOとコミュニティとの関係（矢印の方向）は垂直的に描かれているが，実際には水平的な関係である．

(2) 住民との関係

　両者の活動内容には違いがみられる．Bibaaniが青少年教育等生産に直接結び付かないベーシックな人的資源の育成を主たる活動とする一方，Covorpaは自前の農場経営，家畜用医薬品販売，女性の経済活動支援プロジェクト等，生産・経済面に直結する活動をする．しかし住民との関係においては共通する姿勢がある．双方のメンバーは異口同音にプロジェクトの押し付けはすべきではないと強調する．両者に共通する手法は，デモンストレーション展示とワークショップである．その内容は異なるものの両者ともに，環境に調和した持続可能なエコライフを提示している．Bibaaniの場合ワークショップは基本的に要請主義をとっている．自らプロジェクトを売り込むのではなく，青年組織のネットワークを経由して先方が関心を示した時に現地に出向くことが基本である．

図7—4 Covorpa活動にみる内部からのカタリスト機能とネットワーク化

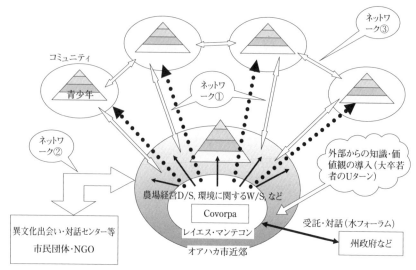

(注) 図7—3に同じ.

開発のオーナーシップはコミュニティ自体にあるとの認識のもと自助努力を重視する（ただし，彼らは「開発」という単語に対しては否定的な見解を持つ）.

(3) テレフォン・システムの結節点

メキシコ国内外の市民社会ネットワークのキーパーソンで草の根知識人として活動するグスタボ・エステバは，中央vs地方，北vs南といった従来型開発観における垂直的な対立軸ではなく，ローカルNGOや草の根・民衆組織等小規模な組織が中心を持たない徹底した分散型ネットワークを築くことが下からの社会変革には必要だと主張する（北野，2003d）．この仕組みはテレフォン・システム[33]と呼ばれ，Bibaani，Covorpaのような団体はそれぞれのコミュニティ，青少年達の連携のテレフォン・システムにおける結節点の機能を果たしていると考えられる[34]．テレフォン・システムは，南部メキシコの内発的発

---

(33) 個々の電話機が地域の電話局，共通の規格に基づき総体として巨大ネットを形成することの比喩．表7—4を参照せよ．
(34) 両事例は表7—1の南のNGOの分類におけるPDAsにも近い．しかし，一般にPDAは「先進国NGOの途上国でのカウンターパート」としての仲介組織であり，CovorpaとBibaaniはPDAsよりもさらに草の根に近い領域で活動するPDAsとGROsをつなぐ存在だと考えられる．

展運動の文脈において，新しい市民的公共空間を構成する「社会の網の目（social web）」（狐崎，2004: 223）として理解することができる．

(4) 財政面の脆弱性

両者に共通する問題は財政面の脆弱性である．

Bibaaniはメンバー各人の収入，Covorpaは農場経営を基盤としつつ，政府を含む内外のドナーからの資金援助，事業委託が不定期的にあるという状況である．FarringtonとBebbington (1993)が「リラクタント・パートナー」と形容したように，南のNGOに共通するジレンマである．これは政府との「距離」という問題につながる．市民運動，NGO活動に対する政府の政治的監視が強いというラテンアメリカの政治的環境で，財政的には多少なりとも政府に依存せざるを得ないが，運動論において政府との「距離」をいかに確保するかが問題なのである．政府の体質として選挙前になるとにわかに資金助成が増えることも報告されている．

両団体は政府とのある程度の距離を確保するという方向性を重視している．たとえば教育普及用の教材の製作にはパソコン，DVD等機器・機材が必要だが小さなNGOがすべて揃えるのは困難かつ不経済である．上述のエステバが主宰する異文化出会い・対話センター（CEDI）のようなNGOのつなぎ役機能を有するNGOがこうした機材をプールし，相互利用・貸出する仕組みができている．ドナーも政府だけでなく，北のNGO，国際NGOとのつながりを強める方向を重視している．

4.8 結 語

地域開発におけるカタリストとは，狭義のプロジェクト管理論およびその文脈における参加型開発論のみにおいて議論されるべき性格のものではなく，より広範な内発的発展の運動の分析においても有用な概念であるといえる．

一般に地域開発のカタリストはプロジェクト実施における行政と住民の仲介役として論じられてきたが，本検討では下からの社会運動というより広範な文脈における新たなカタリスト像を確認することができた．上記にみたカタリスト達は地元の10～20歳代の若者であり，彼らはカタリストとしての専門的な訓練を受けたわけではない．彼らはよそ者であると同時に当事者でもある．彼

らにグローバリゼーション下において周辺化する南部メキシコ農村のオルタナティヴな発展の重要な担い手としての可能性を見出すことができるが，コミュニティ内部の社会経済の変化や外部とのネットワーキングに関するさらに詳細な実態の把握を含む今後の実証分析の積み重ねが必要である．

5 政府とNGOの関係の二面性

5.1 問題の所在

NGOセクターの拡大が発生しているとすれば，その要因には，宗教，歴史等の内的要因（北野，2003b, 2003d）と冷戦の終結，災害復興，さらには構造調整や環境破壊への反発等の外的要因（北野，2003c）があるはずである．この拡大には質的なものと単なる量的なものがある．たとえば，Korten（1990=1995: 23）のNGOに関する4分類[35]が示すように，すべてのNGOが当該国の市民社会のエージェントであるとは限らない．

ラテンアメリカでは，伝統的にカトリック教会に関連したNGO活動が盛んであった．しかし，メキシコの今日のカオス的様相を伴ったNGOブームの背景は，1980年代の経済危機と構造調整，1990年代の北米自由貿易協定（NAFTA），さらにはサパティスタの武装蜂起を契機に活発化した先住民族コミュニティの自立意識の高まりである．調査方法の異なる2つのオアハカ州NGO便覧（2000年，2001年）によって見出された292団体[36]の設立年は1991年に集中し，団体数は1980年代後半から急増している（Moore, et al., 2007）．

本節では，世界のNGO研究において，市民社会の可能性に期待を込めた一種の楽観論がみられる（鈴木，2000）なかで，オアハカ州のローカルNGOの拡大の影の部分に着目し，NGO部門の量的拡大の基底にいかなるインセンティブが存在するかを検証する．

---

[35] 民衆組織（POs），ボランタリー組織（VOs），政府系NGO（GONGOs），公共事業請負団体（PSCs）の4つである．この他にもNGOの分類がいくつかあり，これらの比較は表7—1を参照せよ．

[36] このうち国内法に基づく法人格を有するものは70〜80%程度であるが，南のローカルNGOと市民社会のエージェントという視点に立てば，法人格がないことを理由にNGOの範疇から除外することは適当とはいえない．

5.2 分析の枠組と方法論
(1) NGO研究の今日的諸相
　1990年代以来のNGO研究の論点は以下の3つの立場に集約できる．

　第1の立場は，政府の機能を補完し，草の根レベルで各種サービス提供業務を行なうNGOの役割である．この背後には，緊縮予算（ODAを含む）という財政面の問題，民間にできることは民間にという官民分業の見直し論（地方分権を含む），草の根開発ニーズへのアクセスにはNGOが有利であるといったプロジェクトの実践・技術面での議論など多様な要請が背景としてあり，政府やODA実施機関の記述にはこの種の主張が多い．

　第2の立場は，グローバル経済の進展により国民国家の権限の相対化が進むなか，国家，市場経済と並置される第3の極としての市民社会のエージェント，とりわけ，グローバル地球市民ネットワークとオルタナティヴな開発の担い手としての視点から，南北NGO間の連携およびNGO・政府間の関係を探ろうとするものである（Korten, 1990=1995; Friedmann, 1992=1995）．

　第3の立場は，財政，人事，プロジェクト面について，組織運営管理，技術開発移転の機能面に限定して，政府とNGOのかかわりを注意深く分析し，その混沌とした多様な関係性を組織経営・政策分析的に実証し，NGO，政府（ODA）のそれぞれのあり方に政策的提言を行なおうとするものである（Carrol, 1992; Farrington and Bebbington, 1993）．

　第2，第3の議論に着目すれば，NGOの多様性を踏まえた政府セクターとの関係性はいかにあるべきかという問題が，グローバル化時代における南のNGOを分析するための重要な視座としてあらためて認識される．

(2) 方法論と仮説
　従来のNGO研究の多くは，政府や住民との良好かつ持続的な関係の構築に成功した例など，光の部分の実証を行なってきた．しかし，鈴木（2000）が指摘するように，政府 vs NGOという二元的世界観や期待と熱狂を伴った楽観的市民社会論に依拠する限り，市民社会とローカルNGOの自律・自立的な発展の条件やその阻害要因を直視することはできない．

　図7—5は，NGOと政府の関係の諸相と本節が分析対象とする問題領域の位相を概念化したものである．ローカルNGO部門（D+d+E）の量的拡大への

図7—5 政府・NGO・市民社会の関係にみる二元性・多面性と本節の問題領域の相違

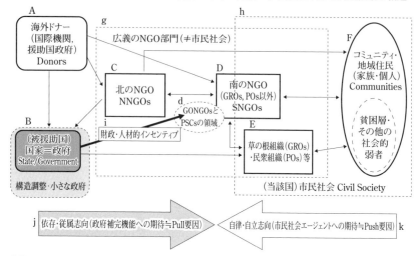

（注） GONGOs は政府系 NGO, PSCs は公共事業請負団体的な NGO のことである（Korten 1990=1995）．「北の NGO」における GONGOs は本論文の分析対象ではないので省略した．

重要なインセンティブとしての政府の政策と機構の変化に着目し，NGO の設立（＝NGO 部門の量的拡大）の背景に，①現地の市民社会の発展に直接的にはリンクせずに政府への依存・従属の強化につながる方向性，②市民社会の自律・自立に寄与する方向性，という相反するベクトル（j⇔k）が存在することが想定される．この狭間にある当事者としての NGO および職員に混乱と模索が影の部分として存在するはずである．こうした指摘は既存文献にもみられるが，本節では開発プロジェクトの文脈ではなく，一般に楽観論に支配されがちな社会運動論の文脈において，その担い手としてのローカル NGO の二元性，多面性にアプローチする．

前提は，NGO 部門の拡大は政府との関係性（B⇔D）により規定されるということである．そして，市民社会の代理人としての NGO の役割を重視する立場に立てば，この要因には積極的なもの（自律・自立志向（k））と消極的なもの（依存・従属志向（j））があるはずだという仮説が得られる．これらのインセンティブを量的に把握することはできないが，仮説への接近の方法として，事例を検証することにより，背後関係を踏まえたメカニズムの一面を理解する．

具体的には，消極的な要因として，財政・資金的側面と人的資源の流出の側面(i)に着目し，南部メキシコ・オアハカ州のローカルNGOを事例に，2002年および2003年の現地聞き取り調査で得られた情報[37]をもとにして，当該NGO成立の事実と背後関係，インセンティブ等を記述し，定性的な検証を行なう[38]．

5.3 財政・資金的インセンティブと政府・NGO関係

1988年，当時のサリーナス政権はネオリベラリズム的政策下における貧困層救済措置として全国連帯計画（Programa Nacional de Solidaridad（PRONASOL））を開始した．1990年に連帯地域基金（Fondos Regionales de Solidaridad）が各地で発足し，各地域の先住民団体に資金を供給する仕組みがつくられ，当初は国立先住民庁（INI）がこの業務を担当した（横山，1993）．この受け皿として行政と草の根を結ぶ機能を持つ中間レベルのローカルNGOが各地で発達した．オアハカ・シエラ・フアレス組織連合会（Unión de Organizaciones de la Sierra Juárez de Oaxaca（UNOSJO））もこうしたNGOの1つである．

(1) 全国連帯計画の受け皿NGOの誕生

オアハカ州北部のシエラ・フアレス地域の先住民族の諸組織に資金を提供するためゲラタオ地域基金がつくられた．ゲラタオは地域の政治経済の中心的な自治体名である．

地元は，INIおよび地域基金に対して，トウモロコシやマメの種子，当地で重要な輸送手段であるロバの購入のための資金など，地域における生産活動および社会開発に関するプロジェクトに財源を提供する役割を期待した．しかし実際には，詳細な申請書類，経理手続きが定められており，慣行による商取引に慣れ親しんできた当該地域の先住民族小農にとっては，INIは利用しづらい取引先であった．また，資金の支払いがしばしば遅延し農繁期に間に合わないなど，行政サービスの質の面でも受益者である小農の信頼を満たすものではな

---

[37] UNOSJOについては2002年と2003年の9月にゲラタオで，CAPLACについては2003年の9月にオアハカ市で行なった．事実関係は調査時点のものである．

[38] 当該地域におけるNGOセクターの拡大を定量的に明らかにすること，実際のプロジェクトの詳細な分析をすることは本節の目的でない．

かった.

　そこで, INI・地域基金と地域住民とのパイプ役機能を担う団体として, 地域内の先住民団体（多くがNGO）の連合体であるUNOSJOが1992年に結成された. この時期に各地で設立された準官製NGO的な存在ともいえるが, 地元の住民リーダー達によって設立され, UNOSJO自体は政治的中立を謳っている. また, UNOSJOのメンバー自身は先住民族文化の再評価に基づく開発観や環境観を主張している. この価値観をもたらしたのは, 設立の際にリーダーシップを発揮した幾人かの地元出身の知識人達である. 彼らに共通するのは, 域外で大学・大学院レベルの高等教育を受けていることである. たとえば, 創立者のアルハンドロ・クルス（Alejandro Cruz）は, 大学で農業工学を学んだ高校教師である (Hernández-Díaz, 2001b: 199-209).

　UNOSJOにはコミュナリティ財団を含む26団体が加盟し, 30自治体の60コミュニティが受益対象となった. 運営は総会で選出された管理委員会, 監査委員会が行なっている (Hernández-Díaz, 2001b: 199-209).

(2) 発展期：資金分配機能からプロジェクト実施機能へ

　設立当初, UNOSJOは地域基金の予算のプライオリティを決定する機能のみを有していたが, まもなく後述の工事機械事業等の自前の事業を行なうようになる. 1994～95年以降は海外ドナー（たとえば, 国連食糧農業機関（FAO）, アメリカのケロッグ財団等）からも資金を得るようになった. このように, UNSOJOの役割には資金分配機能と自前のプロジェクト実施機能がある.

　後者の活動はハード面とソフト面に大別される. 1992年には, 工事機械事業から始まり, 工事用ダンプなど大型機械により, 地域内の道路インフラ整備など公共工事を行なっている. 1995年から州社会開発局の要請で始まった住宅事業により, 自前の建築機械を購入した. 有機コーヒー事業, 食料生産事業, 先住民族文化再評価事業では, 有機栽培や伝統的な食の見直しなどを奨励する.

(3) 2つのUNOSJOにみる矛盾

　当然ながら, UNOSJOは補助金受け皿団体としての役割と先住民による草の根組織（GROs）を支援する草の根支援組織（GRSOs）としてのアイデンティティという矛盾を抱えている.

　UNOSJOの予算は, 約50万ドル（1991年）から, 約100万ドル（1995年），

約150万ドル（1998年）と増加し，地域における影響力と存在は高まった．最大のスポンサーであるINIは，UNOSJOに地域基金の下請け団体の役割をさらに求めるようになった．地域基金の管理業務は1996年に組織内で別部門化され，現在では事務所も別となっている．

その結果，①予算権を持つ政府系UNOSJO部門[39]のNGOとしてのUNOSJO部門への影響力が増大すると同時に，②資金提供を受ける草の根組織やコミュニティも政府系UNOSJOを重視するものとNGOとしてのUNOSJOを重視するものに分かれるなど，当該地域の先住民族コミュニティのあいだの一体感にも，依存と自立という二律背反的な要素が持ち込まれたのである．一方，隣州チアパスのEZLNの武装蜂起（1994年）を契機に，先住民族のオートノミー[40]を重視した発展を求める機運が各地で高まるなか，巨大化・分断化したUNOSJOが本当に地域の自律的な発展に貢献できるのか，という懐疑心が高まった．また，UNOSJOのプロジェクトに対するINIの直接・間接的介入の増加は，NGOとしてのUNOSJOの自立・拡大を望まない政府の不快感の表れだと捉える職員もいた．

2003年5月，フォックス政権はINIを廃止し，先住民族開発全国委員会（Comisión Nacional para el Desarrollo de los Pueblos Indígenas）を発足させた．これにより，小規模な分散型の地域基金が増設されるため，草の根組織等のUNOSJOへの加入（＝量的拡大）のインセンティブは低下することとなった．

(4) 小 括

UNSJOは政府の政策（全国連帯計画）を念頭に，地域リーダーが地元の自律的なイニシアチブを支援するため設立された．しかし，その実態はKorten（1990=1995）らのいうGONGOsの性格が顕著であり，また，現政権の先住民族政策の変化に伴い，NGOとしてのUNOSJOの存在基盤も縮小する方向にある．

---

(39) 政府系UNOSJOが予算権を持つのは，地域基金からの資金であり，NGOとしてのUNOSJOも政府以外のドナーからプロジェクト資金の援助を直接受けている．

(40) メキシコ先住民族運動におけるオートノミーは，単なる地方行政的な意味での自治権を指すのではなく，「文化・歴史・環境，そして自分達の尊厳を守る自由を何者にも侵されない」という意味である（北野，2003d: 142-143）．

5.4 人材流出インセンティブと政府・NGO関係

NGO部門の量的な拡大に対するインセンティブは資金・制度的なもの[41]にとどまらない．政府事業の縮小により，専門的知見・技術を有する人的資源が非営利・民間部門へ移動した．職を失った個人およびグループが，国家と草の根の中間レベルで，専門性と人脈を生かした仕事の場を模索するようになり，これがNGO活動のもう1つのインセンティブとなった．以下，コミュニティ能力向上計画（Capacitación y Planeación Comunitaria（CAPLAC））を事例として説明する．

（1） 政府のキャパシティビルディング事業

CAPLACの活動は1980年代後半にさかのぼる．連邦政府による先住民を対象とした社会経済開発プログラムとなったパイロットプロジェクトがオアハカ州イクステペック市近郊で開始され，特別プログラム（Programas Especiales）と呼ばれた．これは1989年に上述の全国連帯計画に吸収された．当初，特別プログラムはダム建設による住民移転に対する補償措置としての意味合いがあった．

特別プログラムのために，農学，土壌学，工学，経済学，社会学，心理学，教育学等の分野の専門家20人からなるプロジェクトチームがつくられた．メンバーは移転先のコミュニティに出向き，現地での社会経済開発のための新住民自らによる問題発掘と案件形成のためのキャパシティビルディングにむけたワークショップを実施することを任務としており，自らをカミカゼ・チームと呼んだ．これを踏まえ，道路交通インフラ，保健衛生等の具体的なプロジェクトが形成された．

チームはオアハカ州でのパイロットプロジェクトの経験を方法論化し，後に他の16州で同様の取り組みに従事した．やがて，このキャパシティビルディングは国立先住民庁に吸収されたが，1994年頃には連邦社会開発庁（Secretaría de Desarrollo Social（SEDESOL））のものとして実施されるようになった．

---

[41] 1980年代来の構造調整は政府が提供するサービスや資金を大幅に縮小させ，政府が撤退した隙間を埋め合わせる必然性から，NGOや協同組合の活動の領域が拡大した．たとえば，オアハカ州では，メキシコ・コーヒー公社（INMECAFE）や普及事業の廃止により，両者を補完する各種の協同組合的組織が発達した（第8章「2 構造調整とコーヒー生産者組合」を参照せよ）．

(2) 縮小・離散：政治運動化と人員整理

上記の過程でチーム内に2つの政治的な志向が生まれた．両者はそれぞれ別の理由で政府の仕事から流出せざるを得なくなった．

第1は，政府と対峙する，あるいは距離を置こうとする志向である．オアハカの隣州でメキシコの最貧困地域であるチアパス州で発生したEZLN武装蜂起以前から，先住民族の間に連帯・自主独立的な政治的気運が高まっていた．やがて，政府主導で始まったキャパシティビルディング事業が現地では政治的・思想的な色彩を持つようになった．現場で先住民と強いつながりを持つようになった専門家や社会開発庁関係者の異動・左遷が相次ぎ，1993～94年頃にオリジナルチームは事実上消滅した．

第2は，政府部内に留まる，あるいは協働の場を求めようとする立場である．チームのうち農学と社会学分野の2人の専門家はオアハカを離れ，メキシコシティでの国立先住民庁（INI）に勤務した．その後，再びオアハカに戻り，CAPLACを立ち上げた．

CAPLACスタッフによれば，行政改革の結果，1995～2000年にかけて，行政機構の予算・組織・人員の削減が敢行され，これは連邦～州～自治体という順序で進行した．上述のキャパシティビルディング事業も1996年に連邦から州段階の開発計画委員会（Comité de Planeación para el Desarrollo del Estado de Oaxaca（COPLADE））の事業となり，事業規模も縮小した．2人の専門家は，1998年にオアハカ州で独立のコンサルタントとして活動を開始するためNGOを作り，世銀の森林管理計画を受託した．1999年に正式にCAPLACとして法人格を取得した．

活動の基本は，農林業の技術的な知見を踏まえつつ，キャパシティビルディングに徹するということであり，調査のために参加型農村調査法（PRA）等の手法を用いる「手段としての参加」的な立場をとる他のNGOとの違いを強調している．

(3) CAPLACの設立と活動概要

CAPLACのスタッフは現在6人（うち1人は経理職員）である．専門分野は農学，社会学のほか，医学，林学（2人）であるが，各専門家はそれぞれ独立の専門家としても活動をしている．これはメキシコの零細NGOの一般的な形

態で，上記の経緯を経て政府から流出した人材がパートナー的な立場で法人を組織したコンサルタント集団としての意味合いが強い．

近年のクライアントには，世銀のほか，世界自然保護基金（WWF）や米国国際開発庁（USAID）があり，WWFからは州内のチマラパス熱帯林東部のサンミゲル自治体に属する約25のコミュニティを対象にした土地利用計画，所得機会創出，外部移住者との紛争処理等を内容とする住民参加型森林管理計画（Diagnosis y Plan de Desarrollo de la Zona Oriente Chimalapas, 2000-02年）を受託した．また，州環境天然資源省へ派遣されたJICA個別専門家との共同で，州内のシエラ・ノルテ地域の4つのコミュニティを対象にした林産加工振興計画（Programas de Manejo Forestal y Ordenamientos Territoriales）にもかかわっている（小林，2004a, 2004b）．

(4) 小 括

CAPLACは，政府のプログラムによって集められ雇用された専門家が，その後の政策的・組織的環境の変化によって流出し，NGO化した例である．この図式は，同地で1970～80年代にカトリック教会組織のイニシアチブによって召集された専門家達がその後NGO化した事例（SIFRAなど）に酷似しているが，CAPLACのスタンスはもっぱら政府やODAの事業を受託する現地の民間コンサルタントに徹している点で異なる．これは専門家個人の価値観に基づくものである．

5.5 考 察

(1) 事例の記述を踏まえた諸概念の再整理

最初に経済社会を構成する3つのセクター論（国家，市場経済，市民社会）を念頭に以下の4つの概念の（再）整理を行なう．括弧内のアルファベットは図7—5のそれに対応している．

第1に，「政府部門」は実際の機構，人員，資金，目的，国家意思を伴った形で存在する行政そのものを指し，出先機関もここに含まれる（B）．

第2に，「NGO部門」は当該国内のNGO部門であり，実際の組織群の総称であり，広義のNGO部門（g）から北のNGO（C）を除外した概念とする（D+d+E）．

第3に,「国家・政府の領域」は機構・機関としてとしての行政府ではなく,経済社会の3つの領域のうちの国家の領域をさす抽象的な概念とする(B+d).

第4に,「市民社会の領域」も当該国の市民社会セクターを指す抽象的な領域概念とする(h).したがって,「政府部門=国家・政府の領域」「NGO部門=市民社会の領域」という単純な図式は成立しない.このグレーゾーンともいうべき領域(Dの左端+d)で活動するのが上記でみた2つの事例である.

(2) 政府と市民社会の間で動く資金と人材

事例としてのUNOSJOとCAPLACに関する記述について,図7―5を踏まえて,国家・政府,海外ドナー,コミュニティとの関係に着目して整理したのが図7―6・図7―7である.

UNOSJOはNGO部門の拡大要因の二元性の矛盾を組織内に内包している.UNOSJOは,国家・政府と市民社会・コミュニティの綱引き,コミュニティ間の異なる志向(政府への依存志向,自律・自立志向)の綱引き,組織内部での異なる志向(政府志向,自立志向)の綱引きという3つの錯綜した課題を取り込んでいる.ここでは,資金をめぐる思惑が極めて重要な要素となっている.結果として,UNOSJOはGONGOであると同時にGROs[42]を支援するローカルNGOであるといえる.

CAPLACに関する記述は組織内部の思惑やインセンティブを考察するのに十分なものであるとはいえない.しかしオアハカ州の他のローカルNGOの事例(北野,2003b,2003cなど)と比較することにより,「国家・政府」と「市民社会・コミュニティ」の挟間には,個人レベルあるいはNGOレベルにおいて2つの異なる志向(政府との協働志向,草の根志向)があると理解される.

(3) 事例から読み解くそれぞれの「思惑」

途上国の地域開発問題を理解する際,政府から草の根に至るまで,立場と目線に応じた現実認識とニーズへのプライオリティが存在することを忘れてはならない(北野,2003d).最後に,NGO部門の拡大要因の二元性という命題を3つの立場から読み解いてみたい.3つの立場とは,政府,専門家個人,コミュニティというそれぞれの目的と意思を有する3つのステークホルダーの目線

---

[42] 地域住民が直接メンバーとして参加し,南のNGOのなかで最も住民に近いところで活動する組織(Fisher, 1993).民衆組織POsともいう(Korten, 1990=1995).

図7―6　UNOSJOと政府・市民社会の関係

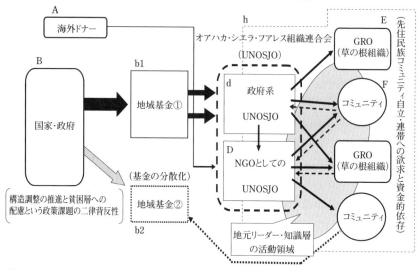

(注1)　実践矢印は資金と政策的意思，点線矢印はニーズ・期待感を表す．
(注2)　図中のアルファベットの意味は図7―5と同じ．

図7―7　CAPLACと政府・市民社会の関係

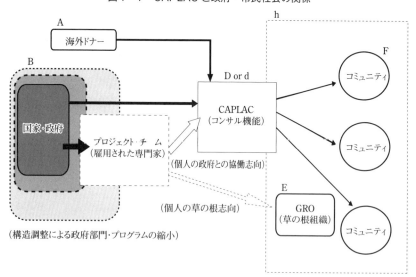

(注1)　実践矢印は資金と政策的意思，白ヌキ矢印は人材の移動を表す．
(注2)　図中のアルファベットの意味は図7―5と同じ．

である．表7—5にみるように，3つの立場それぞれに応じて，相反する2つの思惑が存在し，NGO部門の拡大に対する上からの政策的要請（Pull要因）と下からの市民社会からのニーズ（Push要因）があることが概念的に理解される．

5.6 結　語

以上の検討から，市民社会の代理人としてのローカルNGO部門の質的な発展を重視する立場に立てば，冒頭の仮説で示した積極的要因と消極的要因を確認することができよう．

FarringtonとBebbington（1993）は，アジア，アフリカ，中南米での農業技術開発における政府とNGOとの関係を「リラクタント・パートナー」と形容した．高柳（2001）は，カナダを事例に，北のNGOと「政府との創造的緊張」という命題を提示した．本節では，メキシコ・オアハカ州におけるNGOの量的拡大へのインセンティブを政府との関係という視点から検討し，そこでの二元的，多面的な関係を検証し，既存研究の隙間を埋める手がかりを提供した．無論，僅か2つの事例をもって，これを一般的な教訓とすることはできない．さらなる定性分析の積み重ねが必要である．

6 むすび

オアハカ州におけるローカルNGOの成立，展開，活動の内容について，6つの団体の事例を用いて検証してきた．それぞれの節の結語において，一定の整理をしてきたので，重複は避けなければならないが，まとめとして以下の点を確認しておきたい．

第1に，これらのプロセスは政府の制度政策や教会組織などの外部のオーソリティーやパワーとの関係性によって規定されてきたという点である．それは，構造調整や新自由主義，ローマカトリック界の方針といったマクロなものから，森林伐採，公務員のリストラなどミクロかつ直接的な利害にかかわるものの両方である．

第2に，第2節のカトリック教会とNGOの関係，第3節のコミュニティ・ラジオ局開設の背景でみたように，NGOの成立の前史をたどれば，1990年前

表7—5 NGO部門の量的拡大をめぐる思惑と要因

	国家・政府の要請に後押しされたPull要因（またはそれへの市民社会の反応）	市民社会の内側から生ずるPush要因（またはそれへの政府の対応）	教訓
政府の立場での「思惑」	①構造調整による小さな政府の誕生，②セイフティーネットとしての貧困対策の実施を背景としたNGOの政府補完機能への期待と誘導（NGO部門の拡大への種まき）．	組織として，個人として，先住民族コミュニティの自主独立・連帯化の動きにかかわりを強めるNGOに対する危機感とリスク分散．具体的には小規模な地域基金の増設など（NGO部門の質的変化への牽制）．	政府の自己矛盾的側面（種まき↔牽制）
個人（専門家）の立場での「思惑」	雇用先としての政府機関・政府プログラムから異動した後も，専門家としてNGOを設立し，コンサルタントとして「国家・政府の領域」とのかかわりを重視するスタンス．結果的にGONGOsまたはPSCsの増加につながる（個人における政府志向）．	専門家としての活動の場を，政府機関・政府プログラムから，草の根に近い場所に移し，より積極的に先住民族運動にかかわろうとし，GONGOs/PSCsとは一線を画したスタンス（個人における草の根志向）．	個々に異なる価値観を持つ専門家達の存在
コミュニティの立場での「思惑」	受け皿組織としてのNGOを持つことにより，政府からの資金を呼び込むことができる．プロジェクト内容・結果・NGO組織運営などへの政府の関与は基本的に容認する立場（資金ニーズ≧自律・自立性）．	先住民族としてのアイデンティティとオートノミーを特に重視．プロジェクトの主体はコミュニティであり，開発プロジェクトではなく社会運動であるという立場．政府への依存を避けるため，海外ドナー（民間財団，北のNGO）への資金源の分散を志向（自律・自立性≧依存・従属性）．	地域間競合と市民社会分裂の可能性

(注)「個人における政府志向」「個人における草の根志向」は，仕事の場が現場であることとは無関係．

後の構造調整期以前に萌芽があったということである．事例としては直接につながっていないものの，第2〜3章におけるイサベルやヴァンデルホフの証言と併せて考えてみると，1970〜80年代のオアハカ州の地域レベルの政治的な空気を感じることができよう．

　第3は，各事例において明示的あるいは暗示的にみえ隠れするキーパーソンとも呼ぶべき個人の存在である．専門家，農民リーダー，地元出身の若者など，

6 むすび

その出自は多様であるが，マクロの政治・経済・社会状況を理解するとともに，地元の問題を憂い，オルタナティヴを求めようとする「当事者」達である．

最後に，本章の検討の目線はマクロの国家・州レベルとミクロのコミュニティ・レベルの中間のメソ・リージョナルレベルのそれであった．コミュニティ内部での意思決定やそれにかかわるポリティックス，コミュニティの内部者からの「もののみえ方」という検討課題は扱っていない．仮に各事例の活動が展開される地域において，文化人類学，民俗学的な研究が行なわれれば，本章のそれとは全く異なった問題提起がなされ得ることは十分に想定できる．しかし，本章でみてきたことは，今日のオアハカにおける対抗運動形成のメカニズムのサンプル事例であり，諸相なのである．

第8章　グローバル化への反応と矛盾

1　はじめに

　前章ではローカルNGOと政府との関係を軸に考察を行なった．本章では，グローバル化への反応という視点から，いかなる現象がオアハカ州において発現し，そこにはどのような問題が見出せるか考えてみたい．マクロ政治経済の動向と政府の制度・政策をより意識しながら，州レベルのコーヒー農民の協同組合的組織の形成と中米を対象とした国家横断的メガ開発計画に対する反対運動の諸相に関する2つの論文を取り上げる．
　まず，「2　構造調整とコーヒー生産者組合」においては，1980年代の構造調整の一環として行なわれた政府によるコーヒー買取り制度や技術普及指導サービスの廃止に対する農民側からの自己防衛のための動きとして，州レベルでのコーヒー生産者ネットワーク組織の再構築のプロセスと実態および課題について検討を行なう．
　次に，「3　PPP反対運動とローカルNGO」においては，国家横断的巨大開発プロジェクトに包含されるいくつかの矛盾をオアハカ州テワンテペック地峡地域の事例から明らかにするとともに，反対運動の主体である住民組織とローカルNGOの活動や連携の実態について紹介する．
　両節は「構造調整・民営化とコーヒー小農組合」「巨大開発計画と先住民族」という文脈の異なるグローバル化／新自由主義への反応の事例として提示されるわけだが，そこにはポスト開発論者が主張するオルタナティヴな社会変革の可能性だけでなく，現実論的な矛盾も見出すことができるのである．オアハカ州における「複数形」の運動は決して一枚岩ではないし，彼らのネットワークには脆弱な面もあることを忘れてはならない．

2 構造調整とコーヒー生産者組合

2.1 問題の所在

　一般に，第三世界における協同組合的組織[1]は，農民・住民の自発的な組織ではなく，政策実施のための准政府機関としての性格を有するとされる（白石，1992；辻村，1999）．一方，1980年代以降IMF・世銀が推進する構造調整により「官製組合」育成に対する制度・政策的インセンティブは減少する一方，ローカルNGOを含む自発的・民主的な組織の発達の可能性が指摘されている（辻村，1999）．

　オアハカ州コーヒー生産者調整機構（Coordinadora Estatal de Productores de Café de Oaxaca（CEPCO））は構造調整を契機として誕生した小農コーヒー生産者組合のネットワークである．CEPCOは村落（コミュニティ）段階のコーヒー生産者組織（以下「地域組合」）の連合で，農民による協同組合的組織である[2]．カニャダ（Cañada），シエラ・ノルテ（Sierra Norte），シエラ・スール（Sierra Sur），ミシュテカ（Mixteca），イスモ（Istmo），コスタ（Costa），パパロアパン（Papaloapan）という州内の主要コーヒー産地を網羅し，49の地域組合（約200コミュニティ）が加盟，約23,000戸（受益者約150,000人）が参加する．政府に代わり生産・流通から教育・福祉に至る事業を展開し，コーヒー生産地域の地域開発における主要な役割を担っている（図8—1，写真8—1）．

　本節の目的は，①1980年代以降のメキシコの構造調整と農政改革の説明，②CEPCOネットワークの形成過程の検証，③現下の組織と事業，地域組合の事例を紹介し，グローバル経済下における対抗運動としての南の協同組合論を考える手がかりを提供することである．特記なき情報は2002年9月と2003年8月の現地聞き取り調査による．

（1）　協同組合および「（広義の）経済事業を行ない，かつ組合員による共同管理・経営がなされている組織」（辻村，1999：8）を念頭におく．
（2）　法律による法人格はAsociación Civil（市民団体法人の意）となる．

図 8—1　CEPCO の加入地域

（出所）　CEPCO（2000）.

写真 8—1　CEPCO 本部の外観

（出所）　筆者撮影.

2.2 メキシコにおける構造調整と農政改革
(1) 構造調整と南北問題

すでに述べてきたように,メキシコでは,1982年の金融危機・債務不履行を機に,輸入代替工業化路線から新自由主義経済路線へと経済政策の大転換が行なわれた.IMF・世界銀行の指導の下,公営・国営企業の民営化,政府補助金の大幅削減を敢行,いわゆる構造調整を経験した(国本,2002).この過程で1986年にGATTへの加盟,1994年に北米自由貿易協定(NAFTA)とOECDへの加盟を果たすが,1994年12月にはテキーラ危機(ペソ切下げ)が勃発,その後も経済の回復は遅れている.その結果,メキシコ経済のアメリカ多国籍企業への従属が強化された(吾郷,2003).

NAFTA内の南北問題に加えて,国内の南北問題も深刻化している.たとえば,平均余命の格差は,73.7歳(ヌエボレオン州)~61.4歳(オアハカ州)と大きい.NGOであるメキシコ消費者保護研究会(Asociación Mexicana de Estudios para la Defensa del Consumidor)によれば,セディージョ政権発足時の基礎生活物資(la canasta básica)の平均価格は640ペソ(1994年)から2,055ペソ(2000年)へと252%の増加となる一方,平均賃金は148%増にとどまるという(CEPCO, 2000: 7).セディージョ政権の貧困層への教育・健康・食料支援計画(PROGRESA)の便益は貧困層の44%(1,200万人)には達していない.穀物を中心とする食料輸入は1999年には860億ドルに達するが,これは同国の石油輸出額の97%に相当する.貧困の拡大に比例してアメリカへの出稼ぎが増加,毎年約2,300万ドルが送金されている(CEPCO, 2000: 5-13).

(2) コーヒー部門の概況

コーヒーは,熱帯地域の多くの小農にとって重要な現金収入源である.その価格には自国の農業政策と国際市場の動向が直接的に反映され,小農はグローバル経済におけるマージナルな存在である.

メキシコは,ブラジル,コロンビア,インドネシアに次ぐ世界第4位のコーヒー生産国である.1990年代以降,日米欧のコーヒー消費量は横ばいである一方,世界の生産量は引き続き増加傾向にあり,国際的に供給過剰・価格低迷が続いている.

オアハカ州は面積,生産量ともにチアパス,ベラクルス両州に次ぐ国内第3

位のコーヒー産地である．メキシコのコーヒー生産者は，企業的な大規模単一経営（200 ha を超える場合あり），家族経営による小規模単一経営（10 ha 以上），自給的な零細複合経営(3)（最大 2～3 ha）の 3 つに大別される（Downing, 1988）．生産者の 60％ が先住民族の小農である．先住民族の人口比率が最も高いオアハカ州は，経営規模 2 ha 未満が 59％（1994 年），エヒードが 55％（1992 年）となっている（Piñón y Hernández-Díaz, 1998）．南部貧困州でも隣のチアパスは比較的規模が大きいが，オアハカ州は生産者の 70～80％ が年間数百 kg の小規模生産者である（ミシュテカ組合役員談，2002 年 9 月 9 日）．

(3) 農業政策の推移

メキシコでは農業生産者の組織は国の政策の強い影響を受けてきた．農民・農民団体は全国農民連盟（CNC，1920 年設立）や全国農村生産者連盟（CNPR）に組織され，政府とこれら農民団体の関係は補助金という媒介によって規定されてきた（CEPCO, 2000: 25）．コーヒーについては複数の機関を統合してメキシコ・コーヒー公社（Instituto Mexicano del Café（INMECAFE））が 1958 年に発足し，1989 年の廃止まで，コーヒーに関するマーケティング業務（買上げ，販売，信用，輸送等）を一手に行なっていた．INMECAFE の運営委員会には，全国コーヒー生産者連盟（Unión Nacional de Productores de Café，CNC の一部），中・大規模生産者が加盟する CNPR コーヒー生産者連盟（Unión Nacional de Productores de Café de la CNPR），メキシコ・コーヒー生産者連盟（Confederación Mexicana de Productores de Café）の 3 団体が参加していた．

1960～70 年代を通じてコーヒー価格は生産者に有利な状況で推移したが，1989 年に国際コーヒー機関（ICO）の輸出割当制度が廃止され，国際価格は暴落した．メキシコ国内の担当機関である INMECAFE も，新自由主義路線のサリーナス政権（1988～94 年）の登場により，構造調整に基づく農政改革の一環として 1989/90 年度に廃止された．INMECAFE は非効率性，腐敗，汚職が指摘され，財政を圧迫する要因となってはいたが，廃止に伴う経過措置のないドラスティックな改革となった．INMECAFE の代替機関であるメキシコ・コーヒー委員会（Consejo Mexicano del Café）は，大規模生産者と輸出業者をより

（3） 豆，トウモロコシ等の自家消費用の作物と換金作物としてコーヒーを生産する．

重視する姿勢を打ち出している（CEPCO, 2000: 18）.

　サリーナス政権が貧困層向け補助金政策として打ち出した全国連帯計画（PRONASOL）のなかで農業生産対策，地域開発は重要な位置を占めた．この事業の受け皿として末端地域レベルで連帯委員会が組織され，コーヒー生産者も参加した．1994年までに50万の小規模生産者が400の委員会に組織された．1994年の政権交代で全国連帯計画は廃止となった．1994年に農家直接支払制度（PROCAMPO）が開始され，1996年に農村同盟（Alianza para el Campo）が組織されたが，新自由主義の枠組下での貧困対策の域を脱していない（CEPCO, 2000: 28; 松下, 2001）.

2.3　CEPCOの成立過程
(1)　萌芽期（1989年以前）

　CEPCOの成立の萌芽は1989年以前のINMECAFE職員と小農による廃止反対運動であった．職員，労働組合，農民，外部賛同者が連合し，組織の存続を各方面に訴えたが，IMFと政府の強力な指導による構造調整の下で，反対運動は実を結ばなかった．小農は販路を失い，中間業者による買叩きが横行した．

(2)　再構築・組織化（1990年代前半）

　INMECAFE組織の消滅後，自発的な組織再構築の動きが地域から始まった．自衛のために各地で生まれた村段階のコーヒー生産者組織が，州全体を束ねる機能の再構築を促した．州北西部のミシュテカ地域では，まず，農民リーダーが村のすべての生産者を1戸ずつ訪問して，地域組合設立の合意を取り付けた．次に，在オアハカ市の元INMECAFE職員3人に話を持ち掛けた．同様の現象が複数の他地域でも同時進行的に生じ，中央段階の組織のあり方が検討され，村段階と本部（オアハカ市）の組織がそれぞれ設立された．CEPCOは中央集権型の組織ではなく，地域組合の連合体であり，本部は連絡調整・教育研修に特化した．その結果，INMECAFEと同様の機能を持ちつつ，政府から独立した農民による団体が再組織された．最初は23の地域組合が参加する小さなネットワークであったが，2〜3年内に州内の主要コーヒー産地をカバーする州段階の組織に成長したのである．

組織構造の基礎は元 INMECAFE 職員によってつくられた．1989 年以前，地域の各村に INMECAFE の支部である生産販売経済単位（Unidades Económicas de Producción y Comercialización（UEPC））という農村銀行に近い組織が存在したが（Downing, 1988），廃止後，インフォーマルな組織として各々生き残りを模索するようになった．言語・政治・宗教・思想的な背景が異なる多様な先住民族間の紛争が頻発する状況で州全体の連携を図るには，管理運営・サービス提供が特定の集団に偏らないよう，透明性を確保する必要がある．実際には，村段階のインフォーマルな組織の多くが透明性を欠いたため困難な状況に陥っていた．しかし，CEPCO はこの既存ネットワークを継続し再構築する方策を探った．

CEPCO の当初の全体構想においては，農民と失業職員の救済策的な意味合いが強かった．しかし，現実には農民自身がビジネスにかかわらざるを得なくなった．従来の末端の組織構造は村落共同体に基盤をおいた非常に小さな組織で，一旦そこから出荷すれば，その先のマーケティング，流通，調製，加工，販売等のビジネス面は INMECAFE 組織により中央集権化されていたため，農民自身がこれら業務について学習する機会はなかったのである．しかし，商業化・市場化に対応した機能を CEPCO に持たせる必要性の認識が高まった．設立に関与した元 INMECAFE 職員，現場生産者らがこの試行錯誤の学習プロセスに参加したことが，全体の組織強化につながったのである．

この時期には CEPCO による技術支援事業（1991 年），女性プログラム（1992 年）が発足した．1992 年以降は任意団体の参加は認められておらず，法人格を有する団体のみが地域組合として加入できる．

(3) 拡大・発展期（1990 年代中半以降）

地域組合の加盟の増加に伴い，CEPCO は社会企業路線を目標として掲げた．INMECAFE の代替機能としての出荷・販売だけでなく，小農の「コーヒー経済」を形成する家族[4]や地域の生活向上も活動対象となるという認識である．

---

(4) 平均的な CEPCO 会員の経営規模は，換金作物としてのコーヒーが 1〜2 ha，ミルパ（*milpa*）とよばれる自家消費作物（豆，トウモロコシ等）が 2ha である．大半は天水農業で生産性は非常に低い．1戸当たり6人の家族（夫婦と子供4人）が平均的な世帯で，95% は先住民族である（CEPCO, 2000）．

1995年にクレジット組合（UCEPCO）が発足，事業部門（programas）と企業部門（empresas）が分離した．企業部門の拡充により非コーヒー分野の事業の多角化が進んだ．CEPCO会員の呼称は個人概念である小規模生産者（pequeños productores de café）から農家概念であるコーヒー生産者とその家族（familias cafetaleras）へ変わった．

(4) 小 括

CEPCOは単純にINMECAFEの一部が非政府組織に置き換わったものではなく，中央・地方の各段階で農民，労働者の自衛的活動が結び付いた成果である．この過程は中央と地方の複眼的視点で理解することが必要であり，地方については後段で検証する．資金面では上述の全国連帯計画を通じて提供された財源が地方でのCEPCO活動に対する直接・間接のインセンティブを提供したことも事実である．コミュニティ段階の連帯委員会には，1994年時点で，約50万の小農が参加した（CEPCO, 2000: 18-25）．

2．4 CEPCOの組織と事業内容

(1) 理念と組織

CEPCOは，使命を「コーヒー生産農家の総合的な発展のためのプログラムの促進と実施」と謳い，目標として，①コミュニティと組織の民主的文化の育成，②先住民族と生産者の文化の救済・再評価・発展のための必要なメカニズムの構築，③会員の社会的良心の向上，④コーヒー産業の総合的発展，⑤女性農民の組織化と参加の促進，⑥生産者への信用の供与と手続きに関する支援，⑦作付けと有機農業の多様性の促進，を掲げている．以上の実現のため，地域組合の自治，民主的な意思決定，政治・イデオロギー・宗教面における多元性，資源管理における透明性の4つを基本原則として掲げている（CEPCO, 2000）．

聞き取り調査で異口同音に語られたことは，CEPCOの取り組みは「地球のごく少数の先進国によって築かれてきた仕組みである既存の経済開発モデルに対する抵抗」だということである．グローバル資本主義経済の貫徹により食料は単なる商品となった．「CEPCOはメンバーの生活を守るためのオルタナティヴであり，有機コーヒーは単に価格面での有利性のためだけでなく土と生活と環境を守ることにつながる」という考えは，実態はともかく，組織内外に向

図8—2 CEPCO 組織図

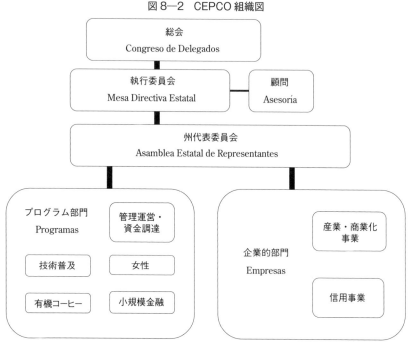

(出所) CEPCO (2000) の図をもとに聞き取りを踏まえ筆者作成.

けた理念であり,標語である.

組織を図8—2に示す.約500の小規模生産者組織の代表からなる総会は隔年で開催される.運営は執行委員会を代表する理事6人(隔年改選)と州全域の代表で構成される州代表委員会が当たる.事業組織として,産業・商業化事業,信用事業(以上企業的部門),管理運営資金の調達,技術普及,女性,有機コーヒー,小規模金融(以上プログラム部門)の7部門が存在する.商業化部門は,オアハカ州のイクステペック市とベラクルス州のコルドバ市に工場を持つ.

(2) 入会手続・条件

CEPCO (地域組合) の会員になるには,いくつかの基準を満たさなくてはならない.手続きは地域組合や当該組合の有機コーヒープログラムへの参加の有無によって異なるが,ここではミシュテカ (Mixteca) 組合を例に説明する.

現在，同組合は新規会員は有機栽培者しか受け入れていない．まず，希望者は自分の農地の図面をCEPCOに提出し，CEPCOが地形その他の条件，従来の肥料の使用量等，当該農地で有機栽培が可能かどうかを技術面で判断する．それをクリアした段階で1番下の会員資格を得る．会員資格の段階は最初の審査ステップ入れると4段階ある（Transition 3段階＋正会員）．国内の有機認定機関CERTIMEXの認定の合格をもって正会員となる．営農面と組織面における貢献も正会員になる際に評価される．通常，同組合で正会員になるには3～4年を要する．

(3) 主な事業内容
(a) 女性プログラム

CEPCOは発足時から村の女性グループと連携してきた．一般的に先住民の村で女性にこうした対応を期待することは難しい．CEPCO設立と同時期に各地の村で女性達が自発的に組織をつくり始めていた．先住民族社会では伝統的に女性は村の集会に出席することは許されていなかったが，CEPCO設立・拡大の機運と連動して，コーヒー生産の実際の担い手である女性の社会参加が促進された．女性プログラムを含む主要事業とプログラムの設置年を表8—1に示す．

正式なCEPCOの事業としての女性プログラムの開始は1992年にさかのぼる．ある地域組合の女性15～20人が本部に支援を依頼した．その後，他組合にも要望が広がり女性委員会ができた．女性プログラムの目的は，①地域における生活上の不平等の認識と女性の能力と女性参加に関する理解の向上，②女性農民の組織化プロセスの向上，③市町村組織会議等のすべての大会や集会への女性参加と女性の意見の表明，④プログラムで得られる収入・貯蓄での家庭の経済状態の改善である（CEDI, 2001b）．内容は女性の収入機会の創出に関するもので，養鶏，ヤギ，豚[5]，野菜栽培，手芸・被服，裏庭活動（園芸，パンおよびトルティーヤ販売），医療・福祉・栄養，識字教育である．生産活動に関するものは基本的に信用の供与である[6]．資金の回収期間は様々であるが，

---

(5) 女性団体に品質のよい家畜を供給するため子豚，子羊の繁殖センターを設置した．裏庭での家畜飼育計画の参加者のための訓練センターとして稼動する（CEDI, 2001b）．
(6) 女性団体の利益と連帯企業全国基金（FONAES）からの出資により生産活動やサービス事業のために基金を設立した．また，個人や家庭での貯蓄を促進する目的で女性貯蓄者団体も設立された．これは週や月毎に各団体から集めた資金をFIDUCEPCOというCEPCOのクレジット協

表 8—1　CEPCO の組織・事業の展開

年	部門	内容
1989	プログラム	CEPCO 設立（管理運営・資金調達機能）
1990	企業	産業・商品化事業（オアハカ州農牧畜商品組合（CAEO））
1991	プログラム	技術普及プログラム
1992	プログラム	女性プログラム（生産活動プロジェクト）
1993	企業	産業・商品化事業（乾燥調製施設導入）
1994	プログラム	有機コーヒープログラム
	プログラム	小規模金融プログラム
	プログラム	女性プログラム（保健衛生）
	プログラム	小規模金融プログラム（緊急時融資）
1995	企業	産業・商品化事業（「Café-Café」直販店事業）
	企業	不動産（CEPCO 試験場のための土地購入）
	企業	オアハカ・コーヒー生産者信用組合（UCEPCO）発足
1996	企業	産業・商品化事業（オアハカ農民企業体（ECO）発足）
	企業	UCEPCO 信託（FIDUCEPCO）
1997	企業	ECO によるランドリー事業
1998	プログラム	女性プログラム（「花と生活」プロジェクト）
	プログラム	小規模金融プログラム（女性融資）
	企業	ECO による紡績事業
1999	プログラム	有機コーヒープログラム（農民検査員制度）
	プログラム	米州開発銀行（IDB）との協調基金
2000	企業	MICRO BANCOS 発足（1999〜2000 年に 4 支店）

（出所）　CEPCO（2000）.

　回収された資金により各団体は次の活動の財源を確保する．女性達は投資した活動から利益を得るために努力し，利益は女性の団体の運営と活動の拡大にまわされる[7]．村の売店（女性の雇用面と生活物資の供給面）と健康事業がある．今日，90％ 以上の地域組合が女性委員会を有し，約 6,000 人が参加する（CEDI, 2001b）．

　女性プログラムは目にみえる実効性のある活動を重点的に実施したため，地域や家庭において女性の能力について理解が高まり，女性の集会への参加や発言に対する意識が変わりつつあるという．

　　会の行なう貯蓄サービスに預け，市中銀行の預金利息で利息を得るものである（CEDI, 2001b）.
（7）　返済率に関する情報は今回の調査で得られなかった．

(b) 技術普及プログラム

構造調整により廃止された国の普及組織に代わるものとして，1994年に独自の農民検査員の仕組みがつくられた．CEPCOでは技術者の組織内調達・育成が原則である．村の女性が主体となる生活改善員も設けられた．これらはいずれも研修を受けた農民が地域で農民検査員として活動する．本部には専従職員の技術指導者が4人おり，地域を巡回してワークショップ，技術指導を行なう．

(c) 有機コーヒープログラム

正規の事業部門として，有機コーヒープログラムが開始されたのは1999年であるが，地域組合での取り組みは1990年代初頭にさかのぼる．たとえば，ミシュテカ組合は1992年頃から有機コーヒー栽培に関心を示し，同組合を含む4つの地域組合が，1994年に有機コーヒー生産への切り替えを決定した．CEPCO全体として有機コーヒープログラムを開始した背景は，1990年代中～後半の国際コーヒー価格の下落・低迷であり，小農が生き残る道はニッチ市場，高品質化，有機栽培，フェアトレード以外にないという危機感である．有機認定コーヒーの取引価格は通常のおよそ倍である．有機栽培の認証には段階があり，最終的に国内外の基準をクリアしなくてはならない．有機栽培を行なう者は，まず技術指導・研修を経てCEPCOに調査員の派遣を申請し（個人，地域組合のいずれのルートでも申請可能），審査に合格するとCEPCOによる有機認定がなされ，次にCERTIMEXの有機認証，最後に海外2団体（OCIAとIFOAM）の有機認定基準をクリアする．2002年9月現在，23地域組合において6,300戸が有機栽培に参加している．

(4) 現下の問題

コーヒーの収益性の低下に伴う出稼ぎと政府支出依存の増加，コーヒー経済危機に伴う信用事業，産業・商業化事業の低迷，組織の拡大・複雑化に伴う官僚化への懸念，様々なCEPCOのプログラムに関する会議，委員会，交渉等の権限が地域組合に集中する一方，地域リーダーへの動機づけ・誘導の不十分さ，があげられている（CEPCO, 2000: 3-4）．

2.5 傘下の地域組合の事例

各地域組合は加入の時期・経緯も異なり，1コミュニティ1組合型や1つの

団体が複数のコミュニティ（最大で20コミュニティ程度）をカバーするものなど，運営形態も多様である．以下，2つの事例を紹介する．

(1) ミシュテカ高地生産者組合

CEPCO設立当初から参画した地域組合の1つにミシュテカ高地生産者組合（Unión de Productores Mixteca Alta（ミシュテカ組合））がある．ミシュテカ地域はオアハカ州最北部のオアハカ市とメキシコシティを結ぶルートの途中に位置する標高2,000〜3,000m級の高地地帯である（図序—2参照）．INMECAFE廃止後，同地域でコヨーテ（los coyotes）と呼ばれる中間業者の最低価格での買い叩きが横行した．このため農民の間に自分達独自の組織をつくる機運が高まった．農民はオアハカ市のINMECAFE職員3人と連絡を取り，上述したようにCEPCOが発足したのである．同組合は1989年の発足時にCEPCO役員を出している．1991/92年度に本部の指導により法人格を取得した．

管内の8つのコミュニティに308戸のコーヒー農家があり，2002年9月現在，241戸が正会員である（加入率78%）．制度上は独立の組織としてCEPCO以外への販売権も有するが，実際の取引はCEPCOに一元化している．CEPCOには生産者1人当たり最低販売量はなく，零細経営でも出荷したい分だけ買い取る．組合代表によれば，CEPCO参加のメリットは信用事業と技術指導であるという．49の地域組合のうちハイマウンテンコーヒー（最高品質のコーヒー）を生産するのは同組合を含む4団体のみである．

複数のコミュニティをカバーするため，役員組織（comité）は地域段階とコミュニティ段階（以下「共同体委員会」）の2段階制となっている．役員は組合長（presidente），事務役（secretario），経理役（tesorero），事務局員（vocales，2人）の5人で，8つの共同体委員会も同様である．役員は各コミュニティの代表から構成される委員会の選出により決まる．ミシュテカ組合の共同体委員会の役員の任期は2年であるが，他の地域組合では1年任期のところもある．共同体委員会の主業務は村内連絡網である．また，管内で16人が技術指導研修を受講し，6人が農民検査員として活動している．

当該地域は高地であり，道路インフラが十分に整備されていないため，ロバや馬の背中にコーヒーを乗せて低地まで運搬する等，輸送コストがかかる．たとえハイマウンテンコーヒーを生産するミシュテカ組合であっても価格低迷が

続けば，耕作放棄と出稼ぎが増加するため，同組合では生き残りをかけて，有機コーヒープログラムを推進している（組合長談，2002年9月9日）．

(2) チュスナバン・コーヒー小生産者組合

CEPCO設立の後に参加した地域組合の1つに，チュスナバン・コーヒー小生産者組合（Unión de Pequeños Productores de Café Chuxnaban（チュスナバン組合））がある．同組合のある州北東部はミヘ（Mixe）人の居住地域である．辺境に住むミヘ人は植民地化以降も独自の文化を維持してきたが，1980年代以降，現金収入を求めて出稼ぎが増加する等，グローバル化の影響が顕在化しつつある（黒田，1996）．ミヘ語で「緑の川の畔」を意味するチュスナバン村は，1つの先住民族コミュニティで，かつては独立の村であったが，現在，公的にはケツァルテペック（Quetzaltepec）という自治体を形成する3つの区（agencia）の1つとなっている．人口は自治体全体で約5,000人，チュスナバン村だけで人口約1,000人（134戸）である．オアハカ市から北東へ約115 km，バスで所要時間約6時間である（**図序—2参照**）．

チュスナバン村は地域内でのミヘ人の移住・入植によって新しく形成された村で，1936年の世帯数は32世帯であるが，その後人口が4倍に増加した．森林のなかに小さな集落や家が散在し，家屋の周囲にはミルパ作物が作付けされ，家畜（豚2頭，鶏20羽程度が一般的）や犬が裏庭で放し飼いにされる典型的な先住民族の村である．1戸当たり耕作面積は1 haで，半分がコーヒー，残りはミルパである．多くの住民が伝統的な建材（土，ヤシなど）の住宅に居住していたが，比較的裕福な家庭が住むコンクリートの大きな家が散在する[8]．多くは夫婦2人に子供が3人の平均的農家である．電化や未舗装ながらも道路整備がなされたのは1990年頃である．

INMECAFEが村に来たのは約25年前で，当初は唯一の取引先であった．INMECAFEは「村に化学肥料や農薬を使用する近代農法の展示プロットをつくり，奨励したが，村全体に働きかけるというより，小人数のモデル生産者を育成するにとどまった」（組合員談，2003年8月28日）という．次に村に来たのは，イスモ地域先住民族共同体組合（UCIRI）というカトリック神父が設立

---

(8) コンクリートの家は1968年に村内に16軒であったが，現在約100軒に増えている．

した組合であった[9]．INMECAFE の廃止について政府からは何の連絡もなく，ニュースを村に伝えたのは都市から来た神父であった．この人物が近隣の UCIRI の支所を紹介した．1989 年以前の一時期に，この地域で INMECAFE と UCIRI の双方が活動を展開していたことになる．当時，UCIRI の活動に参加した農民は比較的少数であったが，彼らは INMECAFE が奨励する近代農法に懐疑的であった．INMECAFE 廃止後，「独占者」を意味するアカパラドレス（*los acaparadores*）と呼ばれた中間業者による買い叩きが発生した[10]．1996 年，村内の生産者の一部がグループをつくり，CEPCO に加入した．動機は有機コーヒー栽培であるが，彼らの関心は環境面と経済面（価格）の両方であった．彼らは肥料や農薬の購入資金が底をついたため近代農法をすでに 10 年近く前に放棄していた．イクステペック市を拠点とする UCIRI でなく，オアハカ市の CEPCO を選択した理由は距離である．

　2003 年 9 月現在，63 の生産者が組合に加入している．村内では他に UCIRI，C&C（PRI の農村組織），ほか 1 団体と取引を行なう者もいるが，CEPCO は同村では最大の取引先となっている．ミヘ地域が CEPCO と UCIRI という州内の 2 大組合の境に位置するという事情はあるが，コーヒーの取引先に関し，先住民族コミュニティで各自の意思に基づいた自由かつ多様な選択肢が存在することは注目に値する．

　1 コミュニティ 1 組合型のチュスナバン組合の組織は，組合長，経理役，事務役の 3 人からなる委員会によって運営される．組合長の任期は 2 年であるが，組合員の要望に応じて 3 年に延長される一方，中途で罷免されることもある．技術アドバイザー（2 人）がおり，CEPCO 本部で 2 か月に 1 度開催される研修会に参加し，これを踏まえ村内で技術指導・診断を行なう．うち 1 人は地域の他の村の技術指導も担当する．必ずしもすべての村に農民検査員がいる訳ではない．委員会メンバー，アドバイザーは専従者ではなく農民である．年に 1

（9）当初 CEPCO に参加したが，現在は非加盟となっている（González, 2000: 229）．UCIRI については第 3 章を参照せよ．

（10）チュスナバン村では，廃止前の INMECAFE の買取価格は 1kg 当たり約 16 ペソ，中間業者の買い叩き価格は約 4 ペソ，CEPCO 買取価格は一時 26 ペソだったが（1990 年代前半と推定），現在は通常のコーヒーが 5 ペソ，未認定の transition 段階の有機コーヒーが 7 ペソ，有機認定が 10 ペソである（2003 年 8 月当時）．

写真8—2 チュスナバン組合の建物と女性グループによるコピーサービス

(出所) 筆者撮影.

度,本部から検査員が来て,地域組合の運営面,営農技術面の検査指導が行なわれる.

チュスナバン組合には女性グループがあり,自家消費と販売の両方の目的で,養鶏,養豚を行なっている.村内の3人の女性が農外ビジネスとして,コピー,ファックスのサービスに従事している.機械は地域のコピー業者からのレンタルである.店舗は組合の事務所兼倉庫の建物の一角にある(写真8—2).

現在の問題はトラックがなくレンタルによるため,輸送コストが高くつくことである.しかし,個人,組合でもトラックを1台購入する資金は持ち合わせておらず,政府の農村支援プログラムの補助を申請したが,補助率50%で地元負担分の資金の目途がつかず,申請は受理されなかった.

いずれにせよ,零細生産者はCEPCOやUCIRIのような団体のノウハウと組織力がなければ,コーヒーを出荷販売することはできない.各団体は村内ですでに10数年の活動実績があり,村内でCEPCO,UCIRI等の複数団体が並存する状況が今後も続くと考えられる.

2.6 結 語

CEPCOに参加するメキシコの零細コーヒー生産者は2つの危機を経験した.第1は,国内の政策環境の急激な変化である.構造調整プログラムによって,大きな政府が小さな政府に経過措置を経ずして移行し,価格面のみならず技術普及,信用,社会開発等の面で小農をとりまく状況は一変した.第2は,国際

的なコーヒー市場を取り巻く変化である．国際市場での自由競争が進んだ結果，最大の生産国であるブラジルの価格形成面での存在感と影響力が一気に高まった．この2つの影響を1番受けるのが小農である．CEPCOの成立には州段階での動きと村・コミュニティ段階での動きがみられる．単に政府機関INMECAFEが民間団体に置き換わったのではない．INMECAFE廃止後15年を経て，オアハカ州の小規模コーヒー生産者の組合化は，当初のカオス的状況から，CEPCO，UCIRIをはじめとする有力な団体に収斂する様相をみせているが，これらが持続可能な組織・制度として機能し続けるかは予断を許さない．CEPCO自体，ローカルNGOの1つとして，政府および内外ドナーとの関係に大きく影響を受ける存在であり，ネットワーク内部にも脆弱性を抱え込んだ組織なのである．

　たとえば，オアハカ州内のコーヒー組織の研究者で，CEPCOの動向に詳しいCEDI/大地の大学のスタッフによれば，2005年以降，地域組合間の足並みが乱れつつあるという情報もある．高品質のコーヒーを生産する2組合（上記組合は含まれない）を中心に，いくつかの地域組合がCEPCOから離脱する動きがあるという（2006年1月時点）．理由は，①CEPCO運営に対する人間関係面も含めた不満，②内部の会計等の不透明性への不満によるものである．さらに，組合間・産地間には品質の格差が当然生じるが，福祉・医療など生活部門のサービスは平等であり，数の上ではマイノリティである高品質産地の地域組合には不平等感が出やすい．仮に，高品質産地が離脱し，独自のネットワークを形成したり，CEPCO以外のコーヒー組合ネットワークの傘下に移籍すれば，CEPCOは重大な危機に直面するであろう（オリバー・フレーリンク（CEDI/大地の大学）談，2006年1月16日）．CEPCOが抱える「脆弱性」とは，こうした次元の矛盾も含んだものなのである．

3　PPP反対運動とローカルNGO

3.1　問題の所在

　1990年代以降，「持続可能な開発」概念は広く流布され，今日，あらゆる開発事業における金科玉条となった観がある．一方で，この言葉の実態は「開発

と成長の免罪符」であるとの批判もなされており（戸﨑，2002: 33），グローバリゼーションの名の下に推進される「持続可能な開発」への反対運動も存在する．本来，地球レベルでの共生社会の実現には，文化の多様性や民主的な手続き等の概念が含まれるはずである．

本節では，社会運動論の視点から，国家横断的メガ開発プロジェクトであるプエブラ・パナマ開発計画（Plan Puebla-Panamá（PPP））の事例を取り上げる．狭い地理的範囲に複数のプロジェクトが高密度に展開され，紛争と運動が進行するオアハカ州テワンテペック地峡の動向に焦点を当て，「貧困地域の統合」や「持続可能な開発」を謳うPPPに対する反対運動の構造の理解とローカルNGOの性質と役割の考察を行なう．

後述の3つの事例は，筆者の最初の現地訪問時点で，最も活発な動きがみられた地区（団体）であった．メソアメリカ地域全体を代表する事例とはいえないものの，活発な反対運動の存在はそれ自体興味深いだけでなく，ローカルNGOの隆盛が当該地域の歴史的風土と関連を有すると考えられることから，事例として取り上げる意義はあると考える．現地での聞き取りと文献収集は2002年9月，2003年9月，2004年9月，2006年1月に行なった．聞き取り調査の対象は，PPPに反対する住民団体とそれを支援する複数のローカルNGOであり，PPPを推進する立場にある政府側の人間は含まれていない[11]．

3.2 視点と目的

ラテンアメリカ研究においては，早くから，南の市民社会論と新しい公共空間（圏）論の接近がみられ，先住民族運動を含む今日の反グローバリズム的な運動もこの文脈で議論されることが多い．

開発とその受益者（被害者）たる住民の関係や住民らの反応という題材には，援助の費用対効果の経済学的測定を行なうもの，援助研究・プロジェクトマネジメント論（組織理論・社会心理学などを包摂）に依拠した参加型開発論，文化人類学者による文化の変容論，開発人類学・環境社会学者らによるポリティカルエコロジーなど，様々なアプローチが存在する．本節では，グローバル化・

---

(11) 情報入手の現実的制約として，量的統計・客観的情報の欠如，公的な情報の欠如，情報の偏在性，取材の困難性（政治的センシティブ性，地域によっては死傷者）に直面した．

先住民族・市民社会・NGO というキーワード，およびテワンテペック地峡の地域性を踏まえ，社会運動論の視点を持ちつつ，PPP にかかわる紛争の諸相と反対運動アクターのつながり・関係性に着目する．

　社会運動とは，「現状への不満や予想される事態に関する不満にもとづいてなされる変革志向的な集合行為」(長谷川, 1993: 147)，「公的な状況の一部ないしは全体を変革しようとする非制度的な組織的活動」(片桐, 1994: 3) であり，先住民族による環境運動や反開発運動もこれに含まれる．途上国の大規模開発への反対運動に関する文献として，これまでジャーナリズム的な立場や ODA 批判の立場からの文献が多くみられた．これらは，環境・文化・生活の破壊，人権の侵害などの知られざる問題を告発することを主眼とした (鷲見, 1989; 村井・鶴見, 1992 など)．PPP に関する既存文献 (Sandoval y Salazar, eds., 2002) もこの立場に近い．

　一般に開発と先住民族との関係においては，開発に対峙する「先住民族＋NGO」というソリッドな運動体が想定されがちであるが，本節では単なる告発にとどまらず，反対運動にかかわる NGO を中心としたローカル・アクター空間に内在する志向性や運動の局面の多様性を明らかにする．国民国家 (サブナショナルな政府を含む)，企業，NGO，地域社会，知識人等の多様な利害関係者によって構成されるという PPP 問題の性格から，異なる社会運動の志向性，運動の局面(12)が混在した形で提示される可能性があるからである．このことを実証的に整理することにより，近年，反グローバリズム運動の文脈で，頻繁に語られるようになった「もう1つのグローバリゼーション」「地球市民社会」という命題を考えるのにも有益な含意が得られる可能性がある．

　これらのことを前提として，以下において，PPP 反対運動を展開する諸アクターの性質と先住民族住民との関係性を考察する．

---

(12) 社会運動には，その志向性において，体制変革 (権力・価値観)，制度変革 (公的ルール・慣習)・狭義の公的状況の変革，の3つの類型がある (片桐, 1994: 3-5)．社会運動の1つであり，本節の事例にもかかわる農民運動には，社会的・経済的・生態学的・文化的・政治的という5つの局面があるとされる (池田, 1994: 180)．

3.3 プエブラ・パナマ開発計画（PPP）と先住民族
(1) PPPの背景と概要

　1995年にセディージョ政権が発表した国家開発6か年計画（Plan Nacional de Desarrollo Sexenal）のなかで，地方都市を結ぶ高速道路の建設が提案された．1996年3月のテワンテペック総合開発計画（Programa de Desarrollo Integral del Istmo de Tehuantepec）においては，NAFTAを背景とした民間活力による交通インフラの整備と近代化が謳われた（Tepeyac, 2002: 24-26）．2001年3月，フォックス政権と中米7か国は，ラテンアメリカの最貧地域の1つとされるメソアメリカ地域を対象とした国家横断的な広域地域開発計画としてPPPを発表した．メキシコでは，NAFTAの恩恵を受けていないとされるプエブラ，ゲレロ，ベラクルス，オアハカ，チアパス，タバスコ，カンペチェ，ユカタン，キンタナ・ローの南部9州が対象地域となっている（**図序―1参照**）．9州の人口は約2,700万人で，メキシコ全人口の27％，国土の25.7％を占めている．対象地域では130以上のプロジェクトが計画または実施中である（Caribbean Update, 2001）．

　PPP構想の基礎を提供したのは，中米統合機構（SICA）の委託研究として実施されたハーバード大学開発研究所（HID）と中米経営大学院（INCAE）による「21世紀の中米の近代化のための地域戦略」（INCAE and HID, 1998）という報告書であった．その提言はアジアNICsをモデルにした「基礎的ファクター（自然資源など）による成長→投資による成長→イノベーションによる成長」というシナリオを海外直接投資と輸出促進によって20年間のうちに達成しようとする近代化政策であり，これに域内の先住民族と生物多様性への配慮として，持続可能性，人間開発，防災等の要素を加えたものがPPPである（国際協力銀行, 2003: 99-100）．2001年3月，フォックス政権と中米7か国は，ラテンアメリカにおいて所得等の面で最も「貧しい」地域とされるメソアメリカ地域を対象とした国家横断的な広域地域開発計画であるPPPを発表した．総予算は100億ドルとも250億ドルともいわれ，米州開発銀行（IDB），世界銀行が主なドナーである（Pisani and Label, 2003: 35）．

　PPPの内容は極めて総花的である．IDBは中米イニシアチブとして，①持続可能な開発，②人間開発，③災害の軽減と防災，④観光業の促進[13]，⑤貿

易促進と競争力強化，⑥道路網の統合，⑦電力市場の統合，⑧通信サービスの整備，の8項目を掲げている．これらは，「持続可能な開発」(①②③)，「貿易・通商促進」(④⑤)，「広域インフラ整備」(⑥⑦⑧)の3つの分野に大別される．各イニシアチブの下に個々のプロジェクトが用意されている(国際協力銀行，2003: 96-98)．2002年のメキシコのPPP経費は7億4,300万ドルで，前年度の当該地域への支出の2倍以上となったが，8割以上が高速道路等のインフラ整備費である(コール，2002)．

(2) NAFTAとの関係

NAFTAは国際協定であり公的にはPPPとの関係はない．NAFTAにより，石油の採掘に関する権利等の例外を除き，アメリカ・カナダの投資者はメキシコ国内の投資者と同じ権利を保障される．一方，PPPはメキシコおよび中米7か国の政府，IDB等により承認を受けた一連の開発計画であり，それ自体がNAFTAのような新しい枠組みを提供するものではない．しかし法的な整合性よりも，相互の政策目的の整合性は見事に一致している．経済開発の後進地域である南部メキシコおよび中米[13]の開発事業に対する外部資本のアクセス改善と近代化による農業・産業構造の変化，すなわちメキシコ全土のマキラドーラ化(豊田，2005)の受け皿としての雇用の場の拡充，先住民族への教育の提供，交通網の整備などである．これがPPPは将来のNAFTAのメキシコ以南への適用の拡大の試金石ではないかという憶測・懸念がなされるゆえんである．一方，新自由主義者の立場に立てば，NAFTAがメキシコ国内に貧富の差をもたらしたのではなく，南部貧困諸州はいまだに経済統合の十分な恩恵にあずかっておらず，その改善のためにもPPPが必要だということになる(Tepeyac, 2002: 16-18)．

PPPのシナリオを**図8-3**に示す．PPPはフォックス政権の意図(メキシコと中米地域の経済統合の強化[15]，国内貧困地域の開発とNAFTAへの経済的統合)と中米統合機構による中米諸国の文化・環境・経済・災害復興に関する様々な

---

(13) 先住民の文化や伝統を活かすエスノツーリズムのような小規模観光開発が計画されている．
(14) 2000年の1人当たりGDPは，中米7か国平均が16億9,100万ドル，メキシコPPPエリア9州平均が28億8,900万ドル，メキシコ全体が50億8,000万ドルとなっている(Pisani and Label, 2003: 34)．
(15) メキシコは以下の中米諸国と自由貿易協定を結んでいる．コスタリカ(1995年)，ニカラグア(1998年)，エルサルバドル，グアテマラ，ホンジュラス(2001年)．

3 PPP反対運動とローカルNGO

図8—3 PPPが提案する経済成長と貧困削減のシナリオ

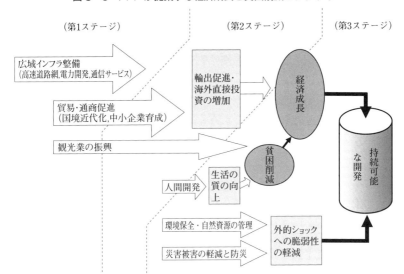

(注) 白ヌキ矢印は投資対象,網掛け四角形はその効果,楕円は目的,円柱は最終目標を示す.
(出所) 国際協力銀行（2003: 102-103）をもとに筆者作成.

イニシアチブの「結婚」であるといえる.

(3) 先住民族とPPP

　先住民族の権利に関する国際的な取り決めとして，1989年6月に採択された国際労働機構・先住民族および諸民族に関する条約（ILO第169号条約，通称「先住民族条約」）があり，メキシコは1990年に批准している．同条約は，先住民族の文化，生活様式，伝統，慣習法は保護されるべきものであるという立場をとり，先住民族が意思決定過程に参加する権利を有することを前提としている．これは先住民族としての土地や資源に関する集団的権利の擁護論への根拠となっている．しかしメキシコ政府は，チアパス州のサパティスタ民族解放軍（EZLN）との和平交渉においても，「先住民族に与えられる権利は他の国民と同等のものであり，特別な権利は認められない」という立場を主張し続けている（トメイ・スウェプストン，2002: 67）.

　先住民族からみたPPPの問題点の第1は，市民参加・住民への配慮の不透明性である．後段でみるように，建設予定地における事前協議・情報提供の不

徹底に関する争議が後を絶たない．第2は，先住民族への配慮，文化的多元性の尊重を掲げつつも，2言語教育の推進，エヒードと呼ばれる共同体共有地の転用に関する規制緩和など，労働と土地の移動を容易化し，多元性の尊重よりも経済統合を優先する思想がみえ隠れすることである．第3は，農業の近代化に関する懸念である．大規模化・モノカルチャー化を伴う農林業部門の近代化と競争力向上が謳われ，自給的小農が多数を占める当該地域の文化・社会・環境に重大な変化をもたらすと考えられる．このように，テクノクラート的な発想により上から導入されたPPPは，その手続きにおいても中身においても先住民族に様々な問題を引き起こし得る．

この点，「人間開発」「持続可能な開発」を謳うにもかかわらず，実態面において，PPPはそれ以前の開発計画と何ら変わるところはないといえる．

3. 4 テワンテペック地峡：その特徴・先住民族運動・NGO
(1) 地域概要

テワンテペック地峡はベラクルス州とオアハカ州にまたがり，メキシコ国内で最も狭い地峡（約220 km）であり，太平洋と大西洋を結ぶ陸上の最短ルートである（図8－4）．テワンテペック地峡地域はオアハカ州の面積の約25%を占め，約49万人が居住する（Tepeyac, 2002: 14）．2000年の国立地理統計情報研究所（INEGI）センサスによれば，オアハカ州内のテワンテペック地峡地域の先住民族比率は34.9%となっている．安価な先住民労働力と石油，鉄鉱石，森林等の天然資源を有するため，PPPによる大規模な開発が計画されている[16]．もともと慣習的に共有地を所有・利用してきた先住民族と地主や開発業者とのあいだでの土地に関する紛争が絶えない地域でもある．

(2) 政治風土

テワンテペック地峡で特筆すべきことはユニークな政治風土である．長年，PRI（制度的革命党）が中央と地方の政権を独占してきた同国で，テワンテペック地峡には，第2章でみたように，サポテコ人の民族運動に結び付いた左派

---

(16) このほか，ハラパ・デル・マルケス（Jalapa del Márquez）での水力発電事業，ヴェントサ・フチタン（Ventosa Juchitán）での風力発電事業，水源地のサン・フェリペ・シウアルテペック（San Felipe Cihualtepec）でのユーカリ植林などもある．

図8—4 テワンテペック地峡

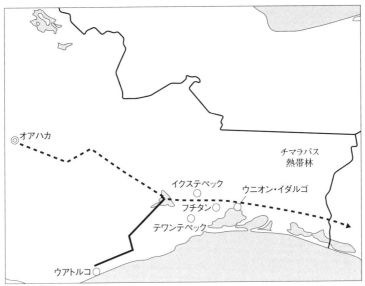

(注) 矢印はイスモ高速道路の大まかなルート.

系の政治勢力, COCEI (テワンテペック地峡労働者・農民・学生同盟) が存在する[17]. PRI と拮抗しつつ, COCEI に代表される左派勢力が一定の規模を持って継続的に支持されてきた土壌の根底には, サポテコ人の民族的アイデンティティがあるとする論者もいる (Rubin, 1993; Bennholdt-Thomsen, ed., 1994=1996)[18].

(3) ローカル NGO の隆盛

(a) 概況と背景

2000年時点でオアハカ州内で活動する NGO (欧米 NGO を含む) の数は400以上に上った. 同州では1990年代にローカル NGO の設立が急増し, 10年で約倍増した. オアハカ市民団体フォーラム (Foro de Organismos Civiles de Oa-

---

(17) 詳細は第2章を参照せよ.
(18) テワンテペック地峡の中心都市であるフチタン市においては, 今なお, ユニークかつ伝統的な母系社会と「4つの性」に基づく社会分業が存続することも無関係ではないであろう. 第5章を参照せよ.

xaca (FOCO)) と異文化出会い・対話センター (Centro de Encuentros y Diálogos Interculturales (CEDI))[19]がそれぞれ2000年，2001年に行なった調査によれば，州内のローカルNGOの数は少なくとも292あり，うち80がテワンテペック地峡で活動している (Moore, et al., 2004). 背後には，もともと貧困層が多くNGO活動に対する潜在的ニーズが高いことに加え，第1章および第7章でみたように，①一連の経済危機やメキシコ大地震を契機とした国内での市民社会形成の高まり（小倉，1999; 北野，2003b; 北野，2003d），②小さな政府の登場により縮小する行政サービスの隙間を生めるため必然的にNGOをつくらざるを得ないこと，という2つのインセンティブがある（北野，2007c）. さらには，これも第7章でみたように，カトリック教会も無視し得ない影響力を持っており，ローカルNGOの多くが教会組織と何らかの関係を有している（北野，2003b; Moore, et al., 2004）.

(b) 大地の大学について

第4章でふれた大地の大学（Universidad de la Tierra）は，州都オアハカ市に立地し，州全域を対象に活動を行なうローカルNGOである. 自ら「脱プロ知識人」「草の根活動家」と名乗るグスタボ・エステバが代表を務め，構想および設立にはBibaaniもかかわった[20]. 正規の大学ではないが，先住民族や貧困層の青年が必要とする実用的かつ専門性の高い知識や技能を学ぶ機会を提供する. 後出のTepeyacの女性職員も人権や法律に関する専門的知見を大地の大学で習得した. 就学期間は半年〜2年半で，随時入学可能である. 地域への貢献を念頭において，各学生がプロジェクト（課題）を設定し，それを通じて必要な技術や知識を習得する.

(4) 地域外アクターとEZLNの影響

テワンテペック地峡地域における先住民族運動の今日的状況を理解するにあたって欠かすことができないのが，オアハカ州と隣接するチアパス州で1994年に蜂起したサパティスタ民族解放軍（EZLN）の影響と外国人を含む地域外アクターの存在である. 具体的には，EZLNが発信するメッセージやそれを支

---

(19) グスタボ・エステバが主宰するNGO. 大地の大学が併設されている. 第1章および第4章を参照せよ.
(20) エステバの思想と活動については第1章または北野（2003d）を参照せよ.

持するラテンアメリカの市民団体等の連帯・連合，地域外のNGOや各種団体によるアドボカシー／ロビー活動である．域外アクターとの関係として，①ローカルNGOを束ねる団体の存在，②ローカルNGOごとの個別的な欧米NGOやメソアメリカ地域のフォーラムとの連携，③先住民族によるPPP反対運動と①や②の動きとの不可分性，の3点を指摘しておく[21]．

3.5　紛争と反対運動の諸相：テワンテペック地峡の3事例
(1)　PPPと3事例の位置づけ

以下，オアハカ州東部のテワンテペック地峡におけるPPPに関連した3つの事例を取り上げ，そこにおけるローカル・アクターの関係性に関する検討を行なう．

この場合，本来は，最初に地域レベルでのPPPに基づく地域開発政策の体系を示し，個別事例の位置付けを確認した後，事例検証を行なうべきである．しかし，PPPの場合，全体および国家レベルの概要は示されているが，州レベル以下，とりわけ，地域レベルでは一体何がPPPで何がそうでないか容易に判断できない部分がある[22]．現場では，政府によるインフラ等の整備を「プラットホーム」とした民間投資による事業も含めて，PPPという名の下に束ねられた既存の開発計画に対する巨大な「アンブレラ（傘）」として映るのである．事例に登場するPPP反対運動のローカル・アクター（NGO，住民組織など）も，当該地域におけるPPPの政策体系を掴んでいる訳ではない．しかし，反対運動の当事者達は大同小異に自分達の活動をグローバル化およびPPPへの闘争だとして認識する．全体像がみえないまま，末端の現場において様々な問題が発生し，反対運動がパラレルに展開される状況こそが，PPPという巨大開発計画の特徴である[23]．

---

(21) たとえば，Tepeyacとアメリカの NGO（テキサス政策センター）との連携，幾多の先住民族団体が参加するメソアメリカ・フォーラムなどがある．
(22) たとえば，事例1の高速道路計画は，実質的には，NAFTAを念頭に置いた1996年3月のテワンテペック総合開発計画にさかのぼることができる（Tepeyac, 2002: 25）．
(23) この点は，調査者である筆者の立場も同様である．死者が出るほどの対立がみられるなか，反対運動の当事者側と政府側の両者に等距離を持って中立的に接し，双方から均等に情報を得ることは容易ではない．本節の情報源はもっぱら反対運動側から得たものであり，テワンテペック地峡におけるPPPに関する体系的な政策的情報は持ち合わせていない．

とりあえず，分析の枠組みとして，アクター間の関係性を規定する単純な見取り図を示し，3事例の位置付けを確認しておく（図8—5）．政府セクター（G），企業セクター（P），市民社会・住民セクター（C）という経済社会の3つの領域に合致した形で，超国家レベル，国家〜州レベル，地域〜住民レベルというタテ方向の階層に規定されつつ，末端行政，現地企業体，ローカルNGO，住民組織などのローカル・アクターが存在している．事例1では，高速道路建設を例に「先住民族の人権とコモンズ」という問題（①）を取り上げる．事例2では，多国籍企業によるエビ養殖場計画の「手続きと汚職」をめぐる住民と行政との対立（②）を取り上げる．本事例は政府直轄事業ではないが，PPPの一部としての多国籍企業による投資事業として位置付けられる（Rodríguez, 2002）．事例3は，PPPを含むあらゆる開発に対するオルタナティヴを提唱するローカルNGOの取り組みと彼らのPPP観（③）に焦点を当てる．それぞれのPPP反対派に共通するのは，反グローバリズム，反PPPという立場であるが，活動の重点は異なる．すなわち，①と②は「不公正な開発」への闘争であるのに対し，③はそれに加えて，「開発の見直し（オルタナティヴ）」を提唱するのである．

(2) 事例1：イスモ高速道路計画とTepeyac
(a) 計画概要

PPPの柱であるメソアメリカ縦貫高速道路の支線として，州都オアハカ市から海岸のリゾート地域であるウアトルコ市を結ぶ高速道路（La Supercarretera Oaxaca-Istmo-Huatulco）の計画がある（図8—4）．これがPPPの柱であるメソアメリカ縦貫高速道路の支線（イスモ高速道路）となる．13の自治体に住む8万4,000人以上の先住民族が計画の影響を受ける．すでに測量や工事が開始されたにもかかわらず，2001年1月まで道路の建設予定地に関する情報は住民には公表されていなかった（Tepeyac, 2002: 2）．

(b) テペヤック人権センター（Tepeyac）

先住民族にはスペイン語の読み書きあるいは会話すらできない者もおり，人権侵害に気付かないことがある．このため，何らかの理由によって逮捕・拘置された者に通訳を提供する活動が先住民族側からの要請によって始まった．
テペヤック人権センター（Centro de Derechos Humanos Tepeyac del Istmo de

3 PPP反対運動とローカルNGO

図8—5 単純化したアクター・チェーンと各事例の争点（①〜③）

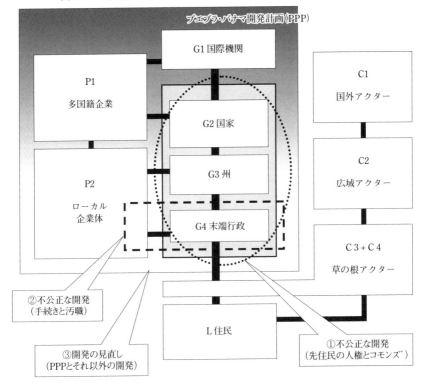

Tehuantepec，以下「Tepeyac」）は，テワンテペック地峡のコミュニティ（共同体）の代表が参加した教会関係の集会において先住民族の人権擁護を目的とする団体の設立に関する提案があったことを受けて，1992年に神父によって設立されたローカルNGOである．1997年に市民団体としての法人格（A.C.）を取得した．事務所はフチタン市近郊のイクスタルテペックにある．財源はチャイオスなどカトリック系の団体からの助成によるが，活動自体に宗教色はない．活動の地理的範囲はセンターの代表の司教が管轄するテワンテペック地峡内の55コミュニティであり，イクーツ，ミシュテコ，サポテコ，チョンタル，ミヘ，チナンテコ，ソケ，マサテコの8つの先住民族が居住している．スタッフは9人で，多くは法律に素養のある人間であるが，職業弁護士ではない．

活動分野の第1は人権擁護である．人権には，個人の人権だけでなく，コミュニティとしての権利も含まれる．不当に逮捕された先住民族の収監者の解放を求めるキャンペーン(24)を行なうほか，先住民族の土地所有の擁護や大規模開発への抗議等に関する法的な権利についてコンサルティング業務を行なう．第2は，権利概念の教育と意識化である．開発に関するものだけでなく，女性や子供の権利に対する啓蒙・教育も含まれる(25)．近年では住民側から法律に関する知識を教えてほしいというケースが増えている．

(c) Tepeyacへの支援要請

PPP発表以前の1997年，Tepeyacにイスモ高速道路の建設に関して不安を感じたサンカルロス・ヤウテペック（San Carlos Yautepec）の住民が訪れ，反対行動を起こすための支援を要請してきた（Tepeyac, 2002: 43-44）．イスモ高速道計画の影響を受けているアスンシオン・トラコルリタ（Asunción Tlacolulita）という人口約500人の村の出身の女性で，Tepeyacのスタッフのロザリア（Rosalia）は次のように語る．

「村から女性グループが訪ねてきました．彼女らによれば，ある日突然，見知らぬ人達――後で技師とその仲間だと分かったのですが――が村にやって来たというのです．そして，これが高速道路の建設のための調査であったこと，それももっと大きな開発計画の一部であることに気付いたというのです．やはり1997年に他のいくつかの村々からも人々がやって来て，見知らぬ人々が村に来て何かをしているといいました．（中略）道路は短い部分ごとに別々に工事が始まり，最後にはすべてが接続される．でも最初は地域でほんの短い区間の工事しか行なわれないから，住民は何が始まったのか気が付かないのです．」（ロザリア，インタ

---

(24) 2002年8月，先住民族のホワン・ネグレテ・ロペス氏が自家消費目的のためにウミガメの卵96個を採集し逮捕された．スペイン語を理解せず，ウミガメ採集禁止の法律も知らなかったが，有罪となり，保釈金1万1,490ペソと年間300日の社会奉仕活動という条件で村に返され，8人の子供を扶養するために稼ぐことはできなくなった．その後，販売目的で数百個のウミガメの卵を密漁した業者（非先住民族）の罰金はロペス氏よりも低かったことが報告されている（ロザリア，インタビュー，2003年9月4日）．

(25) 2003年6月から始まった女性プログラムでは女性の権利に関するワークショップを展開している．女性の社会参加に制限がある先住民族のコミュニティにおいては，このようなワークショップを開いても男性ばかりが出席するという皮肉な現象もみられる．現状では女性に対して権利についての情報を発信し続けるにとどまる．

ビュー，2003年9月4日）

　Tepeyacは住民に条約に基づく先住民の権利概念を教え，反対活動にかかわり始めた．
(d)　反対派による独自調査
　Tepeyacと地域住民が最初に行なったことは，工事が着工されたノチシトラン（Nochixtlán）地区において，住民の経験を調べることであった．これにより，土地代金の支払い状況，住民が利用するための枝線や住民が高速道路を横断するための橋梁の整備など，住民との合意事項に関する政府の不履行の実態が明らかになった．住民は建設された高速道路を迂回するためにより遠方まで歩くことを余儀なくされたり，放牧の場所も遠くなる一方，高速道路の利用については，一般の利用客と同様，通行料をとられることを知り，政府のいう利益だけでなく住民が支払う損失について認識を高めた．

　「最近まで，自分達と外部の村々を結び，生産物の出荷が便利になり，この計画は利便をもたらすという政府の説明を信じ，自分達の問題の解決策になると考えていました．だが，だんだんと人々は，それがもたらす利便性よりも破壊性について意識するようになってきたのです．私の村では高速道路の建設が開始され，他の地域でも同様です．見知らぬ人々が村にやって来て，測量や地質調査などをしています．おそらく高速道路の計画のためだと思います．一旦，道路が完成すれば，彼らがいうように交通その他の利便性は高まるでしょうが，土地を彼らに渡さなくてはならないし，大きな工場や施設もつくられるようになるでしょう．」
（ロザリア，インタビュー，2003年9月4日）

　1999年のセディージョ大統領とオアハカ州知事ホセ・ムラットを迎えて行なわれたイスモ高速道路の竣工式の場で，土地収用の計画があることが始めて住民に明らかにされた．建設により農地，水源地，集落内の居住区，地域内の生態系に何らかの被害を受けるのはテワンテペック地峡の14自治体となっている（Tepeyac, 2002: 44）．依然として，建設計画の詳細について住民が事前に知ることはできないため，Tepeyacは独自の調査を行ない，それを住民に事前に伝える役割も果たしている．少なくとも同センターが関与した建設予定に

おいて，環境影響調査は実施されていない．
(e) 工事中断〜PPPの発表〜再開

　同じ頃，中米地域の様々なところから団体が地域に入り込み，反開発のためのワークショップが行なわれた．彼らは政府に対して道路建設による便益と代償に関する説明を要求した．政府職員は説明の席上，「道路の恩恵は旅行者だけでない．コミュニティ同士が結ばれ，他地域への移動が容易になる．あなた方の娘さんは，ホテルでベッドメーキングの仕事を得ることもできる」と説明したが，これが住民を激怒させた．かつてコミュニティの場所であったウアトルコ市にホテル産業が進出してきた時に，住民は電気も水もない丘陵地に追いやられたことを覚えていたからである．チョンタル人の居住地域では約15のコミュニティのリーダー達がチョンタル地区コミュニティ・エヒード組合をつくり，高速道路の工事の停止を実現させた．政府は計画中止の理由とは資金不足であるとしているが，実際は住民の反対運動によるものだとTepeyacはいう．
　2001年のPPPの発表以降，高速道路，ダム，エビ養殖場等の建設が本格化し，宗教・文化的にも重要な意味を持つコモンズ[26]の分断が始まった．

(f) 運動の広がりと外部への情報発信

　Tepeyacを含む反PPP諸団体はメソアメリカ各地で開催されるフォーラム等を通じてネットワーク化，組織化されている．開発の影響を受ける先住民族への事前の相談なしに測量や工事が着工され，住民にPPPの全体概要も知らせずに個々のプロジェクトが開始されることから，政府のやり方はILO第169号条約に違反すると主張している．ワークショップで最も強調されているのは「知る」「知らされる」権利である．2003年3月に反対派は政府に対し初めて反対声明を発表，Tepeyacも声明を国際社会に伝えることに重要な役割を果たした．
　Tepeyacは，地域内のコミュニティを束ね，PPP反対の世論を高めるための活動にも従事している．多くの場合，政府の事後的な説明を信じている住民

---

[26] ここでいう「コモンズ」には，エヒードなどの共有地という狭義の所有上の意味だけでなく，精神的な意味も含めて先住民族が長年に渡り自然（土地，森林，海岸など）と調和しながら生活世界を築いてきた彼らにとっての「公共空間」という意味が含まれる．細川（2005：56-57）は，オーストラリアのアボリジニの例を用いて，先住民族の自然に対する感応性の強さゆえの開発による受苦の深刻さが問題視されるべきだとしている．

がおり，彼らの意識を変えることが課題となっているが，反対勢力は徐々に増加しているという．直面する開発推進派と反対派によるコミュニティの分断[27]への対応としてTepeyacがとる方策は2つある．第1は，地域内の合意形成を当面あきらめ，他のコミュニティの反対派との連携による反対派同士のネットワークを強化するという戦略である．第2は，地域内での地道なワークショップの積み重ねである．出席者の少数でも理解が得られれば情報は地域内外に確実に広まるからである．週2～4回のワークショップを開催し，ILO第169号条約に基づく権利概念やPPPの便益と損失について話し合いを行なう．

(g) 小 括

住民参加・人間開発を謳うPPPの青写真とは裏腹に，先住民族の言語・文化上の要因やおそらくは地方行政組織の能力不足もあいまって，住民参加はおろか事前説明も十分にされないまま，突然，測量・工事が開始され，それに対する反対運動が発生し，少なくとも域内の一部には反対意識が醸成・蓄積されるという構図がある．しかし，住民参加を謳う以上，計画策定段階からの参加が求められる訳であり，事前の説明をしなかったという政府の姿勢はPPP以前のそれと変わらなかったといわざるを得ない．なお，こうした運動を動かしているのはコミュニティだとTepeyacは説明するが，実際には外部から多くのNGOが参入しており，Tepeyacもその1つである．しかし，反対運動の契機は住民の逼迫した不安と心配であり[28]，それがNGOや専門家集団とのやりとりから，広がりを持った運動へと教導されるという面も見受けられる．

(3) 事例2：エビ養殖場計画をめぐる紛争

(a) 計画概要

ウニオン・イダルゴ（Unión Hidalgo）は，テワンテペック地峡の中心都市フチタンの東20kmに位置する自治体（人口1万2,000人）で，太平洋に注ぐグイエ（Guie）川河口，海岸には低湿地帯と潟（Laguna Superior）が広がり，人口の

---

[27] Tepeyacスタッフの観察によれば，活動地域においては，反対派の方が賛成派よりも多数であるという．
[28] 不安の原因には，直面する経済的政治的利害，先住民族ゆえの自然に対する感応性（細川，2005），自分達の文化的アイデンティティに対する危機感など，様々なものが想定される．このことにアプローチするには，コミュニティ内部に立ち入ったさらに詳細な情報収集が不可欠なことは筆者も認識している．

半分以上が先住民族言語を話し，就業者の約4分の1が農漁業（多くは自給的）に従事している．大部分はサポテコ人で，若干のウアベ人，ソケ人も居住する．

多国籍企業オアハカ・パシフィコ水産会社（Oaxaca Pacífico S.P.R de R.I.）が，同市に総工費800万米ドルをかけて建設しようとしていたエビ養殖場プロジェクト（Camarón Real del Pacífico（450ha，54か所））は，2000年から2年間にわたる住民の反対運動とメキシコ自然環境省の命令により，一旦中止となった．しかし，オアハカ州太平洋岸水産開発事業（Desarrollo Acuícola Oaxaca Pacífico）と名称を変更した計画は，2002年9月26日に同社の役員も兼ねるサンチェス市長により再許可された．これもウニオン・イダルゴの湖沼（プラヤウニオン地区，グイエ川河口）を対象とした開発計画であり，内容は当初のプロジェクトと類似のものであった．同地区ではサポテコ，ウアベ，イクーツ等の先住民族が漁業を営んでおり，500世帯が立ち退きを迫られた（Rodríguez, 2002）．

(b) 反対派住民の主張

反対派の指摘は，①養殖場造成によりマングローブ林，ヤシ林が伐採されること，②会社は薬品や抗生物質の使用による水質等汚染の可能性を認めているがそれへの対策は保証していないこと，③キジバト，インコ，イグアナ，ネコ科の動物等の希少生物の生息地であること，④先住民族の漁民らの生活の基盤を失うこと（ILO第169号条約に関連），の4点に要約される（Rodríguez, 2002）．後述の住民委員会リーダーによれば，地域住民の反対派と賛成派の比率はおよそ8：2であり，後者はPRI支持者であるという[29]．

(c) 市長の汚職問題

住民側は会社側が説明した環境評価を批判するが，紛糾の最大の原因は行政当局に対する不信である．市長は法律で定められた期限を過ぎた2002年12月27日に初めて公的な報告書を発表したが，同計画に関し使途不明金の問題が住民から指摘された．これが発端になり，地元行政と住民側とのあいだで紛争が起きた．

論点は以下の4つである．第1は，非漁業者である複数の住民が当該地区のエヒードの一部（約400ha）を会社に売却してしまったが，大多数の漁民は依

---

[29] 当局に20ペソで買収され賛成派になったと述べている（CCUメンバー，2003年9月5日）．

然として事業用地は先住民族の共有資産であると主張している．第2は，州先住民族権利法第53条において，先住民族コミュニティや天然資源に影響を与える事業を行なういかなる団体，企業等も事前に住民との協議と分析を行なった上で合意を形成しなくてはならないと定められている．第3は，PRIのサンチェス市長が開発会社の役員として名を連ね，行政当局とエビ養殖場計画に密接に関係していた．第4は，市長の公約であった開発予定地の道路・橋等の予算と実際の整備費を勘案すれば，市長および関係者の公費着服の疑いがある(30)．

　計画再許可の直後の2002年10月，ウニオン・イダルゴにて，漁民，農民，労働者，社会活動家らにより住民委員会（el Consejo Ciudadano Unihidalguense (CCU)）が結成された．2003年2月6日，住民側は，憲法第8条，州憲法第13条，州自治組織法第178条に基づき，980人の署名とともに，市の公費の不正使用に関し，事実関係の監査とサンチェス市長の退陣を求める請願書を提出した．さらに，同月に行なわれた州イスモ地域行政当局の現地調査においても，ウニオン・イダルゴにおける不適正な公費の使用が指摘された．結局，CCUの罷免要求は汚職の証拠不十分のために受理されることはなかった．

(d)　当局と反対派住民の衝突

　2003年2月13日，市庁舎広場において住民等約2,000人が集会を行なった．住民側が道路を封鎖しているとする市当局と反対派住民との間に衝突があり，住民が投石等を行なう一方で反対派リーダーを含む2人が市警察により射殺され，13歳の少女を含む住民10人が負傷，うち5人は重傷という惨事となった（CCUメンバー，2003年9月5日）．同日以降，住民から糾弾された市長は市庁舎を出ることを余儀なくされ，筆者が訪問した9月5日現在，実質的な市長不在状況が続いていた．地元警察が実質的に市長の統制下で機能しないためフチタン市の警察により，反対派住民に対する厳しい管制が行なわれた．たとえば，4月26日には，反対派住民3人が何者かに暴行された上，当局に逮捕・監禁された（2003年9月当時）．また，筆者が聞き取りをする予定であった反対派の

---

(30)　25万ペソの橋梁工事費が実際には2万ペソ以下，31万ペソの農道工事費が実際には1万2,000ペソであったという．公費で購入した2台のトラクターが市長関係者の私用に供されたといわれる（Rojas y Ruiz, 2003）．

リーダーの1人が8月17日以来，消息不明となっている（CCUメンバー，2003年9月5日）．CCUの働きかけにもかかわらず2003年9月時点で州政府は静観を保っていた．反対派は定例の集会を開く一方，拡声器を積んだ車で地域を巡回し，住民の関心を高めようとしている[31]．市長不在のまま住民が行政を管理する状態は2004年の市長選まで続いた．しかし市長選では，反対派側の左派が2つに割れた[32]等の理由により，再びPRIの新しい市長が当選した．逮捕された住民は最終的に8人にのぼり，解放されたのは2005年に入ってからであった．

(e) 計画撤回と新たな反対運動

最終的にエビ養殖場計画は撤回されたが，新市長は欧州系多国籍企業資本による風力発電プロジェクトを推進しようとしており，用地問題，周囲の森林伐採，施設から排出される油の処理などで新たな反対運動が始まっている．

CCUの活動をモニタリングをしてきたCEDI/大地の大学職員は，一連の反対運動の副産物として，沿岸部では形骸化していた伝統的サポテコ人のコミュニティの長老会の役割が再認識されるようになったと指摘する．リーダーシップをとったのは年配者であったからである（セルヒオ・ベルトラン，インタビュー，2006年1月11日）．

(f) 小 括

本事例は政府と住民との制度的・心理的距離（北野，2003a: 45-46）の問題が地域開発の与件として存在することを示す尖鋭的な事例となった．開発計画の政策的妥当性や環境・文化への適切な配慮を論じる以前に，地方政府（政治家）の能力と倫理，現場における民主的・平和的対応のあり方などが現実の問題として大きく認識された．問題の焦点は先住民族住民の環境や人権に関する利害から市長の汚職と抑圧への糾弾へと移行し，眼前の喫緊な問題への対応というより手段的（≒利害志向的）な運動（田窪，2001: 67）に特化していった．

---

(31) 拡声器を積んだ車が地域を巡回し，ニュースやメッセージを伝達するというかつて日本の農村にみられた拡声器による村内放送と類似の仕事が存在する．
(32) PRDと民主統一党（Convergencia党）．逮捕者には民主統一党の市長候補も含まれていた．

(4) 事例3：オルタナティヴ志向の運動の実践と哲学
(a) Bibaaniとチマラパス

テワンテペック地峡のうちチアパス州に隣接する一帯はチマラパスと呼ばれる森林地帯（残存面積463ha）である．Bibaani（代替技術推進センター）は，イクステペック市に本拠を置き，チマラパスの先住民族を対象に活動するNGOである（北野，2004a: 13-15）．

チマラパスにおいても高速道路の建設と国立保護区の設置に関する土地収用の問題がある．すでに憲法第27条改正によるエヒード転用規制緩和（1992年）とPROCEDEと呼ばれる農地権認証計画（2002年）により，民間業者がチマラパス地域の土地を収用する法的環境は整った．チマラパスにおけるコミュニティのうち，ベニート・フアレス，ラ・クリスタリナ，ソル・イ・ルナの3つにおいては特にPPPへの反対意識が強く，隣接するチアパス州との連携と交流を通じて，彼らが言うところの「生物資源の商業目的による売却」に反対するロビー活動を展開している．すでに1998年に，民族性と生物多様性を守るためのチマラパス連合（Chimalapas Unidos en Defensa de la Etnia y Biodiversidad (CHUDEB)）というNGOが結成され，500～700人の住民が参加している．

(b) Bibaaniにみる直接的活動と間接的活動

Bibaaniもチマラパス連合との結び付きを深め，4つの活動を行なっている．第1は，大地の大学との連携による地域の青年への法律等の専門的知見の付与である．チマラパスの若者が州都オアハカ市にある大地の大学にアクセスすることは容易ではないが，イクステペックに本拠を置き，チマラパスを活動の場としているBibaaniが大地の大学の窓口機能を担っている．第2は，反グローバリズム，反PPPを掲げる他の団体とのネットワークへの参加である[33]．国内のフリホレス豆（インゲンマメ）の生産者との直接取引や地域通貨Mexhico13を通じたメキシコ版地産地消の取り組みもこの一環である．第3は，デモンストレーション，ワークショップを通じた代替技術の普及と啓蒙である．イクステペック市内のBibaaniのセンターのほか，チマラパスのベニート・フアレス村にも活動拠点がある．環境にやさしい技術の啓蒙により，PPPを含

---

[33] 反PPP青年前線（Juvenile Front Against PPP）には，Bibaaniを含むメソアメリカの11団体が参加している．

む既存の開発に対するオルタナティヴを考えることを目的としている．第4は，「文化の再創造」プログラムである．カナダの人類学者ロバート・ヴァッション（Vachon, 1995 など）の文化と文化的アイデンティティに関するモデル（Culture and Cultural Identity: Analogy Model）をもとにエステバがメキシコの先住民族を対象としたワークショップ用に開発した方法である．大地の大学との連携に基づいたアメリカの大学生を対象とした異文化交流体験プログラムでは，専門科目や語学研修を受講した後，先住民族のコミュニティに滞在し，現地の実情を学ぶとともに，住民は「憧れ」であるアメリカ人の暮らしのすべてが理想ではないことを知る．以上のように Bibaani の活動には，PPP 反対運動に直接かかわるもの（第1，第2）と，より広い文脈での住民の意識化と外国人の価値観の転換を促すもの（第3，第4）がある．

(c) 既存の PPP 反対運動への疑問

　Bibaani は政府レベルでの話し合いや大規模なデモ行進やフォーラムを組織することよりも，直接，農民やコミュニティに向けて何かをすることを重視する．Bibaani の代表でサポテコ人のルーベン（Ruben）は，PPP 反対運動にもかかわりつつも，既成の方法は技術的だと以下のように批判する．

　　「なぜ技術的だといえば，彼らはフォーラムを組織し，政府や世界銀行に向けて抗議するが，それらはいつも外部に向けられたものだ．しかし，彼らは人々に対して実際に説明することはしない．彼らはたとえ5分間でも普通の農夫に説明をしたことがあるだろうか．（中略）もし住民にオルタナティヴな生き方が広がり続け，住民が開発に反対し続ければ，PPP はここイスモで目的を達成することはできないだろう．1980年代にも道路の建設計画はあったが，いつもそれを中止に追い込み続けてきた．もし住民がオルタナティヴについて常に意識を続けていればそれ（開発を中止させること）は可能なはずだ．」（ルーベン，インタビュー，2003年9月4日）

　つまり，Tepeyac が反対するのは「不公正な開発」にすぎず，政府に反対する CCU は自分達の代案を持たないという批判である．彼らが依拠するのはイリイチやガンジーの思想，メキシコの人類学者ボンフィル（Bonfil, 1996）の「深遠なるメキシコ」（México profundo）である．技術的ではない実践とは，も

ともと先住民族社会に埋め込まれていた価値に気付かせることであり，具体的には，目にみえる実際の活動を通じて，先住民族のアイデンティティの再確認を促すことを意味する．

(d) 小 括

本事例の特徴は，①政府・国際機関・開発業者を対象に告発や要求をする対抗的・闘争的な PPP 反対運動（短期的対応）と②知識層によるラディカルな視点・立場から人々の価値観の転換を促す活動（中長期的対応）に並行的に取り組むという活動の視点の複眼性である．Bibaani が唯一の事例ではなく，州内各地でこうしたオルタナティヴでサブシステンス志向の団体が活動している．

3.6 分析と考察
(1) PPP における紛争利害関係者チェーン

以上の記述をもとに，図 8—6 にテワンテペック地峡における PPP の利害関係者のつながりを鳥瞰図的に整理した．

まず，PPP を計画・実施する主体としての政府セクターには，国際機関からメキシコ国内の末端行政機関までの権限における垂直的なつながりがある．世界銀行や米州開発銀行といったドナー金融機関，中米統合機構という加盟国政府間の連絡調整を行なう地域国際機関が，PPP の全体構想と資金援助を提供した（G1）．国民国家としてのメキシコ内部は，政府，州，末端自治体に分けられる．フォックス政権は国の政策としてさらに具体的な事業の計画と実施に関する主体であると同時に，外国企業の投資環境づくりにもかかわる（G2）．州政府（G3）や末端行政（G4）は政府の施策を遂行あるいはサポートする存在であるが，事例 2（ウニオン・イダルゴ）にみられたように，末端行政による合弁会社への便宜など，独自の動きをみせることもある．

外国からの直接投資による成長を謳う PPP においては，民間企業・資本セクターが大きな役割を果たす．経済的利害関係に基づくものではあるが，ここにも政府セクター同様の垂直的なつながりがあると考えられる．その最上位に位置するのは，事例記述には明示的に登場はしないものの，多国籍企業群（P1）であろう．実際に現場で住民と接触するのはローカル・レベルでの合弁企業体等（P2）である．

264　第8章　グローバル化への反応と矛盾

図8—6　PPP利害関係者のつながり

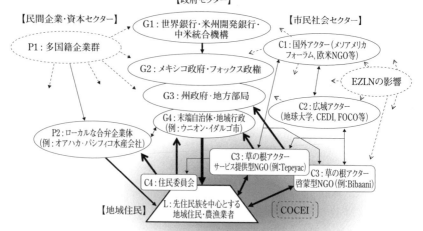

(注1)　→は政策・事業・サービス（反対運動に関するものも含む）の伝達・移転，→はPPP反対運動に関わる行動と意思を示す．

(注2)　グラデーションはテワンテペック地峡の政治・文化的風土を表す．COCEIの括弧はあくまでも参考情報であることを示す．

(注3)　P1〜P2に国内企業，C1〜C2に国内レベルのNGOが存在することも想定されるが，事例の記述にあわせて単純化した．

(注4)　本節の記述において明示的に言及されていないアクターおよびそれらの関係性は楕円・矢印ともに点線とした．

(注5)　住民のすべてがPPP反対ではないが，本節ではコミュニティ内部の被害構造は扱わないので，PPP賛成派住民の表現はない．

　本節で取り上げた市民社会セクターにも同様のつながりは存在するが，政府機関や企業における垂直的関係とは異なる（双方向矢印に注意）．市民社会セクターと地域住民・農漁業者セクターにおける各アクターは，それぞれが目的達成と利害克服に向けて自律的に行動するとともに，相互に人材・資金・便宜，さらには価値（イデオロギーを含む）の面で相互に関係し合っている．

　最上位に位置するのは，国際的な反対運動のフォーラムや欧米のNGO・市民団体等の国外アクター（C1）である．州レベルでは，草の根レベルのローカルNGOのサポートや連絡調整を行なうローカルNGOやフォーラムがある（C2）．資金力に乏しいローカルNGOは欧米ドナー（C1）の財政支援を受けつつ，草の根アクターへの人的支援（人材育成），便宜供与，情報共有の役割を果たしている．TepeyacやBibaaniといったローカルNGOは反対運動の草の

根アクター (C3) であり，住民に直接サービスを提供するもの (Tepeyac) と啓蒙活動を主眼に置くもの (Bibaani) がある．ウニオン・イダルゴの先住民族系漁民らの代表である住民委員会 (CCU) は，コミュニティ内部の組織だが，草の根アクターとして括った (C4)．いずれも全住民の利害を代表するものではなく，あくまでも PPP 反対運動の草の根アクターという位置付けである．各団体の概要をまとめたものが**表 8—2** である．

最後に，先住民族を中心とする地域住民・農漁業者 (L) は，政策・事業の到達点で，PPP による便益 (被害) の発生源となる．次に，彼らが PPP の何を問題としているのか，さらには市民社会セクターと彼らとの関係性についてみてみる．

(2) **誰が当局か：反対派の不利益と関心事項の整理**

各事例の特徴（活動の手段・対象，きっかけ，関心事項等）を**表 8—3** に整理した．PPP 反対運動といっても，末端の先住民族住民らは PPP の何に，なぜ反対したのかについては，一様ではない．これは「誰が当局か」という命題と裏表の関係にある．

事例 1 では，事前の協議・説明が欠如し，土地所有と利用面において政府と住民のあいだに合意がなかった．ここでは，国有地であっても慣習的に先住民族が利用しているという現実を無視して，隣接する土地に住む者・利用する者との合意形成がないまま，一部の地権者が土地を合法的に売却したとして工事を見切り発進したことへの妥当性（上述の土地転売に係る規制緩和の運用上の問題）が問題であった．イスモ高速道路は PPP の看板のメソアメリカ縦貫高速道路に接続する準幹線であり，矛盾の当事者は連邦・州政府といわざるを得ないということから，先住民族と環境に最大限の配慮を行なうという PPP の公約と実際の手続きの格差という矛盾もある．しかし，仮に合法的な手続きにのっとり事業が実施されても，細川 (2005) が問題提起するように，先住民族の価値観と近代的なものさしとの間に齟齬が生じるという正当性（正統性）の文化的相違の問題が残る可能性がある．その一方で，仮に，事業が ILO 第 169 号条約を忠実に踏まえつつ計画・実施されたならば，先住民族の「知る」「知らされる」権利を強く主張している Tepeyac は，PPP に反対の立場をとり得るのだろうか，という論理的な疑問が残るのである．

表8—2 事例に登場するNGO等の概要

	名称(略称)	団体の性格	所在地	設立年	設立者	主な活動	対象地域	主たる対象者	アクター分類
事例1	テペヤック人権センター (Tepeyac)	NGO	イクスタルテペック	1992	カトリック神父	人権擁護(法的サポート・啓蒙教育)	テワンテペック地峡	先住民族住民	C3
事例2	住民委員会 (CCU)	住民組織	ウニオン・イダルゴ	2002	地元長老	市長弾劾活動・PPP反対運動	ウニオン・イダルゴ	(当局)	C4
事例3	代替技術推進センター (Bibaani)	NGO	イクステペック	1998	サポテコ人の若者	有機農法・代替技術の普及、環境教育	チマラパス熱帯林	先住民族の若者・子供	C3
事例1・3	大地の大学 (Unitierra)	NGO	オアハカ	2001	知識人(元官僚・教授)	専門技術・知識の付与・異文化交流体験	州全域	先住民族の若者・先進国の学生	C2

(注1) メキシコのNGO (ONG) は,法的には市民団体法人 (A.C.) となる.
(注2) イクスタルテペックとイクステペックは,いずれもフチタン近郊の小都市.

　事例2では,地元での合意形成がないまま一部地権者の売却による見切り発進的な対応がなされたこと,市当局の汚職および住民に対する抑圧的な当局の姿勢という矛盾が存在した.矛盾の当事者は国や州ではなく,地方自治体の首長であり,ローカルガバナンスと民主主義の関係という次元での問題である.3事例中,当局の可視性は最も高い.事例1と共通するのは「不公正な開発の見直し」という要求である.ではCCUにとって,PPPとは何であろうか.彼らの要求を突き詰めていくと,事例1同様,事前の相談の欠如,生活圏・漁業権の侵害に始まり,やがて市長の汚職,反対派住民の弾圧に対する怒りが大きな部分を占めるようになった.反PPPの立場を掲げつつも,CCUが批判しているのは,「手続き」「権利の侵害」「汚職」「暴力」であり,PPP以外の開発でも同様なことは起こり得る.

　いずれにせよ,住民レベルにおいて,PPPとは全体像がみえない(知る術もない)「何ものか」であり,筆者の立場から一概に,TepeyacやCCUの「PPP観」を近視眼的だと批判することはできない.

　事例3は,直接的な反対運動(高速道路建設)以外は,前2事例とかなり性質が異なる.はたして,自分のコミュニティに被害が及ばず,PPPの便益だ

3 PPP反対運動とローカルNGO

表 8—3 事例の特徴の整理

		事例 1	事例 2	事例 3
活動主体		ローカル NGO（Tepeyac）	住民委員会（CCU）	ローカル NGO（Bibaani）
活動手段		交渉，教育，コンサルテーション	抗議，集会，デモ	実践（生活・生産），教育
誰が，何が「当局」か		政府（国・州）	末端行政（市長）	グローバル化・近代化イデオロギー
住民にとっての「当局」の可視性		低い	高い	低い
働きかけの対象		住民，司法当局	政府（市長）	住民，若者
きっかけ		事前通告なしの道路建設計画	市長による開発許可と汚職の発覚	道路建設に伴う森林消失
不利益の種類		先住民族の人権，生活基盤としての土地	汚職・不正・弾圧，生活基盤としての漁場	イデオロギーの強制（アイデンティティの喪失），コモンズとしての森林
要求		不公正な開発の見直し	不公正な開発の見直し	開発の見直し
関心事項（注1）	手続き	＊＊＊	＊＊＊＊	＊
	コモンズ	＊＊＊	＊＊	＊＊
	イデオロギー	＊	＊	＊＊＊＊
運動局面の重点（注2）		文化・社会・生態＞政治・経済	経済・政治・生態＞文化・社会	文化・生態・社会＞政治・経済
要求の出所		住民	住民	NGO
PPPに対するスタンス		反対	反対	反対

（注1） 社会運動の3類型（片桐，1994）に照らせば，「手続き≒制度×公的状況」「コモンズ≒公的状況」「イデオロギー≒体制」と理解できる．
（注2） 運動局面は池田（1994：180）の5局面を念頭に置いているが，あくまでも筆者の解釈を踏まえた相対的なものである．

けを享受できる状況が約束された場合，住民やローカルNGOはPPPに反対の立場をとるのだろうか．この点において，Bibaaniの立場は明白である（眼前の不利益の有無にかかわらず反対）．グローバル化・近代化イデオロギーをラディカルに批判する思想性は，先住民族住民内部からのみ生じたものではなく，Bibaani，大地の大学，（さらにはイリイチ，エステバ等の知識人）という外部アクターからの影響が強い．興味深いのは，3つの事例のなかでPPPそのものに反対しているのは事例3だということである．一見，尖鋭的な事例とみられる事例1・2は，PPPそのものへの反対というより，やや短期的な視点での不

利益およびその原因としての当局に反対しているともいえる．しかし次項で述べるように，眼前の利害のみが彼らを駆り立てる理由ではない．

(3) 反対派アクターの性質：土着性と外来性

　市民社会セクターのチェーンのなかで，先住民族住民からみれば，C1・C2は明らかに外来であるが，末端のC3はそうともいえない．TepeyacもBibanniも設立や運営面において，教会関係者や外部の知識人（大地の大学のエステバ等）の指導や影響は不可欠であったものの，実働メンバーは近郊出身の先住民族子女である．C4に分類したCCUの主体は，地域の長老達であるが，ローカル・レベルの政治勢力やC3草の根アクターとの連携・共闘を重視している．一般論として，環境保護や反開発運動の価値観や人材は外部からもたらされる場合も多いのだが，テワンテペック地峡の3事例をみる限り，外来性と土着性に明確な線引きを行なうことは簡単ではない．

　明示的な実証情報を見出すことは難しいものの，テワンテペック地峡の地政学的・歴史的背景は，反対運動の土壌をなすといってよい．草の根アクターのローカルNGOスタッフの多くは20歳代の若者であり，彼らは1970年代のCOCEIを中心とするサポテコ民族運動家の息子・娘の世代に属する．たとえば，Bibanniの代表であるルーベンの両親はCOCEIの活動家であった．仮に1970年代の活動家と今日の活動家の皆が血縁関係を持たずとも，1970年代以降テワンテペック地峡一帯に一定の政治的プレゼンスを確立したCOCEIおよびサポテコ民族運動の影響を勘案すれば，少なくとも精神面（もしくは言説面）では活動家間には一定の継承が存在すると考えられる．事例ごとの「当局」，不利益の種類，関心事項のウェイト等に違いはあっても，少なくとも反対する側の主体（住民およびNGO）に先住民族のアイデンティティと差異を尊ぶ価値観が作用していると考えられる（ここでは実態か，言説かは問わない）[34]．

(4) 時系列的整理からみた外的環境との関係

　最後に外的環境との関係について触れたい．表8—4は，PPPに関する政治経済面での動向，PPP反対運動に関するメソアメリカ全体での動き，上記3

---

(34) 筆者がTepeyac, CCU, Bibaaniのメンバーからの聞き取りから発見したことは，異口同音にグローバリゼーション（globalización）と開発（desarrollo）をほぼ同意語として用いていることであった．

表8—4　政治経済動向とPPP反対運動の流れ

年	出来事
1982	通貨危機，構造調整始まる（デマラドリ政権）
1986	GATT加盟
1988	12月：サリーナス政権誕生
1990	ILO第169号条約批准
1992	憲法27条改正によるエヒード土地売買の合法化 NGOテペヤック人権センター発足
1994	1月：NAFTA発効 1月：サパティスタ民族解放軍（EZLN）蜂起 12月：テキーラ危機（ペソ切り下げ，セディージョ政権）
1995	国家開発計画（1995～2000）
1996	2月：和平調停委員会（COCOPA）によるサン・アンドレス合意（政府とEZLN） 3月：テワンテペック総合開発計画 ＊「中米近代化戦略」研究開始（HID, INCAE）
1997	テペヤック人権センターに先住民族がPPP道路計画の最初の調査依頼
1998	＊「中米近代化戦略」報告書（HID, INCAE） 後にBibaaniとなるグループが結成され，2000年にNGOとなる イスモ高速道に関すると思われる測量・調査が住民から報告される
1999	＊イスモ高速道起工式（大統領，州知事参列）
2000	8月：「情報と協議のための権利フォーラム」と行動指針の採択（市民団体，先住民族） 12月：フォックス政権誕生
2001	＊3月：PPP基礎資料の発表 3月：「尊厳のための行進」においてフチタンにて反PPP声明（EZLN） ＊5月：国家開発計画（2001-2006） 5月：チアパス州タパチュラにおけるフォーラム（「グローバリゼーションの前で国民が最も重要である」）におけるPPP代替案の協議（グアテマラ，エルサルバドル，ホンジュエラス，ニカラグア，メキシコから約500名参加） ＊6月：プエブラ・パナマ開発計画（PPP），米州開発銀行「PPPの8つのイニシアチブ」 11月：グアテマラにてメソアメリカフォーラム「グローバリゼーションより人々を第1に」が開催され，中南米，欧米からNGOを中心に300団体，800名以上の参加，PPPを全面的に拒否する声明 9月：PPPに関する地域フォーラム（ベラクルス州イアルティパン（Jaltipán））においてPPP拒否声明，南北アメリカ諸民族の運動を統合する地方大会（テワンテペック）でのPPP反対声明
2002	5月：イスモ地域先住民族大会（テワンテペック）にて，PPPとイスモ高速道計画はILO第169号に基づく先住民の権利の侵害であるとの声明 7月：ニカラグアにおける反対集会 11月：ウニオン・イダルゴにて地域フォーラム「生活と水辺に暮らす人々の文化」が開催され，地域の漁民・住民およびイスモ地域のNGO，市民団体約20団体が参加
2003	2月：ウニオン・イダルゴにてエビ養殖場建設に反対し，市長の汚職を弾劾する住民と行政当局の間に衝突が発生，死者，負傷者，監禁者が出る
2004	7月：エルサルバドルにてメソアメリカフォーラム「自己決定のための民衆力の構築」が開催．PPPとともにWTOやCAFTA，FTAA等の自由貿易協定への反対が表明される．中南米，欧米からNGOを中心に500団体，2,000名が参加

(注)　＊印はPPP推進に直接関係する出来事，強調はテワンテペック地峡における出来事を示す．一部を除き，2003年9月の調査時点までの情報である．

(出所)　Tepeyac (2002)，国際協力銀行 (2003)，Pisani and Label (2003)，NotiCen (2004) および2003年9月の現地聞取り調査をもとに筆者作成．

事例の主要事項の年表である．社会運動全体に関する補足として4点指摘したい．

第1のポイントは，1980年代の対外債務問題に端を発する構造調整路線の後を受けて，NAFTA加盟および新自由主義路線の大規模開発計画が構想され，経済的後進地域の統合を掲げるようになるという流れが読み取れる．

第2のポイントは，事例1と事例2で取り上げたローカルNGOがいずれもPPP発表以前に誕生していることである．筆者がこれまで調査したこれ以外のローカルNGOのほとんどが1990年中半に生まれている．今日のPPP反対運動の牽引役としてのローカルNGOがすでに1990年代に地域に根を下ろしていたということである．背景として，一連の経済危機やメキシコ大地震を契機とした国内での市民社会の高まりという正のインセンティブ（小倉，1999；北野，2003b；北野，2003d）と小さな政府の登場により縮小する行政サービスの隙間を生めるため必然的にNGOをつくらざるを得ないという負のインセンティブがある（北野，2007c）．

第3のポイントは，PPP反対運動に関するメソアメリカ全体の動きとテワンテペック地峡での動きが交互に現れていることである．上記事例から十分な検証をすることはできなかったが，地域レベルとインターリージョナル・レベルの運動の相互作用を読み取ることもできよう．強調すべきは，PPP反対の運動と世論がメソアメリカおよび欧米の市民社会に存在することであり，外部および域内への情報発信を行なっていることである．

第4のポイントはEZLNである．筆者のこれまでの数次にわたる現地調査にて，ローカルNGOスタッフ，先住民族を含む運動家が異口同音に語るのは，EZLNに直接かかわらなくとも，彼らに対する共感と彼らから受けた精神的な影響の重大さであった．EZLNが蜂起してからPPP発表までの7年間という絶妙なタイミングは先住民族間の世論と共感の醸成に影響を与えたはずである．

3.7 結 語

本節では，PPPという大規模開発事業を対象としつつも，先鋭的な反対運動が展開されているテワンテペック地峡という狭い地理的範囲を選定し，紛争と反対運動の諸アクター・チェーンの下方におけるアクターの役割と性質を検

討した．グローバル／トランスナショナルな社会運動との関係についての検討は断片的な記述にとどめたものの，その前提・根幹となるローカルな運動に関する新たな知見と含意が得られた．

第1に，「PPPに反対する」といっても，利害や関心はすべて一致するものではなく，それにかかわる草の根アクターの役割も一様ではない．少なくとも3事例で取り上げた諸アクター間に明確な利害の不一致や対立がある訳でもない．反対運動の当事者すべてに共通した明確なコンセンサスは存在しない．多分に「曖昧さ」を包含しつつも，当該地域において，総体としてのPPP反対運動が展開されている．一枚岩的な市民社会の存在を暗黙の前提として，反グローバリズム的な社会運動を新しい公共空間論という文脈で捉えることには慎重であるべきである．公共空間の前提として，市民社会や草の根レベルの農漁民組織が一枚岩的なものとすること自体，非現実的である．

第2に，PPP反対運動は「複数形」の運動であり，様々なローカルNGOが関与しているが，諸アクター間の人・情報・資金のやりとり，コミュニケーションのフローという捉え方に有効性を見出すことができた．TepeyacやBibaaniのように先住民コミュニティに最も近いところで活動するローカルNGOは独立したアクターだが，人材育成・供給という面では，大地の大学のような州レベルでのNGOがかかわっている．またCCUも含めて，これらローカルNGO同士は各種フォーラムを通じてテワンテペック地峡地域で情報交換と共有をする間柄にあり，緩やかな協調・共闘関係にある．資金面に関する詳細な情報を得ることはできなかったが，Tepeyacも大地の大学もアメリカの民間団体など外部に依存しており，脆弱な存在である．Bibaaniは個人活動家・アーチストがパートナーとして束ねられた組織にすぎない．

一方で，政府や多国籍企業主導の大規模開発に反対する市民社会・先住民が対抗的ネットワークを形成し「もう1つのグローバリゼーション」を追求し始めているという現状認識は確かにある．しかし，断片的ではあるが，上記のテワンテペック地峡の事例をみる限り，地域レベルでのネットワークの糸（人材・情報・資金）と結び目（ローカルNGO，住民組織など）は，細く，脆弱である．いずれにせよ，先進国と途上国の市民社会をつなぐ「もう1つのグローバリゼーション」を最末端に近いところで支えているローカル・ネットワークの

実態と現状を知ることは極めて重要である．今後は先住民族コミュニティ内部での変化および国外アクターによる国際レベルでの活動という超ミクロおよびマクロ（トランスナショナル）な実証研究を行ない，本節との比較検討を行なうことが必要となる．

最後に，先進国と途上国の関係も念頭においた地球レベルの「共生」（環境と開発，伝統と近代化，異文化・民族間の関係が含まれる）を考えるに当たって，私達先進国の住人は，「持続可能な開発」「住民参加」「地球市民社会」といった耳当たりのよい言葉を語る前に，南の周辺化された人々が直面する現実を知る努力をしなくてはならない．その努力なしで，文化の多様性，人権や環境に配慮した発展のための方策を語ることはできないのではないだろうか．

4 むすび

組織化，ネットワーク化は可視的で直接的な危機が眼前に迫った時に急速に発達する．構造調整によるメキシコ・コーヒー公社（INMECAFE）の廃止やPPPに基づく大規模工事の開始など，現場においては，住民らへの事前の確かな情報開示もないまま突然実施されたという状況がある．開発の末端における一種のカオス的状況のなかで，自己防衛のためのネットワーク形成のために，農漁民組織やローカルNGOは速いテンポで結び付いたといえる．しかし，そこには，意識の違いや利害の対立など，様々な「同床異夢」やアンビバレントな状況を想定することができる．眼前のカオス的状況に対するレスポンスの速さやネットワークの規模という次元と社会運動体としての持続可能性・一体性という命題はオアハカのポスト開発志向の社会運動における重要な命題となり得る．

また，第3節の反PPP運動の諸アクターと第1～7章でみた，大地の大学，CEDI，BibaaniなどのローカルNGOおよびスタッフ個人が，現場における実践やコミュニティとのつながりの局面でどのようにかかわりを有しているのか，影響を行使しているかについて，実態論に基づいたイメージを得ることもできた．

第9章　内発的発展・知識人・NGO

1　はじめに

　本章では，本書のまとめの議論として，第1～6章（個々人と時代との対話・交渉を念頭），第7～8章（ローカルNGOと市民社会の諸相を念頭）のそれぞれにおいて，記述・分析された事柄を横断的に考察し，南部メキシコにおける内発的発展とローカルNGOの役割について，複眼的な捉え方を提示したい．各章でみた事例は，人物や団体を介して相互に関連しているものもあれば，そうでないものもある．いわば，NAFTA体制期ともいえる1990年代から2006年までのテワンテペック地峡地域を中心としたオアハカ州における複数形の運動の総体としての内発的発展運動である．そこでは現代において求められるべき公共性の要件である理想論的現実主義が語られ，そして実践においても見出すことができた．「個人編」「実態編」においてみてきた全く次元の異なる事例群のつながりを明快に説明する理論的知見をここで提示することは，筆者の能力を超えたものである．そこで本章では，上記事例群から得られた知見を手がかりとして，以下の点に絞って論考を行ない，本書のむすびに代えることとしたい．

　まず，ポスト新しい社会運動の実践としての内発的発展論を定義する．そして，そこにおけるローカルNGOの役割の評価について論じる．次に，知識人に関する文献サーベイに基づき，社会運動の主体でありアクターの1つでもある動機付けされた個人を知識人として定義し，第1～8章でみた諸個人の役割の解釈のための視座として位置付ける．これらは運動としての内発的発展と本書のサブタイトルでもある「グローカル公共空間における学び・組織化・対抗運動」を理解するための重要な切り口だと考えている．以上を踏まえ，内発的発展論に対する筆者の見解を本書の結論として述べる．

2 新しい社会運動の遺産と新たな展開

　トゥレーヌやハーバマスらによって，新しい社会運動という言葉が使われ始めてから，すでに四半世紀が経過している．本書でみた諸事例は，「支配的構造への周辺からの対抗」（町村，1985: 167）という点ではまさに新しい社会運動である．ただし，反グローバル化イデオロギーの蔓延，すなわちインフォーマント達が「グローバル化」という単語を枕詞のように話していたことは，おそらくは30年前には一般的ではなかったのではないかと予想される．高田（1985: 179）は，草の根運動の定義として，グンデラッハ（Gundelach, 1982）の「社会における規範と価値の変革をめざす草の根組織」という定義とパルマン（Perlman, 1976）の「既存の権力中枢を迂回して新しい制度をつくるオルタナティヴ形成（の組織）」という組織類型に依拠しつつ，「運動のネットワーク化をもたらした特定の価値観，すなわち既存の社会におけるオルタナティヴを志向しているか否か」が草の根運動を規定する条件だとする．また，「80年代の草の根運動は，60年代対抗文化運動の後継運動であり，その価値観もほぼ引き継がれている」と，1980年代当時の新しい社会運動の性格を定義し，1960年代対抗運動との最大の相違点として，①エコシステムの観点，②独立した自己ではなく全体のなかで相対化された自己が主体であること，③シューマッハー的な中間技術あるいはオルタナティヴ技術の存在，を強調した（高田，1985: 186）．高田の議論は1980年代のアメリカ，日本における新しい社会運動を念頭においたものであるが，これが南部メキシコの事例を理解する際にも依然として当てはまるのである．これはもちろん，本書の各所で述べてきた南部メキシコの固有要因の重要性を踏まえた1つの理解としても，である．

　本書でみた運動論としての内発的発展は，それ自体が可視的なソリッドな運動体ではない．あくまでも複数形の運動であり，実践である．ここでは，①メキシコ国内外の政治経済状況およびそれへのイデオロギー的反応，とりわけオアハカを含む南部諸州の先住民族への影響という外枠としての構造，②構造調整やPPPに象徴される外来型開発によって直接的に生じる不利益への反応，③これらの基底にあるとされる当該地域のエスニック・アイデンティティと地

2 新しい社会運動の遺産と新たな展開

図9—1 ネットワークおよび構造・主体（アクター）の関係

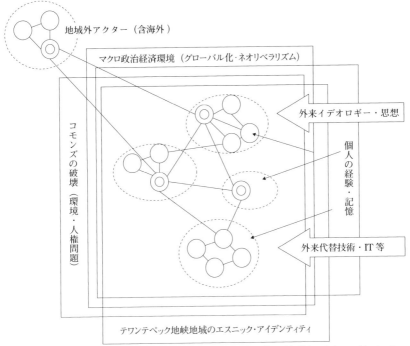

（注）◎は「生まれ変わった知識人」「脱プロ知識人」を，○は「草の根民衆知識人」をイメージしている．

域に蓄積された歴史的記憶という，次元の異なる少なくとも3つのフレームの存在をアプリオリな条件として想定したい．その上で，エステバ，イリイチらの言葉でいうところのテレフォン・システム的な主体（個人，組織）間のネットワークが形成され，機能している[1]．これは後段で詳しく検討する「生まれ変わった知識人」「草の根民衆知識人」らによる個人・団体間のアソエーション的な結び付きであるともいえる．ここで，とりあえずのまとめとして，構造と主体（アクター）の関係を図9—1に示しておく．

高田（1985）が示した草の根運動の組織的特性である①オルタナティヴを追

---

(1) 高田（1985: 194）は，草の根運動のネットワークには，「各人が日常生活で選び取った個人間」のそれと「オルタナティヴを目指す運動体（グループ）相互のゆるい」ネットワークの2種類があるとする．

求する個人が何らかのイシュー（複数の場合もある）をめぐり組織化し，組織維持を自己目的としないこと，②組織は個人の自主性に基づく水平的な結び付きであり，多頭性を包含するものであること，③個人間のネットワークがウェブ状に展開すること，のいずれも分析単位としてのローカルNGOおよびメゾリージョナルな視点という点から考えれば，メキシコの事例についても概ね妥当な定義といえる．しかし，エステバがいう先住民族特有の「共同体民主主義」論との関係については，十分に議論を展開するだけの情報は持ち合わせていない．本書では，コミュニティ／共同体内部でのオルタナティヴ運動の実態把握はせず，あくまでも視点をやや上方に設定し，メゾリージョナルな空間的範囲での実態把握に限定したためである．したがって，運動とコミュニティとの関係，コミュニティ内部の問題については，本書では深入りはしなかった．

　1980年代の新しい社会運動論が念頭においていたのは，1960年代以降に出現したエコロジー，フェミニズム，反原発，地域主義など旧来の労働運動や階級闘争とは性質を異にする運動であった．本書の第1〜6章で個人史の検討を行なったエステバ，ヴァンデルホフ，イサベルらは第1世代に当たる1960年代の運動家であり，その彼らが試行錯誤を経て，1980年代に追求したのは当時の新しい社会運動にも通じる価値の実践であった．第7〜8章でみた第2世代によるいくつかの事例は，代案（オルタナティヴ）を伴った生活・生産の「実践」の性格を強めている．彼らの取り組みは，有機農業，フェアトレード，環境および人権教育などの具体的な実践を重視し，単なる抗議・反対・権利要求とは異なる志向性を有していた．そして，こうした展開を可能にした制度的受け皿としての「NGO」という仕組みに筆者は注目したのである．いずれにせよ，四半世紀前にイリイチやフレイレらが提起した問題意識，方法論は，今日のオアハカという文脈において継承され，現代版の（ポスト）新しい社会運動，対抗運動としての内発的発展として，地域における実践を重視しつつ，存在し続けていると考える．そして，グローバリズムとの対抗関係と実践の重視という特徴を持つ現代のポスト新しい社会運動の主要な担い手として，ローカルNGOを位置付けることができる．

3 ローカル NGO の評価

　第7～8章では，ローカル NGO の発生と展開の経緯を，いくつかの事例に基づき検証した．また，第1～6章でも，NGO そのものが分析対象ではないが，個人史に関連付けていくつかの NGO を紹介した．**表9—1**は，本書で取り上げたローカル NGO，協同組合的組織などの地域内会員組織，住民による任意団体等を一覧にまとめたものである．コミュニティや地域住民に対して外部からサービスを提供するタイプの組織（No. 1～9）の場合，「活動範囲・対象の地理的広がり」は，顧客となる地域や人々の広がりを示すが，当事者である地域住民が自らを組織し，メンバーにサービス等を提供する組織（No. 10～18）の場合は，メンバーの範囲がコミュニティ内部にとどまるか広域の地域にまで拡大するかを示している．NPO や農協など団体毎に法律で厳格に活動範囲や所管官庁が規定されている日本とは事情は異なるが，これらの団体はそれぞれの社会的性格や相互の役割の位置付けに多分に曖昧さを含みつつ，いわゆる非営利・協同セクターを形成していると考えられる（No. 17, 18 を除く）．特に，No. 1～9 のいわゆるローカル NGO は，州レベルからコミュニティ・レベルの運動ネットワークの仲介役・つなぎ役として，情報，人材，技術，資金等を提供している．

　NGO 研究の文脈では，開発プロジェクトというミクロの運営論，地域社会内部の社会構造と政治，マクロの国家レベルの動向といった問題領域の範囲の違い，あるいは，客観データに基づく徹底した実証主義，個別の事例の背後に潜む大きなダイナミズムをメタ視点から考える抽象性の高い作業といったリアリティの捉え方の違い，政策論と運動論という立場の違いなど，途上国におけるローカル NGO の役割を理解するためのアプローチは一様ではない．同様に，そこからみえる公共性概念も1つではない．しかし，本書で取り上げたローカル NGO はいずれも零細で財政的基盤の弱い団体であるが，活動の規模は小さいものの，そこに政府の政策や行政サービスとは別の次元での「公共性」の概念に通じるものを見出すことができる．すなわち，非政府・非営利組織（本書の場合，ローカル NGO，協同組合的組織）による，共益および万人のための公益

表 9—1 本書で取り上げたローカル NGO,協同組合的組織,任意団体等の一覧

No.	団体名	取り上げた章(節)	設立年	設立者	所在地(本部等)	活動範囲・対象の地理的広がり 海外	州/広域	地域	コミュニティ	団体の性格分類
1	異文化出会い・対話センター(CEDI)	1, 5	1999	元政府高官	オアハカ市内	○	◎			ネットワークづくり・情報提供・調査研究
2	大地の大学(Uni-tierra)	4, 5, 8 (3)	2001	元政府高官,青年有志	オアハカ市内	○	◎			教育活動(学び)
3	コミュニティ能力向上計画(CAPLAC)	7 (5)	1999	元政府専門家	オアハカ市内	◎	○	○		専門的サービス提供
4	女性の訓練と育成・コレクティブ・シフラ(SIFRA)	7 (2)	1997	職業専門家	オアハカ市内		◎			専門的サービス提供
5	テペヤック人権センター(Tepeyac)	8 (3)	1992	神父	フチタン近郊		◎			専門的サービス提供
6	コミュナリティ財団(Fundación Comunalidad)	7 (3)	1995	地域内青年有志	ゲラタオ			◎		オルタナティヴ・メディア事業
7	代替技術推進センター(Bibaani)	4, 7 (4), 8 (3)	1998	地域内青年有志	フチタン近郊			◎		実践と啓蒙
8	再植林と環境保護のためのボランティア委員会(Covorpa)	7 (4)	1994	地域内青年有志	オアハカ市近郊		◎	○		実践と啓蒙
9	オアハカ・シエラ・フアレス組織連合会(UNOSJO)	7 (5)	1992	地域住民代表	ゲラタオ			◎	○	地域内会員組織の連合体
10	地峡北部地区先住民共同体連合(UCIZONI)	2	1985	地域出身活動家	ミヘ地域			◎	○	地域内会員組織,政治色強い
11	イスモ地域先住民族共同体組合(UCIRI)	3	1983	神父	ラチビサ			◎		地域内会員組織
12	オアハカ州コーヒー生産者調整機構(CEPCO)	8 (2)	1989	元政府職員,農民	オアハカ市内		◎			地域内会員組織の連合体
13	ミシュテカ高地生産者組合	8 (2)	1989	地元農民	ミシュテカ地域				◎	地域内会員組織
14	チュスナバン・コーヒー小生産者組合	8 (2)	1996	地元農民	ミヘ地域				◎	地域内会員組織
15	環境改善指導センター(COMA)	4	1994	医師	フチタン近郊			◎	○	住民有志による任意団体
16	ソケ・デルトゥレ協同組織	4	1998	地元女性有志	チマラパス熱帯林			◎		住民有志による任意団体
17	住民委員会(CCU)	8 (3)	2002	地元長老	ウニオン・イダルゴ				◎	住民組織
18	テワンテペック地峡労働者・農民・学生同盟(COCEI)	2, 8 (3)	1973	地域出身活動家	フチタンと周辺自治体	○	◎			政治団体

の追求である．もちろん，以上の検討では，上記で述べた便益の分配システムの地域内部での組織・制度化という面からの十分な検証はすることは行なっていない．第7〜8章の主たるの関心は，ローカルNGOの発生のメカニズムとそれらのネットワーク化，アソシエーション的発展の検証であったからである[2]．

後段で「知識人」として検討する様々な経歴を持った個々人のネットワークは特徴的である．このネットワークのなかには，専門職から下野した者もいれば，草の根から実践的リーダーとして浮かび上がって来た者もいる．しかし，両者の間にヒエラルヒーがある訳ではなく，水平的な関係といえる．これは見方を変えればローカルNGO間のネットワークといえるが，各NGOは零細な組織であり，そこに個々の組織を基盤とした強固なネットワークがあるというよりは，キーパーソンとなる個人間のネットワークが先行していると考えられる．ただし，CEPCOやUCIRIといったコーヒー生産者の組織内部には，先住民族のコミュニティという地縁ネットワークの原理が存在しており，それより広いメソ・リージョナルのレベルでの個人・NGO間の目的別のネットワークとは異質な原理が共存している．このネットワークを構成するNGO自体が非常に脆弱であるから，資金的理由，内部での意見の相違などにより，数年単位では恒常的に集合・離散が生じていると考えられ，ネットワーク自体も常に新陳代謝しているといえる．筆者は，研究当初，エステバおよびCEDIがネットワークのオーガナイザーであり，中心だと考えていた．その考えは，「我々も全体を構成する1つにすぎない」というエステバの言葉によってただちに否定されたが，このことは，ヴァンデルホフ，イサベル等の他の強力なオルガナイザー達の存在を知ることにより納得できた．

松尾（2001: 203）によれば，現代における社会変革としてのアソシエーション論には，市場を補完する1つの制度としての位置付けの議論とアソシエーションが主要な存在となる新しい社会体制としてのそれがあり，いずれにせよ協同組合やNGO（NPO）などの活動に，その可能性と展望を見出そうとする．本書でみた事例では，理念としては新しい体制としてのアソシエーションを志

（2）本パラグラフのみ，初出は北野（2006a）である．

向しているが，現実には国家機能との垂直的棲み分けに甘んじている事例や目先の短期的利益が活動の動機となっている状況もみられた．広域レベルでの開放志向の水平的なネットワークとコミュニティ・レベルでの伝統的な先住民コミュニティというのは，松尾（2001: 208）がいう市民社会論的アプローチとコミュニタリアン的アプローチに関連性を有するが，対抗運動の矛先は両者ともグローバル化および国家であり，この意味での矛盾はない．

　必ずしもすべての章において明示的に取り上げてきた訳ではないが，序章において述べたように，本書の根底にあるキーワードの1つに「学び」がある．まず，個人の人生経験を通じた個人の「学び」がある．第1〜6章においては，運動の主体としての個人の「学び」に焦点を当てた．特に，エステバ，イサベル，ヴァンデルホフの3人の遍歴から，彼らが，時代，場所，社会的地位などの諸条件に規定されつつ，それぞれ開発について考えながら試行錯誤を重ねた結果，開発に対するオルタナティヴとしての実践活動という彼らなりの結論にたどり着いたといえる．それが，エステバの大地の大学，ヴァンデルホフのフェアトレード，イサベルの地域における協働を通じた実践であり，その背後にある価値観・哲学である．次に，第7〜8章においていくつかの事例でみた実践に基づく地域住民への「学び」の普及・伝播である．普及される「学び」のコンテンツには，専門的サービスという直接的・可視的な内容とオルタナティヴな価値観・哲学という間接的・非可視的なものがある．ただし，この「学び」の普及・伝播のプロセスは必ずしも外部から地域コミュニティに移植される一方通行に限定されない．CEPCOやTepeyacの事例にみるように，地域社会にある不満やニーズが動機となり，住民側から外部の専門家にアプローチがなされるという双方向のコミュニケーションのプロセスにおいて，「学び」の普及・伝播が実現されることもあり得る．この地域レベルの「学び」の普及・伝播においては，専門的知見を有する個人のみならず，ローカルNGOや協同組合的組織という「組織」が非常に重要な役割を果たしていることも確認できた．鈴木は，上記でみた新しい社会運動がポストモダン的性格を帯びていたことを捉えて，地域における社会的実践を通じた「主体形成の教育学」をポスト・ポストモダン論として捉えることを提唱し，ウォーラースタインに言及しつつ，内発的発展としての地域づくり運動は，①人間と自然，主観と客観の

実践的な統一，②中央政府（やグローバル化）に対立する地域住民の自己決定，③地域の課題の解決，④地域の個性を尊重したネットワーキングとパートナーシップ，といった局面を包含しているとする（鈴木，1999: 15, 198-199）．本書でみたローカル NGO の活動は，グローバル化，新自由主義体制下の南部メキシコにおける内発的発展と主体形成のメカニズムの解明に示唆を与えると考える．

4　社会変革における人的資源としての知識人達

　いうまでもなく知識人および知識層の形成は現代における社会の発展に不可欠な要素であり，そのためには所得水準と教育水準（公教育を念頭に置く）の全般的な向上が必要とされるといわれている．ここでいう知識人とは，一般に，文化人や専門家・技術者，企業内中間層等の準知識人が想定される（中島，1989）．このことはトゥレーヌがいうところの「二重社会」的（杉山，2000: 172-173）な社会構造が残るラテンアメリカにおいても，ある面においては同様である．インターネットの発達などメディアの多様化・多極化が進む今日，知識人の範囲・定義およびその役割も大きく変わりつつある．一方，これとは全く別の次元で，知識人の役割を再検討することとも可能である．いわゆる「発展」概念に，本書が取り扱う「開発のオルタナティヴ」の追求を通じた社会変革が含まれることを想定するのは一般的ではないにせよ，それを排除するものではないことを前提に以下の議論を進める．

　ポストコロニアリズム的な立場から，常にアウトサイダーとして社会や国家と一定の距離を保ち「権力に対して真実を語る」という知識人像を望ましいあり方として想起したのはサイードである．サイードは『知識人とは何か』のなかで，いくつかの知識人のプロトタイプを説明している．第 1 は，ジュリアン・バンダとマシュー・アーノルドに言及しつつ（Said, 1994=1998: 63, 73），真の知識人とは，傑出した才能・道徳・良心を持つ「哲人王」「聖職者」としての非世俗的な人々であり，「現実的な目的追及に終わったりする人びとではなく，むしろ芸術や科学，あるいは形而上的な思索に喜びをみいだそうとする」（Said, 1994=1998: 29-30）人々であるとする．サイードはこの対極にある知識人

を，党利党略，大衆世論，ナショナリズムなどに迎合し，「政府を指導する知識人ではなく，政府の下僕となってはたらく知識人」(Said, 1994=1998: 31) として批判する．福祉国家におけるテクノクラート，技術者（自然科学に限定しない）等のいわゆる「専門家」は，この手の最たる人々であり，本来，「知識人」ではなく，「専門家」という呼称こそが相応しいと考える．第2は，グラムシのいう「有機的知識人」であり，サイードの解釈によれば，「聖職者や行政管理者といった古典的知識人」とは異なり，資本主義の企業家のニーズに沿った形での専門的知見を提供する存在としてのそれ（技術者，政治経済専門家，広告・宣伝の専門家など）である（Said, 1994=1998: 28)[3]．グラムシは民衆の運動を接合し，紡ぎ上げることによって社会変革を促進させる有機的知識人を想定した（Brooker, 1999=2003: 155）と思われるが，サイードは，彼らが専門性を発揮し，特定の文脈において，社会に積極的に関与するとすれば，単なる「専門家」として国家や企業の代弁者としての役回りに終始してしまうと指摘する（Said, 1994=1998: 28-29, 34)[4]．ただし後段にみるように，有機的知識人には別の解釈も可能である．第3は，アメリカに亡命したテオドール・アドルノ[5]の生き方および仕事に表象される「永遠の漂白者」「亡命者」としての知識人像である．亡命者の持つ複眼性，眼前にある結果をただ受容するのではなく，そこに至った選択を見抜く力，還元すれば「周辺」視点からの構想力といったものが，知識人の美徳として理解される（Said, 1994=1998: 95-110)．第4は，サイードのいうところの「アマチュア主義」である．職業や収入に規定された「利益とか利害」に縛られるのではなく，「憂慮とか愛着」に動機付けられる人々のことを指す（Said, 1994=1998: 111-137)[6]．

---

[3] 一方，ミッシェル・フーコーは個別専門領域のスペシャリストを「特殊的知識人」と呼び，大衆とのつながり，影響力の観点から，「普遍的価値の保持者」としての知識人よりも，重要視されるべきだと説いた（浅見，2006)．
[4] メディアが発達し，それ自体が権力を持つようになった今日，現実的に大衆が人々の側にある（本来的な）有機的知識人と権力に奉仕する専門家としてのそれを峻別することは難しくなってきたと考えられる．
[5] Theodor Ludwig Wiesengrund Adorno (1903-1969)．ドイツからアメリカに亡命したユダヤ系の哲学者・音楽家．一般大衆のナチス支持の心理を分析．ハーバマスとともにフランクフルト学派の重鎮といわれる．
[6] サイードが理想とする抗議する知識人の役割は，あくまでも公的知識人（public intellectual)

4 社会変革における人的資源としての知識人達

　南部メキシコにおける開発のオルタナティヴを目指す実践例においては，もう1つの知識人のあり方を見出すことができる．エステバらがいうところの「生まれ変わった知識人」「脱プロ知識人」達である（Prakash and Esteva, 1998）．多くは，もともとは世俗的な専門家としての職業知識人であった彼らが脱プロ化した理由は個々に異なるであろうが，個々人≒主体としての内的動機と構造調整や政策環境の変化という外的動機があったはずである．筆者がインタビューを行なった事例は限られているが，本書で取り上げなかった事例も含めて，筆者なりの解釈と推論に基づいた見解によれば，彼らは「世俗的な専門家」でありつつも，「真の知識人」の理想を強く志向し，「亡命者」「アマチュア主義」的な知識人であり続けようとしたと考えられる．仮に，彼らの言動に特定のイデオロギー色があったとしても，である．

　さらに，グラムシ的な知識人のカテゴリー[7]を広げようという解釈を行なう論者もいる．なぜならば，有機的知識人は象牙の塔や教会・寺院のなかに生息するのではなく，その肩書きや社会的地位にかかわらず，常に「現場」に身を置き，人々を有機的にオーガナイズする存在とも理解できるからである．たとえば，鈴木（1999）は，社会教育・地域づくり教育という文脈を前提として，広義の教育実践は住民と専門の教育関係者との協同・共同・協働として行なわれ，そこにおける主体は地域住民自身であるとしている．そこには，本来，知識人・専門家と大衆・民衆というコンベンショナルな二項対立の図は存在しない．鈴木が「グラムシはすべての人間が「知識人」であり「哲学者」であるという．（中略）しかしまたグラムシは，すべての人間が「社会において知識人の役割」を果たすわけでもないといっていた」（鈴木, 1999: 133）とグラムシに言及しつつ，より柔軟な解釈をもって，教育労働に従事する制度的「知識人」と草の根の自己学習実践の主体となる「プロレタリアート＝民衆の「有機的知識人」」という「新しい型の知識人[8]」像を定義した（鈴木, 1999: 133-

---

　　のそれを念頭においたものである（Said, 2004=2006: 149-178; Said, 2006=2006: 136-142）．南部メキシコの文脈における生まれ変わった知識人達は公的知識人としての性格も有する（エステバはこの傾向が顕著）．しかし，非公的な存在である草の根民衆知識人には当てはまらない．
（7）　グラムシ自身は，有機的知識人，伝統的知識人を問わず，知識人とは大衆形成を促す支配の代理人であるとしている（Gramsci, 1930, 1932=1999）．
（8）　鈴木の「有機的知識人」という言葉は，アップル（1986 など）から援用したものである（鈴

135).ここではグラムシの同じ箇所への言及でも,前出のサイードが想定した知識人の範疇とは異なり,より草の根レベルの民衆参加を念頭においている.ガドッチ(9)(2003: 369)も,グラムシのいう有機的知識人を民衆教育における「文化アニメーター」「オルガナイザー」として位置付けている.仮に,この対象が拡大された有機的知識人を「草の根民衆知識人」と呼ぶとすれば,その意味するところは,いわゆる高等教育を修了したインテリだけが知識人なのではなく,動機付け・意識化がなされ,目的を遂行するに必要な最低限の専門的知見・技術を習得し,草の根の社会変革運動の「主体」となり得る人々を,知識人の範疇に含めてもよいのではないか,という議論になる(10).

近代における知識人の役割が未開(低開発)な大衆を飼いならし,洗練化させ統合するという「立法者」としての役割であったのに対し,ポストモダンにおける知識人の役割は不確実性が増大する社会にあって,個別の実践での知的労働を通じて,自律的な価値を見出そうとする「解釈者」としての役割に移行する(Bauman, 1987=1995)とすれば,このことは上記でみた知識人観と矛盾するものではない.

これらの多種多様な知識人像を踏まえ,ここでは本書の各章での記述・分析を念頭において便宜的に4つに分類してみよう.第1は,理想型としての非世俗性を保持した公的知識人である.本書に登場する人物では,イヴァン・イリイチ,パウロ・フレイレという20世紀のラテンアメリカを代表する2人の知識人がそれに近いと考えられる(写真9−1)(11).第2は,世俗的専門家である.これは説明を要さないであろう.第1章でエステバ自身が告白したように,かつてのエステバはまさにこの知識人であった.教会系社会開発運動(第7章)を上から教導したカトリック界の要職者達も同様である.第3は,生まれ変わった知識人であり,エステバ,ヴァンデルホフ(第3章),SIFRAの女性

木,1999: 83).
(9) パウロ・フレイレ研究所代表で,フレイレ研究者として,『パウロ・フレイレを読む』(Gadotti 1989=1993)を出版.
(10) ここでは,アメリカにおけるいわゆるジャクソン民主主義的な「十分なコモン・センスを備えた平均人」(高田,1985: 177)としての普通の人々は想定しない.
(11) イリイチもフレイレもその時々に大学教員など世俗的な肩書きを有しているが,そのことが個々の知識人の生涯にみられる非世俗性を損なうものではないと考える.

4 社会変革における人的資源としての知識人達

写真9—1　本書でとりあげた知識人達の著作

スタッフ（第7章）ら，ある部分においては，イサベル（第2章）もこれに該当する．また，事例の各所に出てきた草の根レベルの聖職者達も，社会的役割からみればこれに近い．この議論に関する部分的なまとめとして，表9—2でエステバとヴァンデルホフを取り上げ，両者の特徴をまとめた．第4は，草の根民衆知識人で，具体的には無数の無名の若者，女性，農民，都市住民，同性愛者（ムシェ）達がこれに該当するであろう．彼らは単なる大衆，貧困者，マイノリティではない．草の根における社会変革の主体であり実践者であり得るはずだ（**写真9—2**），というのが本書における筆者の一応の立場である．

こうした生まれ変わった知識人や草の根民衆知識人像，さらには彼らが形成する南の市民社会空間，脱開発空間というイメージについて，ナイーブすぎる捉え方だとする批判の余地は大いにあり得る．たとえば，地域社会内部のミクロな政治を詳細に分析すれば，そこには必ず，排除された最もマージナルな人々が存在し，彼らからみれば，身近な草の根民衆知識人ですら，専門家・官僚・政治家などの世俗的知識人と何ら変わらないアウトサイダーと映る可能性は否定できない[12]．あるいは，本書では十分には注意を払ってこなかったゲ

---

(12) フィリピン・ミンダナオ島のダバオ市における民族誌的調査をベースとした都市最貧困層のムスリム系少数民族社会の変化に関する研究では，北米のキリスト教福音伝道団体による援助活動が展開され，布教と援助活動（資金，薬，食糧，インフラ整備）が実施された結果，信者数は急増し，地域社会における牧師への役割（外部との仲介者，資源の分配者として）を強化したということが報告されている．その後，カナダのODAを受けたローカルNGOが介入してきたこと

表9—2 2人の知識人の比較

	グスタボ・エステバ（1936—）	フランツ・ヴァンデルホフ（1939—）
開発に対する立場	ポスト開発論者	オルタナティヴな開発論者？
出身地	オアハカ州	オランダの田舎
アイデンティティ	母方は先住民族系	オランダの言語的小数派
家庭環境	父は国会議員だが10代の時に死去	貧しい小作農民
宗教との関係	カトリック→決別	カトリック→聖職者
学歴	高卒，学士号は夜学	大卒，博士号取得
遍歴	高校→就職→ゲリラ→公務員→NGO→CEDI，Unitierra	大学→カナダ留学→路上布教活動（チリ，メキシコ）→UCIRI
活動領域	アカデミックな世界の住人	実践の世界の住人
直接の影響を受けた人物	イヴァン・イリイチ	パウロ・フレイレ
貧困認識と対策	貧困は低開発イデオロギーによる構築物→そのことへの気付きが必要（学び・実践への動機）	貧困は実存物→貧困者自らが主体となって代案を希求すべきことへの気付きが必要（実践・学びを通じた「主体形成」）
活動の特徴	人材育成（大地の大学，異文化出会い・対話センターなどを通じた学習ネットワーク，若者の啓発能力開発）	生産・生活に直結した実践（UCIRIを通じたフェアトレード，社会開発，農民学校）

写真9—2 テペヤック人権センターの女性スタッフ達

（出所）筆者撮影．

マインシャフトとしての共同体／コミュニティ側からの視点において,「知識人」達はどのように映っているのか, についても議論の余地があるだろう[13].

しかし, 上記にみた4種類の知識人像, とりわけ生まれ変わった知識人や草の根民衆知識人ら個々人の経験・学習の蓄積, 相互のつながりのネットワーク, 組織のアソシエーション化といったものが, 実体を伴った実践を通じた運動を形成する要素であることは間違いない. 社会運動論における資源動員論的にみれば, 個々人や各集団の行動自体,「そうせざるを得ない」政治・経済的な合理的選択の結果にすぎないかもしれない. あるいは, 多くの文化人類学者がいうように, テワンテペック地峡地域における固有の先住民族のエスニック・アイデンティティなしでは, 本書が取り上げた事象は起こり得なかったかもしれない. 筆者がここで強調したいのは,「合理的選択」や「エスニック・アイデンティティ」などを包含しつつも, それだけではない「何か」としての, 内発的人的資源論の可能性とそこにおける生まれ変わった知識人と草の根民衆知識人の役割の評価である. そこには,「主体」としての知識人という視点のみならず,「アクター」さらには「資源」としての知識人という視点も, 同時に存在するのである.

5 むすび：運動としての内発的発展論と対抗的政策論

南部メキシコ・オアハカで展開されるポスト開発志向の社会運動は, 時代錯誤のアナクロニズムの追求にすぎないのか, それとも, エステバがいう「草の根ポストモダニズム」(Esteva and Prakash, 1998) の実践なのであろうか. いずれにせよ, 最後に本書の検討から得られた含意として以下のことを確認してお

により, 牧師らと公的資源の配分とリーダーシップをめぐる緊張関係すら発生しているという (青山, 2005；青山・受田, 2008). 最貧困層に位置付けられる少数民族らとっては, ローカルNGOであろうと, 宗教団体であろうと, 市民社会であろうと, 外来者であり, ここには,（現地の民衆をも含んだ）南の市民社会像も, 公共性概念も見出すことは困難であり, それらは幻想にすぎないのではないかという危惧すら抱かせる (北野, 2006a).

(13) そもそもエステバ（およびイリイチ）は, 個人 (individual) と人物 (person) を区別し, 社会から切り離された独立した存在である「個人」を否定し, 社会に埋め込まれた「人物」こそが, オルタナティヴな実践の担い手だとしている. ただし, 本章のスタンスでは, 各章で紹介した思想・哲学・世界観に批判的な距離を保ち, アプリオリとはしていない.

きたい．

　知識人や活動家といった個人は，①草の根や文化に根ざしたニーズや不満の代弁者（エージェント）であると同時に，②外部世界にある科学や思想や理論に関する情報（イデオロギーも含まれる）をコミュニティに注入し，場合によっては，動員するという機能も有している．彼ら個人の哲学なり思想といったものは，この①と②の混ざった結果である．そして，彼ら個々人の経験や記憶は社会運動としての地域開発における重要かつ有力なバイアスの1つであり，歴史，風土，国際情勢，国内政治等と密接な関係を有しつつも，別次元でのフィルター機能を果たしている．したがって，ポスト開発志向の社会運動とその実践は，新自由主義，NAFTA，PPPといった外的な政治経済環境（構造）への反応ではあるが，単にそれだけにとどまるものではない．しかし一方で，ポスト開発思想，オルタナティヴな価値観は，地域固有の内発的な文化や精神性に関係を有するものであるとしてのみ理解するとすれば，それはナイーブすぎるというものである．筆者個人は彼らのポスト開発思想に共感する者であるが，ここで彼らのポスト開発思想こそが正論であり，グローバル化へのオルタナティヴであるといい切ることはしない．ただ，本研究を通じて，歴史，宗教，政治経済，外来の知，地域固有の価値など，特定の文脈において，様々な要素が混ざり合い，対話し，交渉し，対立し，敵対した結果，形成・構築されてきたというその出自の必然性だけは理解できたと考えるのである．

　フリードマンがいうように，人間社会の公的領域のプランニングが広義の「政策」の目的（価値）の実現のための適切な手段の選択をすることである（Friedmann, 1987 : 4）とすれば，その主体は国家・政府に限らないはずである．民衆による（実践を伴った）対抗運動が国民国家やそれが実施する政策にとって変わることはないが，「対抗運動」という形のプランニングもあり得るのであり，その主体は，本書の各章でみた人々，すなわち「知識人」達であり，内発的発展のキーパーソン達だと考える．仮に，人権・環境・アイデンティティを脅かす構造的暴力が顕在化する状況下において，対抗的プランニングとしての社会運動なしに，変革がなされることは期待できないであろう．この考え方は，ともすれば地域固有価値に根ざした「内発性」だけを強調しがちであった内発的発展論に注意を促す一方で，運動としてのそれに矛盾しない．

南部メキシコの限られた事例にみた主体としての諸個人・団体のつながり，ネットワークは，当然，他地域のそれ，海外のそれともつながりを有する地球市民社会によるオルタナティヴなネットワークの一部である．しかし上記にみたように，ウェブを形成する糸は細く脆弱であり，各アクターの利害関心や意識化の度合いは一枚岩でない．もしコミュニティ内部の被害構造の分析や意識調査を行なえば，このことはさらに深刻な問題として提起されるかも知れない．グローバル資本主義，ネオリベラリズム・新自由主義への市民社会からの反応として，期待を込めて議論が高まりつつあった「もう1つのグローバリーゼーション」「もう1つの世界」論の今後の行方については予断を許さない．2001年の9・11同時多発テロ以降，世界で急速に強まりつつある国家の復権という潮流のなかで，望むと望まざるとにかかわらず，市民社会論自体が再び相対化されるという局面に入りつつある．

　こうしたなか，研究者および実践者は，開発学におけるNGO研究，社会運動体としてのNGO研究という命題にどう向き合えばよいのであろうか．南部メキシコ・オアハカの個々人の経験・記憶，いくつかの事例検討から分かることは，コンベンショナルな近代化・成長を念頭に置いたそれのみならず，人間開発，社会開発，持続可能な開発，エンパワーメント，住民参加，（仮にそれを開発と呼ばないにせよ）ポスト開発やオルタナティヴを標榜する幾多の取り組みや運動を含めて，あらゆる「開発」は，政治と無関係ではいられない，ということである．このことは，地域研究のみならず，NGO研究や開発学研究の分野においても，忘れてはならない視点である．

　私達は，実際の「内発的発展」に内在する複数のリアリティや主体と構造という二元性と相互規定性という諸相を理解しつつ，社会理論としての内発的発展論の精緻化に努めなくてはならない．

終　章　複眼的なリアリティの捉え方に関する試論

1　はじめに

　本章では，本書における検討を踏まえ，リアリティの捉え方に関する方法論の補論として，主体としての知識人の形成についての解釈（主体形成論），知識人を含む社会運動の諸アクターの行動の実証分析（権力関係論）という2つのアプローチを提示し，リアリティ把握における複眼性について議論を深める．関連して若干の補論を述べる．これらは単に研究の方法論という次元での問題提起にとどまらず，今日における内発的発展論の捉え方に関する現時点での筆者のオルタナティヴな視点（試論）として提示するものである．

2　本書が提示した主体形成論と権力関係論

　現地調査においてインフォーマント達が頻繁に口にしたのは，「開発か，オルタナティヴ（ポスト開発）か」という二項対立であった．この議論を単なる相反するイデオロギー同士の対立だとして捉えることはたやすいが，筆者はそれには反対である．ただし，どちらが正論か，ということを議論することは，本書の目的ではない．その前に行なうべき作業として，リアリティをどう定義し，捉えるかということに議論を費やさねばならない．そのための作業として，あらためて第1～6章と第7～8章で展開した2つのアプローチを，上記でみた知識人論と関連付けながら整理しておきたい．
　社会運動の主体形成論としての第1～6章では，生まれ変わった知識人と草の根民衆知識人達の遍歴，彼らの経験と記憶は，その後の行動の動機となったことを確認した．こうした知識人の「知識」（knowledge）は，社会運動の原動

2 本書が提示した主体形成論と権力関係論

力の1つと考えられるが，この「知識」には，草の根活動に至る前歴において習得した「専門的知見・技術」(①)，試行錯誤の「学び」のプロセスから会得される「経験知」(②) の両方が含まれるだけでなく，幼少時のエステバの祖母の思い出やヴァンデルホフのフリジア語に関する言語体験や戦争体験など，地域や民族性に関する原体験として「記憶」(③) も，知識人の「知識」を構成する重要な要素だと理解できる．また，マルクスやグラムシ等の古典，イリイチ，フレイレ，さらには，解放の神学などの同時代の理論・言説 (④) も，外部から取り込まれた知識の一部と考えられる．さらには，テワンテペック地峡地域の文化的伝統など「土着の価値観」(⑤) にも「知識」の一部として理解すべき面がある．これらの知識 (①〜⑤) は，各個人の遍歴のなかで，吸収・消化され，地域における実践活動，ローカルNGOの組織化，個人・組織間のネットワーク化の「主体」(＝生まれ変わった知識人，草の根民衆知識人) を形成したと考えられる．もちろん，この主体形成論は実証主義に基づくものではなく，解釈主義に基づくものである．これは，歴史的・地理的文脈，同時代の政治経済状況や社会情勢という「構造」的条件を所与のものとして，そこにおける主体形成をどのように解釈するかという命題に対するアプローチである．

第7〜8章にみた諸事例において，グローバル化・新自由主義的政策，およびそれに対する対抗運動，オルタナティヴとしての実践活動，主体間のネットワーキングといった「現象」は，主体形成論と同様，やはり「構造」的条件を前提とした実証分析としての性格を有する．ここには，国家，外国資本，NGO，農民団体，住民組織，諸個人など，様々なアクターが登場し，一定の土俵もしくはアリーナ (構造的条件) における各アクター間の利害をめぐり，所有する情報や資源に基づく権力関係 (power relation) という視点があった．ここでは上記の「知識人」群もアクターの1つであり，「知識」は資源の一部として扱われたともいえる．たとえば，ローカルNGOの発生の動機には，外来の開発に対する対抗的価値観や現実の利害が存在すると同時に，外部からの助成，法制度，政策誘導といった外的なインセンティブがみられた．行動の動機は，主体形成論 (第1〜6章) においては，個人の経験と学習に基づく動機として扱ったのに対し，権力関係論 (第7〜8章) では，主に，アクターとしての住民，農民，NGOの利害として扱われた．住民や農民の利害は，たとえば，

コーヒー価格の下落，コモンズの破壊など明示的なものが多いが，NGOのネットワーク化については，情報や関心の共有といった次元での利点に基づく合理的行動として捉えることもできる．この点においては，所与の構造下における集合的行為論や資源動員論にも共通する捉え方である．

では，第1〜6章でみた「知識＝記憶＋経験＋学習」や知識人群は，第7〜8章でみた「実証された現実」における単なる資源やアクターとして理解（権力関係論∋主体形成論）すればよいのであろうか．2000年代初頭の南部メキシコ・テワンテペック地峡という場所と時期のみに着目すれば，そう理解できないこともないが，土着の価値観(1)や1960年代からの継承物としての思想・言説など，過去〜現代という時間的・場所的・空間的な文脈に規定されつつ，内発的要素と外来的要素が——そして主体と現象が——相互に交渉する動的プロセスに着目すべきだと考える．なぜなら，主体の形成は権力関係論のストーリーのなかでも常に発現・進行するものだからである．この動的プロセスは，オアハカやテワンテペック地峡といったローカルな空間の内部のみに存在するものではない．現実を生きる運動の主体としての個々人と社会の構造および運動という現実の現象との関係というメタ次元での命題にも存在するのである．これは，「構造→主体」か「主体→構造」か，という社会そのものの捉え方にかかわる根源的な命題であるが，次節で論じる．

主体形成論の立場から，権力関係論の根底にある問題として指摘しなくてはならないのは，リアリティの捉え方という命題である．第1章で紹介したエステバのポスト開発論（およびイリイチの思想）によれば，「開発」というイデオロギー的実践そのものが，欧米的近代化史観の産物であり，世界における一部のエリートらによって「構築」されたものにすぎないと解釈することができる．エリートの認識と解釈に基づいて定義された「現実」と普通の人々が定義する「現実」との関係をどう理解するにかについては，二者択一論的に後者が真実であるとする立場を本書ではとらず，そのいずれもがリアリティであるといえる．つまり，認識を異にするアクターの混在という状況が，本書の立場としての「リアリティ」であるということになる．そして，現実認識を異にせざるを

（1） 筆者は，いわゆる「土着の価値観」が（一定の政治的文脈のなかで）社会的に構築された言説である可能性を排除しない．

得ない主体同士がいかに交渉・対話するかという命題の現実的選択肢のなかに，運動・闘争といった手段も含まれ得るという立場を筆者はとる．これは「解釈」の世界における対立であるが，問題はそれだけにとどまらない．解釈世界と現実の構造との関係についていかなる理解が成立するのか，という社会科学の根源的な命題に帰着するのである．以下，関連するいくつかの命題を補論として提示する．

3 社会構造と行為主体の関係という命題

社会科学が自然科学と大きく異なるところは，普遍的な法則が存在すると必ずしも言い難いことである．もちろん社会科学にも法則や理論なるものは沢山存在するが，法則の普遍度が相対的に低いこと，というよりも論理の形式が自然科学と異なることに留意しなくてはならない（Giddens, 1979=1989: 265-266）．つまり，「社会科学における因果関係は，いつも再生産された行為の意図した結果とせざる結果の「混合」に関連している．社会科学の法則はその性格において歴史的であり，しかもその形式において可変的である」（Giddens, 1979=1989: 265）というギデンズの構造の二重性に関する説明は，本書を貫く筆者の問題意識に近いものである．また，主観主義と客観主義か，あるいは，構築主義と実存主義かという二元論を止揚し，「発生構造主義」として，社会構造と行為主体の関係を論じた理論家にブルデューがある（Bourdieu, 1987=1991: 27）．ブルデューは，外枠としての客観主義の優位性を前提としつつも[2]，構造に規定された非人間的なアクターという客観主義的な方法論と「個人の意思決定，行為，認識作用が合わさってできた創発的産物（としての社会）」（Bourdieu and Wacquant, 1992=2007: 26）における主体を中心に据えた主観主義それぞれにおける二重のリアリティを，関係的思考様式を持って理解すべきとの立場をとる[3]．テワンテペック地峡のユニークな政治風土や民族

---

[2] ブルデューは「客観主義的契機において行為者の主観的表象を斥けて構築する客観的諸構造は，主観的表象の土台であり，相互行為の上にのしかかる構造的拘束を構成する」（Bourdieu, 1987=1991: 198）とする．
[3] 渡辺（2004: 338-340）は，ブルデューのモデルを次の3点に明快に要約している．第1は，「自発的でボランタリーに見える行為も，実は，構造によって特徴づけられている」こと，第2

性（語られている「記憶」を含む）が，彼らの「ハビトゥス」を育み，ワークショップ，学習サークル，NGO などの「界」がポスト開発志向の実践に共通の意味を与えていると類推することもできる(4)．

社会運動における一般的命題としての社会構造と実践行為の関係について簡単に触れておく．町村（1985: 158）は，「全体社会に関する一定の構造概念を前提とした上で，それらの矛盾の析出として，あるいはまた機能要件不充足や不均衡状態を知らせる構造レベルの指標として，社会運動を捉える見方がある」とし，これを構造論的アプローチと呼んだ．一方，「各主体による独自の価値付加・関係創造行為として，社会運動をとらえる視角」を行為論的アプローチと呼んだ．それぞれ視点が異なるだけで，二律背反的ではないにもかかわらず，両者の統合的理解のための理論や相互規定関係を実証した研究はあまりない．そうしたなかで，町村はニューアーバンソシオロジーの旗手であったカステル（Castells, 1979=1984; Castells, 1983=1997）を取り上げ，初期の構造主義的マルクス主義に基づく「構造論的アプローチ」とマルクス主義との決別後の主体が構造を規定するという「都市システムの再生産過程」の分析を比較検証するとともに，後者を発展させ「社会運動の構造-主体連関モデル」なるものを提示した（町村, 1985: 168-171）．そこで強調されているのは，集合的行為論に基づく運動組織論と資源動員論に基づく運動主体の社会過程分析という側面であった．

本書でみてきたオアハカにおける諸事例と構造／主体論との関係について考えてみる．まず，上でみた構造論的に，構造をアプリオリな条件として，その矛盾への意思表示としての運動実践という捉え方をした場合，構造とは何かが問題となる．オルタナティヴ派論者や EZLN のようなラディカルな立場からみれば，ここでいう構造とは，歴史的に規定されてきた支配・抑圧の構図その

　は，行為者は単に「構造」に対する受動的な存在はなく，能動的な主体として，「構造を内面化し（中略）それぞれの歴史や現実を作り上げながら，日々の生活を実践している」こと，第3は，実践が構造を再生産または変化させるものであること，である．
（4）　ブルデューは，個人の行動や実践を方向付ける性向・習慣を「ハビトゥス」という「社会化された主観性」（Bourdieu and Wacquant, 1992=2007: 167）として理解し，それは，社会空間のなかで形成され，構造と実践をつなぐ媒介として機能し，「場」と呼ぶ相対的に自律した社会空間において，ハビトゥスに裏打ちされた個々の行為に共有的な意味が付与されるという．

3 社会構造と行為主体の関係という命題

図終—1 「主体⇔構造」関係の捉え方

各主体は構造のなかで形成され，同時に主体の行動は構造によって規定される

主体群は自らの行動を通じて構造に作用し，再生成・変化させる存在である

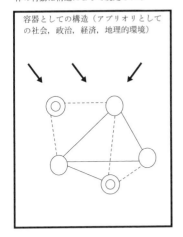

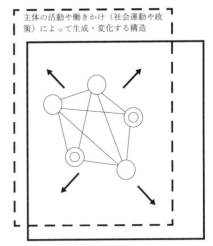

ものであるということになる．新自由主義，NAFTA，PPP，構造調整，PRIのポピュリスト的政治の長期継続など現代史における「構造」のみならず，さらには，メキシコ革命や植民地支配の歴史にまで言及し，そこにおける先住民族の置かれ続けてきた立場を構造として理解するというものである．これら構造に規定された状況下における主体である個々人やそれらにより組織化された集団が，どのような反応を示したかについては，すでに第7〜8章でみたとおりである．そこには，単なる反対運動・対抗運動にとどまらない，主体による実践行為としての生産活動，文化・芸術活動，教育啓発活動がみられた．ただし，主体の働きかけが，どのような変化を構造にもたらしたのかについては，本書では取り上げていない．

　行為論／主体論的にみれば，第1〜6章でみた主体としての諸個人の「学び」への欲求と彼らの学習・意識化のプロセスを中心においで，組織，ネットワーク，運動（あるいは闘争）が形成・展開していくという世界観がある．もちろん，彼らの行動に，構造としての政治経済状況（および利害関係）は影響しているに違いないが，それよりも普遍的要因としての個人内部にある「学び」への欲求，偶発的要因としての人々の出会いと交流（知識人同士，知識人と普通の

人々，普通の人々同士）といった主体間／主体内にある「何か」を重視して，「現実」を捉えようとすることも可能である．ここでいう「何か」には，平たい言葉でいうところの友情，愛情，信仰心という人間が普遍的に有する価値，さらには，怒り，悲しみといった感情さえ含まれると仮定することもできよう．もちろん本書の第1～6章でみた事例は断片的な情報であり，情報の量の面で十分とはいえない．そもそもこうした「実証」には馴染まない類の命題について，どのような方法論をもってアプローチすべきかという議論が沸いてくるのである．この意味においても，単純に権力関係論⊇主体形成論とはならないのである（図終─1）．

4 実証主義と解釈主義の関係という命題

前節でみた主体／構造という命題に加えて，実証主義と解釈主義の関係という方法論的な二項対立にどう向き合えばよいのであろうか[5]．

第1～6章にあるように，本書では，NGO設立の経緯や活動の展開過程などの実証情報と同様に，個々人の経験や思いといったもの自体を重要な考察の対象とし位置付けてきた．中野（2003）は，個人の生きた社会生活の記述を地域社会や同属集団の民族誌・社会史としてではなく，個人生活史・個人史としてのライフヒストリー（personal life history）そのものに研究対象としての価値を見出した．中野はアルフレッド・シュッツ（Alfred Schütz, 1899-1959）の『現象学的社会学』[6]に言及しつつ，行為者自身の主観における意味の理解について，「それが人間関係における相互行為の中で「間主観に」成り立つ」としている．中野の「各個人は社会的に形成されてきた結果であるとともに，どの時点の現在でも社会に規定されつつ，逆に主体的に社会を規定し返している存在である」（中野，2003: 23）という明快な説明は，本書における筆者の問題意識を見事に言い当てている．別の言葉でいえば，生活者・実践者としての

---

(5)「主体と構造」と「解釈と実証」という2つの二項対立は，4象限のマトリックスを提供する．主体論，構造論それぞれに，解釈主義と実証主義が存在し，異なる象限を橋渡しするような研究もあり得る．

(6) シュッツ（1980a, 1980b）等を参照せよ．

個々人が「リアリティ」を構成して生きているのであり，各人が「主体的・能動的に状況を定義し，世界を解釈」しているのであって，「リアリティは客観的に存在するものではない」[7]ということになる（奥村，1994: 135）。当然，これらは，本書でいうところの主体主義の立場からの説明であるが，個人の経験・記憶（個人史）は，マクロ的社会を構成する「多元的現実」（中野，2003: 103）の断片であり，こうした「現実」の理解の重要性を念頭に置きつつ，本書の第7～8章で検討した社会運動とNGOのアソシエーション的発展という論理実証モードでの「現実」理解が成立すると筆者は考えるのである。そして，いかなる実証も，所詮，それを行なう者（多くの場合，研究者，政策担当者）が定義した枠組み（フレーミング）の範囲の内における「実証」「リアリティ」にすぎないのではないだろうか。

　第1～6章において，オアハカ州で社会運動の実践に携わる個人の思想・哲学なり動機を記述したのは，行為主体である個人自体が，歴史的に形成されてエスニシティや政治経済情勢を含む「構造[8]」に規定されていること，諸個人の社会実践が第7～8章にみる実証情報の基底の形成につながりがあること，それらの有様の断片を描こうとしたためであった。第7～8章で紹介された運動や紛争の事例は，第1～6章を念頭に置きつつ，構造のなかのローカル／ナショナル／グローバルの各レベルでの政治経済に由来する因果関係やローカルNGOの発展・ネットワーク化，そこにみられるアソシエーショニズムの実態を実証しようとしたものである。第1～6章で取り上げた個々人が直接関与している事例もあれば，そうでない事例もあるが，各事例に共通するのはオアハ

（7） 奥村（1994）は，サリヴァン，レインという2人の精神医学者の論考をもとに，個人が社会を解釈し，リアリティを構成することをリアリティ・コントロールと定義し，リアリティの構成によって主体が形成されるとする。ただし，この構図から導出される社会（構造）は，複数の「リアリティ空間を支配するヘゲモニー」の獲得闘争の場や特定の主体を無時間的に排除（客体化）する場としての社会であったり，主体のリアリティを確保するために他者との没交渉化という解体された社会であるという（奥村，1994：154-156）。しかし，筆者は，「ヘゲモニー闘争」や「排除（客体化）」ではなく，個々人の「学び」「意識化」，さらには「社会的学習」「ネットワーク化」というポジティブな主体形成論とリアリティ構成との関係を問いたい。

（8） 社会運動そのものは「構造」ではないとしても，「歴史を形成するのは人間の行為であり，なかでも集合的な行為としての運動」（宮本，1999: 190）であることから，筆者はここでは，第7～8章で実証しようと試みた運動の諸相は「構造」を形成する要素だと考える。

カ・テワンテペックというメソ・リージョナルな地理的空間に存在する文脈性である．そこに展開される「社会現象を構成する人々の意味世界」(宮本, 1999: 36) の解釈なしに，ローカルNGOの展開なり，対抗運動のダイナミズムなりを理解することはできないと筆者は考える．

この意味から，社会運動論における3つのアプローチのうち，社会心理学的な立場をとる集合的行為論，行為者の損得や戦略的合理性を重視する資源動員論のいずれも実証主義的であり，一方，価値志向的な分析を重視する新しい社会運動論では，その価値を所与の条件とするのが一般的である．たとえば，オートノミーやアイデンティティといった新しい社会運動における基本的価値である（長谷川，1990: 21）．本書が取り上げた「複数形」の運動は，基本的には新しい社会運動の流れを汲みつつ，新自由主義全盛のグローバル化時代における「現在形」に当たるものである[9]．しかし，第1～6章でみたように，そこに存在する「価値」が，知識人なり，動機付けがされたローカルリーダー（普通の人々）らによって，いかにして生成され，活動・行動に変換されているかについて，主体論の立場から考察するという点では，本書はイリイチやエステバらによって語られるポスト開発的な「価値」をアプリオリとはしていないのである．

だが，本書が意図したことは，社会運動という現象やそこにある価値・イデオロギーを，単に「構築されたもの」として批判的に脱構築することではない．構造主義・ポスト構造主義は，我々が暗黙のうちに前提としているありとあらゆる条件なりシステムは社会的・政治的に構築されたものであるとして，論理実証主義から解釈主義へのパラダイムの転換を促した．脱構築の対象には，科学技術，国民国家，政策に至るまでありとあらゆる事象が含まれてきた[10]．

---

(9) 新しい社会運動自体は，1980年代以降，制度化が進み下火になった．1990年代以降，新しい社会運動が前提としていた「市民社会vs国家／テクノクラシー」という前提がグローバル化の進展により変容するとともに，以前にも増して共同体的アイデンティティの重要性が増すなど，コミュニティとフローの空間の直接的対峙という新しい局面を迎えている（樋口・稲葉，2004）．
(10) アンダーソンの『想像の共同体』(Anderson, 1983=1997) は「国家」の構築性を，ラトゥールの『科学が作られているとき』(Latour, 1987=1999) は科学実験や研究から生まれた「知」そのものが社会的・制度的文脈に規定され得ることを，Apthorpe (1997) は開発政策研究が専門家や組織が有するバイアスによって影響された言説性を帯びたものであることを論じている．

これらは，リアリティの捉え方，というよりもリアリティそのものの意味について，重大な問題提起をしてきたし，それらはまさに「オルタナティヴ」な視点であったと考える．しかし一方で，たとえ構築の有様が解明されたとしても，脱構築をすることが自己目的化すれば，それは単なるニヒリズム的な自己満足に陥ってしまうおそれがある．おそらくは，現実の社会・政治・経済への積極的な関与，働きかけをしようとする実践者の立場から，ポスト構造主義に関心を持った者はこの点について，閉塞感や限界を感じてしまうのである[11]．この意味において，本書がとるべき立場は，構造主義・ポスト構造主義とは異なるはずである．

5 リアリティ理解のための様々な社会科学的営為

　主体と構造，解釈と実証という異なる次元やアプローチを接合し，現実なり構造なりを理解しようと試みた社会科学の研究は，ポスト構造主義以降も，そして，社会運動論以外の様々な分野においてもみることができる．以下，いくつか概観してみる．

　地域の現場における実際の開発問題・環境問題を，よりマクロ的な社会・政治・経済構造と結び付けて理解するポリティカル・エコロジーが，とりわけ，途上国の開発研究分野において注目を浴びつつある（佐藤，2002；島田，2007など）．もともと，文化生態学・人間生態学に端を発し，環境問題などの現実の現象と社会経済との構造的連関を明らかにする研究視点として発達したポリティカル・エコロジーは，ポスト構造主義，ゲーム理論などの知見も吸収し，特定の言説や「政治化された環境」の下でのミクロレベルでの行為者間の相互作用や資源利用のパターンが分析される（金沢，1999）．そこには，「主体／構造」「ミクロ／マクロ／メタ」の複数の異なる次元・スケールの問題を有機的に結び付けるという視点がある[12]．

---

(11) 権力を剥奪されたディスエンパワーメント状態からの脱却の方法論というオルタナティヴな開発の実践を重視するフリードマンは，「フーコーは社会の支配，ないし抑圧のモデルという文脈のなかでのみ権力を扱（う）」として批判している（フリードマン，1995：4）．
(12) 文化人類学は主体主義および解釈主義にもっとも親和的なディシプリンの1つである．この分

開発管理や地域計画など，一般的に最も客観主義が支配的だと考えられる分野において，この「接合」を試みようとする研究者もいる．たとえば，開発管理学（Development Administration）のアプホフは，コーネル大学が実施した米国国際開発庁（USAID）によるスリランカのガロ・オヤ灌漑プロジェクトの住民参加や組織学習の展開過程を，著者自身による参与観察／記述編と客観的な説明／分析編とを併置して考察し，認知科学によるリアリティの多義性を念頭に置きつつ，現実の開発プロセスにおける予想不可能な出来事を分析した（Uphoff, 1992）．都市計画のフォレスターは，実際の環境，住宅，都市開発の実務者であるプランナー達のインタビュー・プロファイルを記録・収集し，プランナー達の物語に注意深く耳を傾けることを通じて，行動中心学習（action-oriented learning）を重視したプランニングにおける公的熟議（public deliberation）への住民や関係者の参加の命題を論じた（Forester, 1999; Forester, et al., eds., 2001）．アプホフもフォレスターも，特定のプロジェクトというミクロの文脈における当事者によるリアリティの認知と学習という面を重視している．この「当事者によるリアリティの認知と学習」という視点は，本書の第1〜6章においても共有されるものである[13]．

本書に近い視点を持った先行研究として，西川編（2001）『アジアの内発的発展』について触れておく．同書は，タイ，インド，スリランカ，フィリピン，インドネシアなどにおける内発的発展の取り組みの事例を集めたものであるが，宗教，文化，教育，運動，地域といった異なる次元の視点によって書かれた事例が並んでいる．そして，地域固有の思想・精神と実際の取り組みや運動の展開過程に関する記述を並存させることにより，必ずしも明示的ではないものの，本章で議論してきた主体と構造，解釈と実証と関係という問題領域の存在を意識した構成をとっていることに注目したい[14]．

野の最近の業績における構造領域への歩み寄りの例として，渡辺（2004）がある．渡辺は，アメリカ・ボストンに居住するアングロ・サクソン／プロテスタント系の上流階級の末裔と，長年労働者階級に甘んじてきたアイリッシュ系の2つの対照的な白人社会のそれぞれに居住地区において，エスノグラフィに基づく考察を展開した．ブルデューのハビトゥス概念に依拠しながら，主体主義による構造解明の意義を「ひざまずかない解釈学」（渡辺，2004: 333）として追求した．

(13) アプホフ，フォレスターはいずれもコーネル大学教授であり，筆者は院生時代に授業等を通じて指導を受けた経験を持つ．

6 むすび

　以上，社会運動とは直接関係しない分野を含めて，単なる「意味世界のよりよい解釈」という次元を超えて，「実践」「実証」「構造」といった領域にアプローチする知的営為を概観した．いかなる手法をもってしても，主体と構造，解釈と実証の関係を厳密に「実証」することはできない．しかし，理論家は理論だけでなく実社会における現象を，実務者はマクロあるいはメタ視点から自分の仕事が置かれている文脈性について，絶えず確認し，異なる次元の議論に身を置く努力が必要ではないだろうか．メキシコで出会った「知識人」達がこのことを明示的に指摘した訳ではないが，これは，草の根レベルからマイクロ・リージョナル・レベルへ，あるいは州レベルから国際レベルへと，段階の異なる脱開発空間を往き来しながら活動する彼らの「仕事」ぶりから，筆者が学んだ教訓である．

7　おわりに

　イリイチに関するエステバ氏へのインタビュー（第 6 章）を終えた後，まもなくして，オアハカの市民社会と NGO に激震が走る事件が発生した．教職員のストライキに端を発したオアハカ人民会議（Asamblea Popular de los Pueblos de Oaxaca（APPO））と州政府との衝突である．紛争は長期化の様相を呈している．筆者は本件について語るだけの十分な知見を有する者ではないが，文献情報（Esteva, 2007b）に基づき，若干の説明をしたい．

　2006 年 5 月 22 日に，約 7 万人が所属する全国教職員組合（SNTE）第 22 支部の教師たちが，オアハカ州のウリセス・ルイス知事（PRI）の退陣と待遇改善を要求し，オアハカ市中心部広場での座り込みと一部の道路封鎖を行ない，無期限ストライキを開始した．当初の一般市民の反応は比較的冷ややかであっ

---

(14)　ただし，各章は独立した論文であること，各論文が扱う分野や国・地域も異なること，そして，地域固有の内発的な思想・精神の存在をアプリオリとして，それらと現実の実践の関連を検討していることなどは，本書のスタンスとは微妙に異なる．

たという．ストライキはすぐには収まらず，6月14日に，知事は発砲やヘリコプターからの催涙ガスの投下などによる強制排除を許可した．これにより一般市民を含む92人が負傷したことから，反ルイス知事の運動は教員以外にも広がった．そして，ローカルNGO，農民団体，先住民団体など数百もの団体から構成されるAPPOが結成され，6月20日以降，APPOはこの政治紛争における反政府側の代表者として機能するようになった．政府・与党に距離感を抱いている先住民族の人口が多いオアハカ州だけに，州の人口の3分の1近くがAPPOを支持したといわれる(15)．

　公共メディアは知事寄りの報道を行ない，教職員組合とAPPOを非難した．8月1日，APPO側の数千もの女性が州の公共テレビ局とラジオ局を占拠し，逆にAPPO側の主張を放送し始めるという事態に及んだ．公共放送局は警察によって破壊されたが，APPOはすぐに民間放送局の「放送権」を獲得した．9月21日にメキシコシティに向けて出発した行進は，10月8日に上院の前での座り込みを行なった．前後して計画された内務大臣のイニシアチブによる仲裁は決裂した．紛争が長期化するも，知事は続投する立場を固持し続け，「オアハカ・コミューン」との対立と衝突は継続した．10月第3週に入り，待遇改善と逮捕された仲間の釈放に関する交渉がまとまり，教職員組合は学校に戻り授業を再開することに合意した．しかし10月27日に，知事派の武装集団と地域の警察がオアハカ市中心部のバリケードを攻撃し，アメリカ人ジャーナリスト（ブラッド・ウィル氏）が死亡する事件となった．10月28日に，連邦予防警察（PFP）がオアハカ市中心部に投入されたため，APPOのバリケードは中心部広場から撤退した．さらに州立大学周辺のAPPOのバリケードの撤去をしようとするPFPとの衝突が起こり，APPO側から150人近くの逮捕者だけでなく，死傷者も出るなど，紛争はエスカレートした．フォックス大統領（当時）が「オアハカにおける和平と静寂を回復した」と述べた直後の出来事であった．こうしたなか11月5日には，APPO側によって史上最大規模の行進が州内の先住民族団体の参加を得て実施された．

　大使館のホームページ(16)によれば，2007年に入っても，APPO幹部の逮捕，

---

(15) 第2章で触れたUCIZONIなどもAPPOを支持している．
(16) 在メキシコ日本国大使館ホームページ，http://www.mx.emb-japan.go.jp/seimu/seimu.htm．

写真終—1　大地の大学のゼミの様子

（出所）https://masdemx.com/wp-content/uploads/2016/04/universidad-de-la-tierra-0.jpg（2019年10月6日）

大規模なデモ，政府側との衝突（2月，7月）が起こるなど，依然として紛争は散発的に続いていた．当局によるAPPO関係者への暴行や拷問などが指摘されている（Stephen, 2013）．ストライキやデモが社会運動における闘争のレパートリーであることに議論の余地はないが，本書の多くの章で論じてきた草の根レベルにおける具体的な実践活動を通じた「運動としての内発的発展」の立場からすれば，APPOの行動や要求は急進的であった印象も禁じ得ない．しかし，チアパスのEZLN，オアハカのAPPO，そして本書で取り上げたポスト開発志向の諸個人やローカルNGOが，共通の精神的土壌の上に存在していることも忘れてはならない．

　時間の流れは速い．もっとも，オアハカAPPOの乱が沈静化しても，自立や自律的決定権を求める人々のなかにある欲求を消し去ることはできない．本書で取り上げたエステバ，イサベル，ヴァンデルホフ，マルティネス・ルナなどの知識人たちは，後進に道を譲る時期を迎えている．そのような継承は，ある時には組織内での世代交代として実現することもあるだろう．ある団体は一代限りでその役割を終え，新たに生まれてくる別の何かに発展的に継承されていくだろう．歴史と時代のなかで動機付けされ，常に思考・行動する若者が草の根にいる限り，これからも「内発的発展」はリニューアルされていくに違いない（**写真終—1**）．

（2008年1月1日）．

文献一覧

邦文（五十音順）

青山和佳（2005）「フィリピンの開発：ダバオ市のサマ・ディラウトの事例から見えてくるもの」『2005年度秋季大会プログラム・講演要旨』日本国際地域開発学会，pp. 14-25.

青山和佳・受田宏之（2008）「貧しきマイノリティの発見—アイデンティティを資源化する」佐藤仁編『資源を見る眼：現場からの分配論』東信堂，pp. 77-99.

秋葉武（1996）「バングラディシュ・グラミン銀行に関する一考察」『協同組合研究』15巻3号，pp. 29-37.

吾郷健二（2003）「第4章 経済社会開発モデルとしてのネオリベラリズムの意味—メキシコを事例として」吾郷健二『グローバリゼーションと発展途上国』コモンズ，pp. 130-190.

浅見克彦（2006）「「知識人」という文体—普遍的知識人の現在」N. チョムスキー『知識人の責任』青弓社，pp. 125-156.

アスティゲタ，B.（2004）「第11章 解放の神学—グスタボ・グティエレスを中心に」今井佳子編著『ラテンアメリカ開発の思想』日本経済評論社，pp. 177-194.

足立眞理子（2001）「市場・制度・「家族」：フェミニスト経済学」の可能性」杉浦克己ほか編『多元的経済社会の構想』日本評論社，pp. 107-135.

アップル，M.W.（1986）門倉正美ほか訳『学校幻想とカリキュラム』日本エディタースクール出版部．

飯島みどり（2005）「文化としてのラテンアメリカ」加茂雄三ほか『ラテンアメリカ〔第2版〕』自由国民社，pp. 387-421.

池田寛二（1994）「農業問題と社会運動」社会運動論研究会編『社会運動の現代的位相』成文堂，pp. 171-207.

石井章（2000）『メキシコの農業政策と農業生産，平成11年度海外情報分析事業南米地域食料農業情報調査分析検討事業実施報告書』国際農業交流・食糧支援基金，pp. 3-38.

伊藤憲宏（1996）「カタリスト論序説」榎田勝利監修『国際交流入門：「国」を超えた「人」の社会を求めて NGO，NPO，ボランティア活動を通して考える地域の明日と地球の未来』アルク，pp. 158-211.

イリイチ，イバン（1986）「ヨシロウさん」玉野井芳郎監修，新評論編集部編『ジェンダー・文字・身体：I. イリイチ，B. ドゥーデンを囲んで』新評論，pp.

34-35.

イリイチ,イバン(1999)『生きる思想:反=教育/技術/生命〔新版〕』藤原書店.

イリイチ,I.ほか,角南和宏ほか共訳(1980)『対話:教育を超えて—I・イリイチ vs P・フレイレ』野草社.

岩崎稔(2000)「記憶」『現代思想』28巻3号(臨時増刊),pp. 14-27.

上野千鶴子(1986)『女は世界を救えるか』勁草書房.

内山哲朗(2005)「第5章 ポランニーの「生の充足」論」原田博夫編『人と時代と経済学:現代を根源的に考える』専修大学出版局,pp. 179-245.

内海成治(2002)「国際協力,国際ボランティアとパートナーシップ」西川潤・佐藤幸男編著『NPO/NGOと国際協力』ミネルヴァ書房,pp. 8-29.

大串和雄(1995)『ラテンアメリカの新しい風:社会運動と左翼思想』同文舘出版.

奥村隆(1994)「リアリティ・コントロールと「主体」形成」庄司興吉・矢澤修次郎編『知とモダニティの社会学』東京大学出版会,pp. 135-160.

小倉英敬(1999)「現代メキシコにおける市民運動」『ラテンアメリカ研究年報』19号,pp. 117-150.

小倉英敬(2007)『メキシコ時代のトロツキー:1937-1940』新泉社.

片桐新自(1994)「社会運動の総合的把握のための分析的枠組」社会運動論研究会編『社会運動の現代的位相』成文堂,pp. 1-29.

ガドッチ,モシアル(野元弘幸訳)(2003)「ラテンアメリカにおける民衆教育の歴史と思想」江原裕美編『内発的発展と教育:人間主体の社会変革とNGOの地平』新評論,pp. 355-382.

金沢謙太郎(1999)「第三世界のポリティカル・エコロジー論と社会学的視点」『環境社会学研究』,5号,pp. 224-231.

金子郁容ほか(1998)『ボランタリー経済の誕生:自発する経済とコミュニティ』実業之日本社.

岸川毅(1999)「メキシコ—80年代以降の社会変動」G.アンドラーデ・堀坂浩太郎編『変動するラテンアメリカ社会:「失われた10年」を再考する』彩流社,pp. 39-60.

北澤肯(2003)『メキシコ生産者訪問報告書』(2003年の記事) http://www.csrjapan.jp/research/other/http://www.csrjapan.jp/research/other/ (2006年7月15日)

北野収(2002a)「農村計画における「場所」と「空間」—史的唯物論からのオルタナティヴな視点—」『農村計画学会誌』20巻4号,pp. 265-275.

北野収(2002b)「プロセスとしての開発論—地域の発展を考える3つの次元—」

『開発学研究』13巻2号, pp. 47-56.
北野収(2003a)「メキシコの農家直接所得支払制度」『開発学研究』13巻3号, pp. 42-47.
北野収(2003b)「メキシコにおける教会系の社会開発運動とNGO活動の変遷—権威と市民社会の狭間で—」『開発学研究』14巻1号, pp. 34-44.
北野収(2003c)「農村放送による地域活性化と内発的発展:メキシコ・オアハカ州シエラフワレス地域の事例から」『開発学研究』14巻2号, pp. 8-18.
北野収(2003d)「メキシコのポスト開発思想:グスタボ・エステバの「言葉」が教えるもの」『国際開発研究』12巻2号, pp. 139-155.
北野収(2004a)「南部メキシコの内発的発展運動における農村青年NGO—変革のエージェント・カタリストという役割—」『開発学研究』15巻2号, pp. 10-20.
北野収(2004b)「地域づくりにおける「参加」概念の検討:開発社会学の視点から」『農村計画学会誌』23巻3号, pp. 237-246.
北野収(2006a)「公共性概念から地域開発とNGOについて考える」『国際農林業協力』28巻4・5号, pp. 2-9.(当該誌上の実際の表記は2005(年度))
北野収(2006b)「メキシコ農政の変化とコーヒー生産者組合ネットワーク —構造調整に対する農民らの反応として—」『開発学研究』17巻1号, pp. 45-50.
北野収(2007a)「第12章 「参加」概念をとりまく思想と言説の検討:公的領域のプランニング論と地域の2面性からみた人的資源論」伊佐淳・松尾匡・西川芳昭編『市民参加のまちづくり(コミュニティ・ビジネス編):地域の自立と持続可能性』創成社, pp. 208-224.
北野収(2007b)「メキシコの先住民族組合UCIRIの思想と哲学—ベンダホフ神父の個人史を手がかりとして—」『協同組合研究』26巻2号, pp. 34-50.
北野収(2007c)「政府と現地NGOの関係にみる自律・依存・協働—南部メキシコにおけるローカルNGOの成立・展開過程から—」『開発学研究』18巻1号, pp. 19-26.
久木田純(1998)「エンパワーメントとは何か」『現代のエスプリ』(特集 エンパワーメント:人間尊重社会の新しいパラダイム)376号, pp. 10-34.
国本伊代(2002)『メキシコの歴史』新評論.
国本伊代(2004)「メキシコ革命の思想—革命の先駆者リカルド・フローレス=マゴン」今井圭子編著『ラテンアメリカ開発の思想』日本経済評論社, pp. 73-89.
久保田賢一(1999)『開発コミュニケーション:地球市民によるグローバルネットワークづくり』明石書店.

久保田義喜・北出俊昭編（1995）『協同組合と農民組織：タイ・インド・日本』筑波書房.

黒田悦子（1996）『先住民ミへの静かな変容：メキシコで考える』朝日新聞社.

コーリー，フェリックス（2003）「イバン・イリイチ，司祭にして広大な領域を横断する思想家，英『インディペンデント』誌，2002年12月10日」福井和美訳『季刊「環」』Vol.12, pp27-30.

コール，W.（2002）「PPPは既成事実か？　それとも新たな火種か？」『IMADR（反差別国際運動）http://www.imadr.org/japan/project/guate/ppp/wendy_call.html（2006年7月1日）

国際協力銀行（2003）「中米諸国の開発戦略」『JBIC Research Paper,』No.23, 国際協力銀行開発金融研究所.

狐崎知己（2000）「第5章　ラテンアメリカ開発の課題」稲田十一ほか『国際開発の地域比較：アジア・アフリカ・ラテンアメリカの経験』中央経済社, pp. 99-124.

狐崎知己（2001）「NGOへの高まる期待と課題—ラテンアメリカの事例」若井晋ほか編『学び・未来・NGO：NGOに携わるとは何か』新評論.

狐崎知己（2002）「ラテンアメリカにおけるNGO活動」西川潤・佐藤幸男編著『NPO/NGOと国際協力』ミネルヴァ書房, pp. 134-159.

狐崎知己（2004）「公共的空間と市民社会の創造」松下洋・乗浩子編『ラテンアメリカ政治と社会〔全面改訂版〕』新評論, pp. 213-230.

狐崎知己（2005）「第Ⅱ章　メキシコ」加茂雄三ほか『ラテンアメリカ〔第2版〕』自由国民社, pp. 57-112.

小林周一（2004a）「メキシコ・オアハカ州先住民コミュニティにおける住民参加による森林管理プロジェクト（1）」『熱帯林業』No.60, pp. 23-33.

小林周一（2004b）「メキシコ・オアハカ州先住民コミュニティにおける住民参加による森林管理プロジェクト（2）」『熱帯林業』No.61, pp. 13-22.

小松雅史・北野収（2007）「援助におけるノーマル・アクシデントとその帰結としての資源分配の非対称性—NGOによるインドネシア村落開発事業を事例として—」『開発学研究』18巻2号, pp. 34-43.

齋藤純一（2000）『公共性』岩波書店.

斎藤仁（1984）「協同組合の課題と協同組合思想・協同社会思想」斎藤仁監督／農林中央金庫調査部研究センター編『今日に生かす協同思想：危機克服への提言』家の光協会, pp. 9-25.

榊原宏司（2007）「メキシコにおける新自由主義政策と先住民」『ククロス国際コミ

ュニケーション論集』4号，pp1-15.
佐竹眞明（1998）『フィリピンの地場産業ともう一つの発展論：鍛冶屋と魚醬』明石書店.
定松栄一（2002）『開発援助か社会運動か―現場から問い直すNGOの存在意義』コモンズ.
佐藤仁（2002）『希少資源のポリティックス：タイ農村に見る開発と環境のはざま』東京大学出版会.
佐藤寛（2002）「戦後日本の農村開発経験」『国際開発研究』11巻2号，pp. 1-23.
佐藤誠（1988）「モザンビークの社会主義農業建設と協同組合」『協同組合研究』7巻2号，pp. 63-70.
島田周平（2007）『アフリカ可能性を生きる農民：環境‐国家‐村の比較生態研究』京都大学学術出版会.
シュッツ，A.（森川真規雄・浜日出夫訳）（1980a）『現象学的社会学』紀伊國屋書店.
シュッツ，A.（桜井厚訳）（1980b）『現象学的社会学の応用』御茶の水書房.
シュルツェ＝デーリチュ，H.（東信協研究センター訳編）（1993）『シュルツェの庶民銀行論』日本経済評論社.
白石正彦（1992）「第三世界の協同組合の組織基盤と展開条件」農林中金総合研究所編『協同組合の国際化と地域化：21世紀の協同組合像を展望する』筑波書房，pp143-168.
杉下五十男（1996）「マルコス政権下の農協制度開発」『協同組合研究』15巻3号，pp. 1-15.
杉山光信（2000）『アラン・トゥーレーヌ：現代社会のゆくえと新しい社会運動』東信堂.
鈴木敏正（1997）『学校型教育を超えて：エンパワーメントの不定型教育』北樹出版.
鈴木敏正（1999）『エンパワーメントの教育学：ユネスコとグラムシとポスト・モダン』北樹出版.
鈴木直喜（2000）「NGOと市民社会―セクター分析と熱狂的行為を超えて」高橋一生編『国際開発の課題：マージナリゼーションに対する対応2000』国際開発高等教育機構，pp. 78-99.
鈴木康久（2003）『メキシコ現代史』明石書店.
鷲見一夫（1989）『ODA援助の現実』岩波書店.
曽良中清司ほか編著（2004）『社会運動という公共空間：理論と方法のフロンティ

ア』成文堂.
高田明彦（1985）「草の根運動の現代的位相―オールタナティヴを志向する新しい社会運動―」『思想』No.737, pp176-199.
高柳彰夫（2001）『カナダのNGO：政府との「創造的緊張」をめざして』明石書店.
高山智博（1999）「メキシコ　一九九四年―NAFTAとEZLN―」G.アンドラーデ・堀坂浩太郎編『変動するラテンアメリカ社会：「失われた10年」を再考する』彩流社, pp. 61-83.
田窪祐子（2001）「住民自治と環境運動」長谷川公一編『講座環境社会学第4巻環境運動と政策のダイナミズム』有斐閣, pp. 65-90.
田島陽一（2006）『グローバリズムとリージョナリズムの相克：メキシコの開発戦略』晃洋書房.
田畑稔ほか編著（2003）『アソシエーション革命へ：理論・構想・実践』社会評論社.
玉野井芳郎（1990）中村尚司・樺山紘一編：『玉野井芳郎著作集第4巻等身大の生活世界』学陽書房.
中央大学政策文化総合研究所「地球市民社会の研究」プロジェクト編（2006）『地球市民社会の研究』中央大学出版部.
辻村英之（1999）『南部アフリカの農村協同組合：構造調整政策下における役割と育成』日本経済評論社.
辻村英之（2004）『コーヒーと南北問題：「キリマンジャロ」のフードシステム』日本経済評論社.
鶴見和子（1989）「第2章　内発的発展論の系譜」鶴見和子・川田侃編『内発的発展論』東京大学出版会, pp. 43-64.
鶴見和子（1998）『コレクション鶴見和子曼荼羅〈6〉魂（こころ）の巻：水俣・アニミズム・エコロジー』藤原書店.
所康弘（2005）「ワールドナウ〈メキシコ〉1997年以降，最悪の失業率」『季刊軍縮市民（明治大学軍縮平和研究所）』6月号, pp. 252-254.
戸﨑純（2002）「生命系として環境を考える」戸﨑純・横山正樹編『環境を平和学する！「持続可能な開発」からサブシステム志向へ』法律文化社, pp. 25-33.
トメイ, M. L. スウェプトン（苑原俊明・青西靖夫・狐崎知己訳）（2002）『先住民族の権利：ILO第169号条約の手引き』論創社.
豊田隆（2005）「フードシステムの国際リンケージの展開とローカルフードシステム：北米自由貿易協定と北米・中南米諸国」堀口健治・下渡敏治編『フードシステム学全集第8巻世界のフードシステム』農林統計協会, pp. 221-244.

豊永郁子（1999）「政治学における「空間」概念—メタファーを超えて」納富信留・溝口孝司編『空間へのパースペクティヴ九州大学「空間」プロジェクト』九州大学出版会, pp. 183-202.
中川雄一郎（1984）『イギリス協同組合思想研究』日本経済評論社.
中島正道（1989）「独占資本主義段階の生活編成（1）」『立命館産業社会論集』25巻3号, pp. 83-103.
中野卓（2003）『中野卓著作集生活史シリーズ（1）生活史の研究』東信堂.
中村尚司（2003）「参加型学問としての民際学と開発・差別」佐藤寛編『参加型開発の再検討』日本貿易振興会アジア経済研究所, pp. 183-209.
西川潤（1989）「内発的発展論の起源と今日的意義」鶴見和子・川田侃編『内発的発展論』東京大学出版会, pp. 3-41.
西川潤（2001）「序」西川潤編『アジアの内発的発展』藤原書店, pp. 11-26.
西川潤編（2001）『アジアの内発的発展』藤原書店.
野口裕二（2005）『ナラティヴの臨床社会学』勁草書房.
萩原弘子（1988）『解放への迷路：イヴァン・イリッチとはなにものか』インパクト出版会.
長谷川公一（1990）「資源動員論と「新しい社会運動」論」社会運動論研究会編『社会運動論の統合をめざして：理論と分析』成文堂, pp. 3-28.
長谷川公一（1993）「社会運動—不満と動員のメカニズム」梶田孝道・栗田宣義編『キーワード／社会学：現代社会と解説する』川島書店, pp. 147-163.
畑恵子（2004）「現代メキシコの政治改革と市民組織（1）」『早稲田社会学総合研究』4巻3号, pp. 91-106.
畑恵子（2005）「現代メキシコの政治改革と市民組織（2）」『早稲田社会学総合研究』6巻1号, pp. 17-37.
畑恵子（2006）「メキシコ—民主化の担い手としての市民組織」久塚純一・岡沢憲芙編『世界のNPO：人と人との新しいつながり』早稲田大学出版部, pp. 121-149.
樋口直人・稲葉奈々子（2004）「第6章 グローバル化と社会運動」曽良中清司ほか編著『社会運動という公共空間：理論と方法のフロンティア』成文堂, pp. 190-229.
藤岡恵美子ほか（2004）「ジェンダーと環境」郭洋春ほか編『脱「開発」へのサブシステンス論：環境を平和学する！（2）』法律文化社, pp. 46-58.
フリードマン, J.（斉藤千宏・雨森孝悦監訳）（1995）「日本語版への序文」『市民・政府・NGO：「力の剥奪」からエンパワーメントへ』新評論, pp. 1-6.

北條ゆかり（2006）「メキシコにおける先住民族のための開発政策の変遷―INIからCDIへ」『滋賀大学経済学部研究年報』13巻, pp. 37-58.
細川弘明（2005）「異文化が問う正統と正当」『環境社会学研究』11巻, pp. 52-69.
町村敬志（1985）「都市社会運動における主体と構造―社会運動のロマンチシズムをこえて」『思想』No. 737, pp. 158-175.
松尾匡（2001）『近代の復権：マルクスの近代観から見た現代資本主義とアソシエーション』晃洋書房.
松尾匡（2005）「アソシエーション的発展と脱アソシエーション的気質」松尾匡・西川芳昭・伊佐淳編著『市民参加のまちづくり（戦略編）：参加とリーダーシップ・自立とパートナーシップ』創成社, pp. 193-219.
松下冽（2001）「メキシコにおけるネオリベラリズムと市民社会の交差―全国連帯計画（PRONASOL）をめぐって―」『立命館国際研究』14巻2号, pp. 45-70.
水野正己（2003）「戦後日本の農村社会開発における生活改善」『開発学研究』14巻1号, pp. 2-9.
宮寺卓（2004）「近代世界システムを越えて」郭洋春ほか編『脱「開発」へのサブシステンス論：環境を平和学する！（2）』法律文化社, pp. 182-193.
宮本憲一（1998）『公共政策のすすめ：現代的公共性とは何か』有斐閣.
宮本孝二（1999）『ギデンズの社会理論：その全体像と可能性』八千代出版.
村井吉敬・鶴見良行編著（1992）『エビの向こうにアジアがみえる』学陽書房.
森脇祥太（2004）「絶対的貧困」渡辺利夫・佐々木郷里編『開発経済学事典』弘文堂, p. 32.
山尾政博（1993）「東南アジアの農村協同組合政策の変遷とその特徴」『協同組合研究』12巻2号, pp. 72-83.
山中邦久（1981）「著書解題」フォーラム・人類の希望編『人類の希望：イリイチ日本で語る〔新版〕』新評論, pp. 237-248.
山本純一（2002）『インターネットを武器にした〈ゲリラ〉：反グローバリズムとしてのサパティスタ運動』慶應義塾大学出版会.
山本純一（2005）「連帯経済の構築と共同体の構造転換」内橋克人・佐野誠編『ラテンアメリカは警告する：「構造改革」日本の未来』新評論, pp. 289-313.
山本純一（2006）「コーヒーのフェアトレードの可能性と課題―メキシコ・チアパス州の2つの生産者協同組合を事例として」野村亨・山本 純一 編著『グローバル・ナショナル・ローカルの現在』慶應義塾大学出版会, pp. 141-170.
山本哲士（1988）『ディスクールの政治学：フーコー，ブルデュー，イリイチを読む』新曜社.

山本哲士（1990）『コンビビアルな思想：メヒコからみえてくる世界』日本エディタースクール出版部.

山脇直司（2002）「序論　グローカル公共哲学の構想」佐々木毅・金泰昌編『21世紀公共哲学の地平』東京大学出版会，pp. 1-23.

横山功（1993）「メキシコの社会開発行政と政治構造―国民連帯計画の制度と機能」『イベロアメリカ研究』XV巻1号，pp. 51-70.

ラミス，C. ダグラス（加地永都子訳）（1998）『ラディカル・デモクラシー：可能性の政治学』岩波書店.

ロバアト・オウエン協会編（1986）『ロバアト・オウエンと協同組合運動』家の光協会.

涌井安太郎（1977）『わが心に生きる協同組合の思想家』家の光協会.

渡邊菜々（2005）『チェンジメーカー：社会起業家が世の中を変える』日経BP社.

渡辺靖（2004）『アフター・アメリカ：ボストニアンの軌跡と〈文化の政治学〉』慶應義塾大学出版会.

欧文（アルファベット順）

Anderson, Benedict (1983) *Imagined Communities: Reflections on the Origin and Spread of Nationalism, 2nd Edition*, New York: Verso. 白石さや・白石隆（1997）『〔増補〕　想像の共同体』NTT出版.

Apthrope, Raymond (1997) "Writing development policy and policy analysis plain or clear," Cris Shore, ed., *Anthropology of Policy: Critical Perspectives on Governance and Power*, New York: Routledge, pp. 45-58.

Barkin, David (1990) *Distorted Development: Mexico in the World Economy*, Boulder: Westview Press. 吾郷健二訳（1992）『歪められた発展と累積債務：世界経済のなかのメキシコ』岩波書店.

Bauman, Zygmunt (1987) *Legislators and Interpreters: On Modernity, Post-Modernity and Intellectuals*, Cambridge: Blackwell. 向山恭一ほか訳（1995）『立法者と解釈者：モダニティ・ポストモダニティ・知識人』昭和堂.

Bennholdt-Thomsen, Veronika, ed. (1994) *Juchitán-Stadt der Frauen*, Reinbek bei Hamburg: Rowohlt. 加藤耀子ほか訳（1996）『女の町フチタン：メキシコの母系制社会』藤原書店.

Binford, Leigh (1996) "New Social Movements, the State, and Ethnicity in Rural Oaxaca," Howard Campbell, ed., *The Politics of Ethnicity in Southern Mexico*, Vanderbilt University Publications in Anthropology, pp. 59-76.

Bonfil, Guillermo B. (1996) *México profundo: reclaiming a civilization*, Austin: University of Texas Press.

Bourdieu, Pierre (1987) *Choses dites*, Paris: les Editions de Minuit. 石崎晴己訳 (1991)『構造と実践：ブルデュー自身によるブルデュー』藤原書店.

Bourdieu, Pierre and Loïc J.D. Wacquant (1992) *An Invitation to Reflexive Sociology*, Chicago: The University of Chicago Press. 水島和則訳 (2007)『リフレクシヴ・ソシオロジーへの招待：ブルデュー，社会学を語る』藤原書店.

Brooker, Peter (1999) *Cultural Theory: A Glossary*, London: Arnold. 有元健・本橋哲也訳 (2003)『文化理論用語集：カルチュラル・スタディーズ＋』新曜社.

Campbell, Howard (1990) Juchitán: The Politics of Cultural revivalism in an Isthmus Zapotec Community, *The Latin American Anthropology Review*, 2 (2), pp. 47-55.

Campbell, Howard (1996) "Isthmus Zapotec Intellectuals: Cultural Production and Politics in Juchitán, Oaxaca," Howard Campbell, ed., *The Politics of Ethnicity in Southern Mexico*, Vanderbilt University Publications in Anthropology, pp. 77-98.

Campbell, Howard (2001) *Mexican Memoir: A Personal Account of Anthropology and Radical Politics in Oaxaca*, Westport: Bergin & Garvey.

Campbell, Howard, et al., eds. (1993) *Zapotec Struggles: Histories, Politics, and Representations from Jchitán, Oaxaca*, Washington: Smithsonian Institution Press.

Campbell, Obdulia Ruiz (1993) "Representations of Isthmus Women," Howard Campbell, et al., eds., *Zapotec Struggles*, Washington: Smithsonian Institution Press, pp. 137-141.

Caribbean Update (2001) "Puebla-Panama Plan," July 1, 2001.

Carmen, Raff (1996) *Autonomous Development: Humanizing the Landscape; An Excursion into Radical Thinking and Practice*, London: Zed Books.

Carroll, Thomas F. (1992) *Intermediary NGOs: The Supporting Link in Grassroots Development*, West Hartford: Kumarian Press.

Castells, Manuel (1979) *The Urban Question: A Marxist Approach*, Cambridge: MIT Press. 山田操訳 (1984)『都市問題：科学的理論と分析』恒星社厚生閣.

Castells, Manuel (1983) *The City and the Grassroots: A Cross-Cultural Theory of Urban Social Movements*, London: E. Arnold. 吉原直樹ほか訳 (1997)『都市とグラスルーツ：都市社会運動の比較文化理論』法政大学出版局.

Cayley, David (1992) *Ivan Illich in Conversation*, Toronto: House of Anansi Press. 高島和哉訳（2005）『生きる意味：「システム」「責任」「生命」への批判』藤原書店.

Cayley, David (2005) *The Rivers North of Future: The Testament of Ivan Illich*, Toronto: House of Ansai Press. 臼井隆一郎訳（2006）『生きる希望：イバン・イリイチの遺言』藤原書店.

CEDI (Centro de Encuentros y Diálogos Interculturales) (2001a) *Experiencias Organizativas de la Sociedad Civil en Oaxaca: Inventario Inicial, Tomo I*, Centro de Encuentros y Diálogos Interculturales.

CEDI (Centro de Encuentros y Diálogos Interculturales) (2001b) *Experiencias Organizativas de la Sociedad Civil en Oaxaca: Inventario Inicial, Tomo II*, Centro de Encuentros y Diálogos Interculturales.

CEPCO (Coordinadora Estatal de Productores Café de Oaxaca) (2000) *Sexto Congreso de la CEPCO*, Coordinadora Estatal Productores Café de Oaxaca.

Christaller, Walter (1966) *Central Places in Southern Germany*, Englewood Cliffs: Prentice Hall. 江沢譲爾訳（1969）『都市の立地と発展』大明堂.

Clark, John (1991) *Democratizing Development: The Role of Voluntary Organizations*, West Hartford: Kumarian Press.

Coffee Network (2005)「フェアトレード・ラベルの創始者ホフ氏がシラク大統領より騎士章受勲」（2005年の記事）http://www.coffee-network.jp/product/news/012.html（2006年7月15日）

Correa, Navarro Pedro, *et al.*, (1997) "Conflictos Agrarios y Desarrollo Rural en el Istmo de Tehuantepec: El Caso de la UCIZONI," M. Eloisa Valdivia de Ortega, ed., *Movimientos Campesinos y Reforma Agraria en el Istmo Oaxaqueño*, Cuadernos de Centros Regionales Núm. 20, Universidad Autónoma Chapingo, pp. 7-49.

Downing, Theodore (1988) "A macro-organizational analysis of the Mexican coffee industry, 1888-1977," P. Quarles van Ufford, *et al.*, eds., *The Hidden Crisis in Development*, Tokyo: United Nations University.

Esteva, Gustavo (1980) *Economía y enajenación: Política, economía y administración*, Xalapa: Biblioteca Universidad Veracruzana.

Esteva, Gustavo (1983) *The Struggle for Rural Mexico*, South Hadley: Bergin & Garvey Publishers.

Esteva, Gustavo (1985) "Presentacion," *El Gallo Ilustrado* (the articulate Sunday supplement to El Dia), September. 桜井直文訳（1991）「イリイチ論文選のために準備された『エル・ガージョ・イルストラード』誌編集長の序文（抄）」イバン・イリイチ（桜井直文監訳）『生きる思想：反＝教育／技術.生命〔新版〕』藤原書店，pp. 299-311.

Esteva, Gustavo (1992) "Development" W. Sachs, ed., *The Development Dictionary: A Guide to Knowledge as Power*, London: Zed Books. 三浦清隆ほか訳（1996）「開発」W・ザックス編『脱「開発」の時代―現代社会を解読するキイワード辞典』晶文社，pp. 43-58.

Esteva, Gustavo (1997) "Basta! Mexican Indians Say 'Enough,'" M. Rahnema and V. Bawtree, eds., *The Post-Development Reader*, London: Zed Books, pp. 302-305.

Esteva, Gustavo (1998) "The Zapatistas and People's Power," *Capital & Class*, 68, pp. 153-182.

Esteva, Gustavo (2001) "The Meaning and Scope of the Struggle for Autonomy," *Latin American Perspectives*, 28 (2), pp. 120-148.

Esteva, Gustavo (2004) "Back from the Future," Presentation in *Schooling and Education: A Symposium with Friends of Ivan Illich* organized by TALC New Vision, Milwaukee, October 9.

Esteva, Gustavo (2005) "Interview with Gustavo Esteva: The Society of the Different, Part 1: The Center of the World," *Motion Magazine* (on-line journal).
http://www.inmotionmagazine.com/global/gest_int_1.html（2006年8月23日）

Esteva, Gustavo (2007a) "Oaxaca: The Path of Radical Democracy," *Socialism and Democracy*, 21 (2), pp. 7-30.

Esteva, Gustavo (2007b) "The Asamblea Popular de los Pueblos de Oaxaca, APPO: A Chronicle of Radical Democracy," *Latin American Perspectives*, 34 (1), pp. 129-144.

Esteva, Gustavo and Madhu Suri Prakash (1992) "Grassroots Resistance to Sustainable Development: Lessons from the Banks of the Narmada," *The Ecologist*, 22 (2), pp. 45-51.

Esteva, Gustavo and Madhu Suri Prakash (1997) "From Global Thinking to Local Thinking," M. Rahnema and V. Bawtree, eds., *The Post-Development Reader*, London: Zed Books, pp. 277-289.

Esteva, Gustavo and Madhu Suri Prakash (1998) *Grassroots Post-Modernism: Remaking the Soil of Cultures*, London: Zed Books.

Farrington, John and Anthony Bebbington (1993) *Reluctant Partners?: Non-governmental Organizations, the State and Sustainable Agricultural Development*, New York: Routledge.

Fisher, Julie (1993) *The Road from Rio: Sustainable Development and the Nongovernmental Movement in the Third World*, Westport: Praeger.

Forester, John (1999) *The Deliberative Practitioner: Encouraging Participatory Planning Processes*, Cambridge: MIT Press.

Forester, John, Raphaël Fischler, and Deborah Shmueli, eds. (2001) *Israeli Planners and Designers: Profiles of Community Builders*, Albany: State University of New York Press.

Freire, Paulo (1970) *Pedagogia do oprimido*, México: Siglo Veintiuno. 小沢有作ほか訳 (1979)『被抑圧者の教育学』亜紀書房.

Friedan, Betty (2001) *The Feminine Mystique*, New York: W. W. Norton & Company. 三浦冨美子訳 (2004)『新しい女性の創造〔改訂版〕』大和書房.

Friedmann, John (1987) *Planning in the Public Domain: From Knowledge to Action*, Princeton: Princeton University Press.

Friedmann, John (1988) *Life Space and Economic Space*, New Brunswick: Transaction.

Friedmann, John (1992) *Empowerment: Politics of Alternative Development*, Cambridge: Blackwell. 斉藤千宏・雨森孝悦監訳 (1995)『市民・政府・NGO:「力の剥奪」からエンパワーメントへ』新評論.

Freidmann, John (1995) "World City Hypothesis," Paul Knox and Peter J. Taylor, eds., *World Cities in a World-System*, Cambridge: Cambridge University Press, pp. 317-331 (藤田直晴訳編 (1997)「世界都市研究の到達点:この10年間の展望」『世界都市の論理』鹿島出版会, pp. 23-47.

Gadotti, Moacir (1989) *Convite a Leitura de Paulo Freire*, Sao Paulo: Editora Scipione. 里見実・野元弘幸訳 (1993)『パウロ・フレイレを読む:抑圧からの解放と人間の再生を求める民衆教育の思想と実践』亜紀書房.

Giddens, Anthony (1979) *Central Problems in Social Theory*, Berkeley: University of California Press. 友枝敏雄・今田高俊・森重雄訳 (1989)『社会理論の最前線』ハーベスト社.

González, Roberto J. (2000) *Zapotec Science*, Austin: University of Texas Press.

Gramsci, Antonio (1930, 1932) *Several Notes from QUANDERNI DEL CARCERE*. 上村忠男編訳 (1999)「第二章　知識人の形成と機能」『知識人と権力：歴史的-地政学的考察』みすず書房, pp. 46-62.

GOCM (Grupo Opcions Conviviales de Mexico) (1999) *A Project for Mexico from Civil Society* (Rough draft, English version).

Gundelach, P. (1982) "Grass-roots Organizations, Social Control and Dissolution of Norms," *Acta Sociologica*, 24, pp. 57-65.

Habermas, Jurgen (1990) *Strukturwandel der Öffentlichkeit*, Frankfurt am Main: Suhrkamp. 細谷貞雄・山田正行訳 (1994)『公共性の構造転換〔第2版〕』未來社.

Hernández-Díaz, Jorge (2001a) "Capítulo 10, La Unión de Comunidades Indígenas de la Zona Norte del Istmo," *Reclamos de la identidad: la formación de las organizaciones indígenas en Oaxaca*, Mexico City: Universidad Autónoma Benito Juárez de Oaxaca, pp. 211-243.

Hernàndez-Díaz, Jorge (2001b) "Capítulo 9, La Unión de Organizaciones de la Sierra Juárez de Oaxaca," *Reclamos de la identidad: la formación de las organizaciones indígenas en Oaxaca*, Mexico City: Universidad Autónoma Benito Juárez de Oaxaca, pp. 199-209.

Hudock, Ann C. (1999) *NGOs and Civil Society: Democracy by Proxy?*, Cambridge: Polity Press. 中村文隆・土屋光芳監訳 (2002)『開発NGOと市民社会：代理人の民主政治か？』人間の科学新社.

Illich, Ivan (1971a) *Celebration of Awareness: A Call for Institutional Revolution*, Garden City: Doubleday. 尾崎浩訳 (1985)『オルターナティヴス：制度変革の提唱』新評論.

Illich, Ivan (1971b) *Deschooling Society*, New York: Harper & Row. 東洋・小澤周三訳 (1977)『脱学校の社会』東京創元社.

Illich, Ivan (1973) *Tools for Conviviality*, New York: Harper & Row. 渡辺京二・渡辺梨佐訳 (1989)『コンヴィヴィアリティのための道具』日本エディタースクール出版部.

Illich, Ivan (1974) *Energy and Equity*, London: Calder and Boyars. 大久保直幹訳 (1979)『エネルギーと公正』晶文社.

Illich, Ivan (1976) Disabling Professions, *TECHINO-POLITICA*, October. 尾崎浩訳 (1984)『専門家時代の幻想』新評論, pp. 7-52.

Illich, Ivan (1981) *Shadow Work*, London: Marion Boyars. 玉野井芳郎・栗原彬訳

(1982, 2005（新装版））『シャドウ・ワーク：生活のあり方を問う』岩波書店.

Illich, Ivan (1982) *Gender*, New York: Pantheon. 玉野井芳郎訳（1984, 2005（新装版））『ジェンダー：男と女の世界』岩波書店.

Illich, Ivan (1987) *Computer Literacy and the Cybernetic Dream, Bulletins of Science*, Technology and Society, Pennsylvania State University, Vol.7. 桜井直文監訳（1991）「コンピューター・リテラシーとサイバーネティックスの夢」『生きる思想』藤原書店, pp. 158-172.

Illich, Ivan, *et al.* (1973) *After Dschooling, What?*, New York: Harper & Row. 松崎巌訳（1979）『脱学校化の可能性：学校をなくせばどうなるか』東京創元社.

Illich, Ivan and Barry Sanders (1988) *ABC: The Alphabetization of the Popular Mind*, San Francisco: North Point Press. 丸山真人訳（1991）『ABC：民衆の知性のアルファベット化』岩波書店.

INCAE and HID (1998) *Central America in the 21th Century: An Agenda for Competitiveness and Sustainable Development.*

Korten, David C. (1990) *Getting to the 21st Century: Voluntary Action and the Global Agenda*, West Hartford: Kumarian Press. 渡辺龍也訳（1995）『NGOとボランティアの21世紀』学陽書房.

Kuhn, Annette and AnnMarie Wolpe (1978) *Feminism and Materialism: Women and Modes of Production*, New York: Routledge. 上野千鶴子ほか訳（1986）『マルクス主義フェミニズムの挑戦〔第2版〕』勁草書房.

Latour, Bruno (1987) *Science in Action*, Cambridge: Harvard University Press. 川﨑勝・高田紀代志訳（1999）『科学が作られているとき：人類学的考察』産業図書.

Mies, Maria (1986) *Patriarchy and Accumulation on a World Scale*, London: Zed Books. 奥田暁子訳（1997）『国際分業と女性：進行する主婦化』日本経済評論社.

Millett, Kate (1977) *Sexual Politics*, London: Virago Press. 藤枝澪子ほか訳（1985）『性の政治学』ドメス出版.

Mohan, Giles and Samuel Hickey (2004) "Relocating Participation within a Radical Politics of Development: Critical Modernism and Citizenship," Samuel Hickey and Giles Mohan, eds., *Participation: From Tyranny to Transformation?*, London: Zed Books. 真崎克彦監訳（2008）「ラディカル・ポリティクスからの開発の見直し―批判的近代主義とシティズン・シップ」『変容する参加型開発：「専制」を超えて』明石書店, pp. 74-94.

Moore, S., Jamie Winders, O. Fröhling, J. P. Jones III and S. M. Roberts (2004) "Regional Strucuture of NGO Formalization in Oaxaca, Mexico" Paper presented at Sexto Symposio Internacional Bienal de Estudios Oaxaqueños, Oaxaca, Mexico, July, 2004.

Moore, S., J. Winders, O. Fröhling, J. P. Jones III, and S. M. Roberts (2007) "Mapping the grassroots: NGO formalization in Oaxaca, Mexico," *Journal of International Development*, 19 (2), pp. 223-237.

Neil, Alexander Sutherland: (1960) *Summerhill: A Radical Approach to Child Rearing*, New York: Hart Pub. 霜田静志訳 (1971)『人間育成の基礎〔改訂版〕』誠信書房.

NotiCen: Central American & Caribbean Affairs (newsletter) (2004) "The Parallel Universes of Plan Puebla-Panama," July 29. 2004.

PACT (Private Agencies Collaborating Together) (1989) *Asian Linkages: NGO Collaboration in the 1990s: A Five-Country Study*, Private Agencies Collaborating Together.

Perlman, J. E. (1976) "Grassrooting the System," *Social Policy*, September/October.

Piñón, J.G y J. Hernández-Díaz (1998) *El Café: Crisis y Organización*, Instituto de Investigaciones Sociológicas, Oaxaca: Universidad Autónoma "Benito Juárez" de Oaxaca.

Pisani, M. J., and Wayne A. Label (2003) "Plan Puebla-Panama: toward FTAA or regionalism?" *Business Horizons*, September/October, pp. 33-40. 2003.

Polanyi, Karl (1957) *The Great Transformation*, Boston: Beacon Press. 吉沢英成ほか訳 (1975)『大転換：市場社会の形成と崩壊』東洋経済新報社.

Porter, Robert M. (2002) *The Coffee Farmers Revolt in Southern Mexico in the 1980s and 1990s*, Lewiston: The Edwin Mellen Press.

Prakash, M. Suri and Gustavo Esteva (1998) *Escaping Education*, New Yorl: Peter Lang. 中野憲志訳 (2004)『学校のない社会への招待：〈教育〉という〈制度〉から自由になるために』現代書館.

Robert, Jean (2000) "Iván Illich en México: Conversación de Jean Robert con Gustavo Esteva," Ixtus, núm 28, año VII, pp. 13-26.

Rodríguez, Bertha Santos (2002) "Otra lucha ganada contra las granjas de camarón en el Istmo de Tehuantepec" Mesoamérica Resiste."
http://www.mesoamericaresiste.org/primeras/segundas/terceras/union.html

（2006 年 7 月 1 日）

Rojas, Rosa, y Victor Ruiz Arrazola (2003) "Grupos ligados a caciques pretenden dañar el desarrollo de Oaxaca: Murat," *La Jornada*, June 25. 2003.

Roozen, Nico y Frans VanderHoff (2002) *La Aventura del Comercio Justo*, México: El Atajo.

Rubin, Jeffrey W. (1987) "State Politics, Leftist Oppositions, and Municipal Elections: The Case of the COCEI in Juchitán," Arturo Alvarado Mendoza ed., *Electoral Patterns and Perspectives in Mexico*, Center for U.S.-Mexican Studies, University of California, San Diego, pp. 127-160.

Rubin, Jeffrey W. (1993) "COCEI against the State: A Political History of Jchitán," H. Campbell, *et al.*, eds., *Zapotec Struggles: Histories, Politics, and Representations from Juchitán, Oaxaca*, Washington: Smithsonian Institution Press, pp. 157-175.

Rubin, Jeffrey W. (1997) *Decentering the Regime: Ethnicity, Radicalism, and Democracy in Jchitán, Mexico*, Durham: Duke University Press.

Sachs, Wolfgang (1999) *Planet Dialectics: Explorations in Environment and Development*, London: Zed Books. 川村久美子・村井章子訳（2003）『地球文明の未来学：脱開発へのシナリオと私達の実践』新評論.

Sachs, Wolfgang, ed. (1992) *The Development Dictionary: A Guide to Knowledge as Power*, London: Zed Books. 三浦清隆ほか訳（1996）『脱「開発」の時代：現代社会を解読するキイワード辞典』晶文社.

Said, Edward W. (1994) *Representations of the Intellectuals: The 1993 Reith Lectures*, London: Vintage. 大橋洋一訳（1998）『知識人とは何か（平凡社ライブラリー）』平凡社.

Said, Edward W. (2004) *Humanism and Democratic Criticism*, New York: Columbia University Press. 村山敏勝・三宅敦子訳（2006）『人文学と批評の使命：デモクラシーのために』岩波書店.

Said, Edward W. (2006) *Conversations with Edward Said*, London: Seagull Books. 大橋洋一訳（2006）『サイード自身が語るサイード』紀伊國屋書店.

Sandoval Forero, E. A. y R. Salazar Pérez, eds. (2002) *Lectura crítica del Plan Puebla Panamá*, Libros en Red (On-demand publication).

Stephen, Lynn (1996) "The Creation and Re-creation of Ethnicity: Lessons From the Zapotec and Mixtec of Oaxaca," *Latin American Perspectives*, 23 (2), pp. 17-37.

Stephen, Lynn (2013) *WE ARE THE FACE OF OAXACA: Testimony and Social Movement*, Durham: Duke University Press.

Suzuki, Naoki (1998) *Inside NGOs: Leaning to Manage Conflicts between Headquarters and Field Offices*, London: Intermediate Technology Publications.

Tepeyac (Centro de Derechos Humanos "Tepeyac", Tehuantepec) (2002) *Intereses y Resistencias: El Plan Puebla-Panamá y el Corredor Carretero Oaxaca-Istmo-Huatulco*, Centro de Derechos Humanos "Tepeyac", Tehuantepec.（テペヤック人権センターの報告書）

Terán, Gustavo (2002) *Conversations with Mexican nomadic storyteller, Gustavo Esteva: learning from lives on the margins*, Ed.D. thesis, University of Vermont.

Touraine, Alain (1976) *Les sociétés désarticulées*, Paris: Duculot. 佐藤幸男訳（1989）『断裂社会：第三社会の新しい民衆運動』新評論.

Touraine, Alain (1978) *La voix et le regard: Sociologie permanente 1*, Paris: Seuil. 梶田孝道訳（1983）『声とまなざし：社会運動の社会学』新泉社.

Uphoff, Norman (1986) *Local Institutional Development: An Analytical Sourcebook With Cases*, West Hartford: Kumarian Press.

Uphoff, Norman (1992) *Learning from Gal Oya: Possibilities for Participatory Development and Post-Newtonian Social Science*, Ithaca: Cornell University Press.

Vachon, Robert (1995) "Guswenta or the Intercultural Imperative: The Intercultural Foundation of Peace," *INTER culture*, XXVIII (2), pp. 19-73.

VanderHoff, Frans (2002a) "Viviendo entre los pobres," N. Roozen y F. VanderHoff, *La Aventura del Comercio Justo*, México: El Atajo, pp. 13-53.

VanderHoff, Frans (2002b) "UCIRI-México, Los campesinos organizan la esperanza," N. Roozen y F. VanderHoff, *La Aventura del Comercio Justo*, México: El Atajo, pp. 55-77.

VanderHoff, Frans, *How the poor manage their common goods*.（2004年にヴァンデルホフ氏から直接入手した講演スピーチ原稿，全10p.，講演日時・場所は不明）

White, Robert A. (1984) "Communication Strategies for Social Change," George Gerbner and Marsha Siefert, eds., *World Communications: A Handbook*, London: Longman, pp. 279-293.

初出一覧

序　章　書き下ろし（一部分は、「公共性概念から地域開発とNGOについて考える」『国際農林業協力』（国際農林業協力・交流協会）28巻4・5号，2006年）

第1章　「メキシコのポスト開発思想：グスタボ・エステバの「言葉」が教えるもの」『国際開発研究』（国際開発学会）12巻2号，2003年

第2章　「サポテコ人女性活動家からみた南部メキシコの政治空間と社会運動」『人間科学研究』（日本大学生物資源科学部人文社会系紀要）5号，2008年

第3章　「メキシコの先住民族組合UCIRIの思想と哲学―ベンダホフ神父の個人史を手がかりとして―」『協同組合研究』（日本協同組合学会）26巻2号，2007年

第4章　「メキシコ・オアハカ州の社会運動と人々の「学び」に関する試論―青年・女性・農民それぞれの動機と取り組みから―」『産業経済研究』（久留米大学産業経済研究会）48巻2号，2007年

第5章　「「女の町フチタン」におけるジェンダー分業―多元的経済社会と内発的発展の可能性の検討に向けて―」『開発学研究』（日本国際地域開発学会）16巻3号，2006年（第2著者：岩﨑瑞季）

第6章　「イヴァン・イリイチとグスタボ・エステバ―メキシコにおける知識人の対話と実践―」『産業経済研究』48巻3号，2007年

第7章　「メキシコにおける教会系の社会開発運動とNGO活動の変遷―権威と市民社会の狭間で―」『開発学研究』14巻1号，2003年
「農村放送による地域活性化と内発的発展：メキシコ・オアハカ州シエラフアレス地域の事例から」『開発学研究』14巻2号，2003年
「南部メキシコの内発的発展運動における農村青年NGO―変革のエージェント・カタリストという役割―」『開発学研究』15巻2号，2004年
「政府と現地NGOの関係にみる自律・依存・協働―南部メキシコにおけるローカルNGOの成立・展開過程から―」『開発学研究』18巻1号，2007年

第8章　「メキシコ農政の変化とコーヒー生産者組合ネットワーク―構造調整に対する農民らの反応として―」『開発学研究』17巻1号，2006年
「プエブラ・パナマ開発計画反対運動とローカルNGOに関する考察―メキシコ・テワンテペック地峡の3事例を手がかりとして―」『共生社会システム研究』（共生社会システム学会）2巻1号，2008年

第9章　書き下ろし（一部分は、「公共性概念から地域開発とNGOについて考える」『国際農林業協力』28巻4・5号，2006年）

終　章　書き下ろし

著者略歴

獨協大学外国語学部交流文化学科教授．専門は国際開発論（農業農村開発，開発と倫理）．コーネル大学 Ph. D.．農林水産省で農業経済事務官（国家Ⅰ種）として国際協力・ODA，農村整備・地域活性化，農業白書，行政改革会議等を担当．日本大学准教授を経て現職．（特活）環境保全修復機構（ERECON）理事，国際アジア食料研究所（IAFI）理事，（一社）スマート・テロワール協会顧問，大地の大学（Unitierra Japón）代表補佐．

著書に，『国際協力の誕生［改訂版］』（創成社），*Space, Planning, and Rurality*（Trafford），『共生時代の地域づくり論』（農林統計出版），共著書に『SDGsと環境教育』（学文社），『アジアの持続可能な発展に向けて』（慶應義塾大学出版会）など，訳書にフランツ・ヴァンデルホフ『貧しい人々のマニフェスト』（創成社），トーマス・ライソン『シビック・アグリカルチャー』（農林統計出版），アルトゥーロ・エスコバル『開発との遭遇』（新評論，近刊）がある．

本書および収録論文により日本国際地域開発学会奨励賞，日本NPO学会優秀賞，日本協同組合学会学術賞を受賞．

南部メキシコの内発的発展とNGO　補訂版

2008年11月25日　第1版第1刷発行
2019年11月10日　補訂版第1刷発行

著　者　北　野　　　収
　　　　　きた　の　　しゅう

発行者　井　村　寿　人

発行所　株式会社　勁　草　書　房
　　　　　　　　　けい　そう

112-0005 東京都文京区水道2-1-1　振替 00150-2-175253
（編集）電話 03-3815-5277／FAX 03-3814-6968
（営業）電話 03-3814-6861／FAX 03-3814-6854
精興社・中永製本

© KITANO Shu　2019

ISBN978-4-326-60323-7　　Printed in Japan

JCOPY 〈(社)出版者著作権管理機構　委託出版物〉

本書の無断複写は著作権法上での例外を除き禁じられています．複写される場合は，そのつど事前に，（社）出版者著作権管理機構（電話 03-3513-6969, FAX 03-3513-6979, e-mail: info@jcopy.co.jp）の許諾を得てください．

＊落丁本・乱丁本はお取替いたします．
http://www.keisoshobo.co.jp

大坪滋
グローバリゼーションと開発
A5判／3,700円
ISBN978-4-326-50318-6

G. マイヤー 編著／松永宣明・大坪滋 訳
国際開発経済学入門
A5判／5,500円
ISBN978-4-326-50170-0

高橋基樹・福井清一 編【勁草テキスト・セレクション】
経済開発論
　研究と実践のフロンティア
A5判／2,800円
ISBN978-4-326-50307-0

トラン・ヴァン・トゥ・苅込俊二
中所得国の罠と中国・ASEAN
A5判／3,200円
ISBN978-4-326-50458-9

P. マッコーリー／浅沼信爾・小浜裕久 監訳
アジアはいかに発展したか
　アジア開発銀行がともに歩んだ50年
A5判／4,000円
ISBN978-4-326-50451-0

浅沼信爾・小浜裕久
ODAの終焉
　機能主義的開発援助の勧め
A5判／3,200円
ISBN978-4-326-50440-4

西村祐子 編
草の根NPOのまちづくり
　シアトルからの挑戦【日本NPO学会研究奨励賞受賞】
A5判／2,700円
ISBN978-4-326-60173-8

原田晃樹・藤井敦史・松井真理子
NPO再構築への道
　パートナーシップを支える仕組み
A5判／2,800円
ISBN978-4-326-60228-5

嵯峨生馬
プロボノ
　新しい社会貢献　新しい働き方
四六判／1,900円
ISBN978-4-326-65362-1

藤井敦史・原田晃樹・大高研道 編著
闘う社会的企業
A5判／3,300円
ISBN978-4-326-60251-3

――――勁草書房刊
表示価格は2019年11月現在．消費税は含まれておりません．